湖泊学研究系列丛书

呼 伦 湖

薛　滨　姚书春　毛志刚　孙占东
刘松涛　窦华山　张风菊　编　著

南京大学出版社

图书在版编目(CIP)数据

呼伦湖 / 薛滨等编著. -- 南京：南京大学出版社，
2017.12
（湖泊学研究系列丛书）
ISBN 978 - 7 - 305 - 19560 - 0

Ⅰ.①呼… Ⅱ.①薛… Ⅲ.①呼伦湖—研究 Ⅳ.
①K928.43

中国版本图书馆 CIP 数据核字(2017)第 279184 号

出版发行　南京大学出版社
社　　　址　南京市汉口路 22 号　　　　邮　编　210093
出 版 人　金鑫荣

丛 书 名　湖泊学研究系列丛书
书　　名　呼伦湖
编　著　薛　滨　等
责任编辑　王士冲　官欣欣　　　　　编辑热线　025 - 83593947

照　　排　南京南琳图文制作有限公司
印　　刷　江苏凤凰数码印务有限公司
开　　本　787×1092　1/16　印张 14.75　字数 290 千
版　　次　2017 年 12 月第 1 版　2017 年 12 月第 1 次印刷
ISBN 978 - 7 - 305 - 19560 - 0
定　　价　68.00 元

网址：http://www.njupco.com
官方微博：http://weibo.com/njupco
官方微信号：njupress
销售咨询热线：(025) 83594756

序

    呼伦湖(达赉湖)是我国第五大湖,也是北方第一大湖。呼伦湖流域是中俄蒙三国交界重要的国际河湖湿地系统,以呼伦湖为核心,周边孕育了我国北方保存面积最大的呼伦贝尔草原,也是东北亚水鸟重要的繁殖、觅食和停歇地。呼伦湖及其周边湿地、草原构成我国北方最重要的生态安全屏障之一。

    早在20世纪30年代对呼伦湖北部扎赉诺尔露天煤矿的开采时,发现了人的头盖骨和大量石器;40—50年代裴文中教授等对该地区的古文化、第四纪哺乳动物和冰缘现象进行了研究,60年代王乃梁教授等对呼伦湖的形成与变迁进行了综合考察,此后,中国科学院古脊椎与古人类研究所也对该区的第四纪考古进行了较深入的研究。1991—1994年,中国科学院南京地理与湖泊研究所意识到了在呼伦湖这一季风敏感区开展古气候古环境的重要性,对呼伦湖进行了流域考察、湖泊底质采样,并对东露天煤矿的剖面开展了详细采样和环境指标分析工作,在此基础上出版了《呼伦湖》一书。与此同时,地方政府和相关部门对呼伦湖的生态也不断重视并加强保护,内蒙古达赉湖国家级自然保护区1992年被国务院批准成立,2002年1月被列入国际重要湿地名录,同年11月被联合国教科文组织人与生物圈计划列入世界生物圈保护区网络成员。呼伦湖渔业公司连续出版了三期《呼伦湖志》。2013年,达赉湖国家级自然保护区管理局出版了《内蒙古达赉湖国家级自然保护区综合考察报告》。此外,内蒙古的一些大学也出版了相关研究成果。

    21世纪的头十年随着气候的暖干化,以及人类活动的影响,呼伦湖生态环境不断恶化,2000年后水位开始快速下降,10年间水位持续下降近5 m,使湖泊面积和蓄水量比历史最大值分别减少了26%和70%。伴随湖泊水位降低,湖泊水质咸化、碱化和富营养化不断加重,水生生物多样性减少、鱼类资源接近枯竭,如鳌条种群则随着呼伦湖水体富营养化程度的不断提高产量迅速增长,产量比重达到90%左右;同时湖泊湿地面积大幅度缩减、植被破坏、草场退化等问题凸显,严重威胁了区域生态安全及社会经济可持续发展。

    呼伦湖的生态环境恶化引起了当地政府和地方企业,如呼伦湖渔业公司的高度关注和担忧。2008 年全国人大常委会副委员长、中国科学院前院长路甬祥同志在接到地方来信后,指示中国科学院南京地理与湖泊研究所尽快投入呼伦湖的生态环境研究中,由此拉开了呼伦湖研究的新序幕。为了加强呼伦湖的研究,中国科学院南京地理与湖泊研究所和内蒙古达赉湖国家级自然保护区管理局共建了内蒙古呼伦湖湿地生态系统国家定位观测研究站,并获得国家林业局立项批准。即将付梓的《呼伦湖》一书,正是综合了近十多年来中国科学院南京地理与湖泊研究所在呼伦湖开展的湖泊水文、底质、生态、演化相关的研究结果,并综合了其他相关单位的成果而成。

欣喜地看到我所又一本有关呼伦湖的著作出版,我的学生薛滨研究员 1991 年即参与了我所呼伦湖的工作,现在他和他的团队联合地方专家侧重点从古湖泊环境转移到现代湖泊环境,这也说明目前呼伦湖及其流域的生态环境是最为迫切需要关注并需要采取措施加以改善的。我相信《呼伦湖》一书的出版,将会进一步推动呼伦湖及其流域的研究,促进呼伦贝尔大草原的经济社会发展与生态环境安全保障,实现人、湖、草、畜和谐共存,为地方乃至区域的生态文明建设做出科学贡献。

王苏民

2017 - 10

前　言

呼伦湖位于呼伦贝尔草原西部新巴尔虎左旗、新巴尔虎右旗和满洲里市之间。呼伦湖水系属于额尔古纳河水系的组成部分,湖泊通过乌尔逊河与贝尔湖连接,通过新开河与额尔古纳河连接,通过引河济湖工程与海拉尔河连接。呼伦湖集水面积涵盖了国内和蒙古国部分。当湖水位在 545.3 m 时,蓄水量约 138 亿 m^3,水面面积约 2 339 km^2,最大水深 8 m,平均水深 5.7 m。湖面呈不规则的斜长形,湖面长 93 km,最大宽度 41 km,平均宽度 25 km。

自 20 世纪初以来,呼伦湖经历了四次水位上升和三次水位下降时期。当呼伦湖成为外流水系时,湖水是淡水;当呼伦湖成为内陆湖时,湖水则变为微咸水(或半咸水)。呼伦湖水位下降、蓄水量急剧减少,再加上人类活动的影响,会引起湖泊咸化、碱化,湖泊水生生态系统退化等一系列严重的资源与生态环境问题。呼伦湖 21 世纪初以来生态恶化,流域范围内草原退化、土壤沙化严重,湖泊湿地出现大幅度萎缩,其主要原因是我国北方地区气候暖干化导致周边草场退化、入湖水量减少、湖泊水位下降和出流枯竭。

呼伦湖的生态环境问题引起了当地政府和地方企业的高度关注和担忧,也吸引了科研工作者前来开展研究,以期为呼伦湖生态环境综合整治提供重要科学支撑和决策依据。《呼伦湖》一书是在多次湖泊流域实地考察、湖泊现场采样测试,和实验室分析的基础上,结合收集的湖泊流域的地质、水文、气象、环保等资料汇编成书,相信本书的出版会进一步推动呼伦湖及其流域的研究。

《呼伦湖》一书,第一章综述了呼伦湖的概况,指出了呼伦湖面临的生态环境问题;第二章针对呼伦湖关键的水文问题,提出了水资源研究与管理建议;第三章揭示了呼伦湖近现代水质变化的过程;第四章针对底质中的营养要素进行了详细的时空分析;第五章展示了呼伦湖沉积物中重金属的时空分布格局和污染程度;第六章分析了呼伦湖渔业资源的现状特征与历史发展趋势,讨论了渔业资源小型化演变趋势对湖泊环境以及捕捞等人类活动的响应机制;第七章和第八章主要针对湖泊浮游植物、浮游动物和底栖动物,以及流域的动植物进行了描述和分析;第九章湖泊环境演化与生态对策,揭示了

●呼伦湖

不同时间尺度以来呼伦湖的演化特征,并提出了呼伦湖综合整治和生态恢复工程,保护和改善呼伦湖及流域生态安全的对策。本书第一章和第九章由薛滨执笔,第二章孙占东撰写,第三章和第五章由姚书春编写,第四章张风菊撰写,第六章和第七章由毛志刚执笔,第八章刘松涛和窦华山执笔。王莹负责部分图表和文字。全书由薛滨和姚书春统稿。本书得到国家自然科学基金(41573129、41372185)、科技部基础性工作专项(2014FY110400)、国家重点研发计划资助(2016YFA0602301)的资助。

由于本书内容广泛,涉及学科众多,书中不足在所难免,恳请读者批评指正。

作者

2017 年 10 月于南京

目　录

第1章 总 论

1.1 自然环境

1.1.1 地理位置

呼伦湖,又名达赉湖,是我国第五大湖,也是我国北方第一大湖。位于呼伦贝尔草原西部新巴尔虎左旗、新巴尔虎右旗和满洲里市之间,东经 116°58′～117°47′,北纬 48°40′～49°20′。当湖水位在 545.3 m 时,蓄水量约 138 亿 m³,水面面积约 2 339 km²,最大水深 8 m,平均水深 5.7 m。湖面呈不规则的斜长形,湖面长 93 km,最大宽度 41 km,平均宽度25 km (呼伦湖志,1998),湖周长 447 km(图 1-1)。呼伦湖集水面积涵盖了国内和蒙古国部分,其中国内部分为 37 214 km²。这与我们基于 SRTM90m 分辨率 DEM 提取的呼伦湖流域及其主要子流域(不包括海拉尔河与新开河流域)得到的国内部分约 3.9 万 km² 接近(详见第 2 章)。

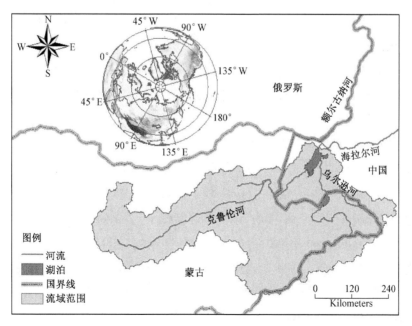

图 1-1 呼伦湖及其流域地理位置

1.1.2 呼伦湖形成

1.1.2.1 呼伦湖地质时期的形成与演变

大约在距今 3 亿 6 千万年以前,呼伦湖地区还是一片汪洋,在地质构造上属于蒙古地槽的一部分。在距今 3 亿多年前,才开始上升为陆地,从此再没有被海水淹没过。在距今约 2 亿 2 千 5 百万年前的中生代,呼伦贝尔一带气候温和,雨量充沛,河流广布,大量生长着苏铁、松柏、银杏等高大的裸子植物,为一派热带景象。约在距今 1 亿 3 千 7 百万年前的侏罗纪后期,燕山运动造成了呼伦贝尔盆地沉降带,这个盆地中的较低区域,可称为呼伦湖的雏形,位置大约在今乌尔逊河以东至辉河一带。到了新生代第三纪末期,随着地壳的持续挤压,在现今湖区一带产生了两条北北东向的大断层。西部一条大致在克鲁伦河—呼伦湖—达兰鄂罗木河—额尔古纳河一线,称西山断层;东部的一条大致在嵯岗—双山一线,称嵯岗断层。这使得今呼伦湖地区成为呼伦贝尔最低的地区,原始的呼伦湖从乌尔逊河以东至辉河之间移到现今呼伦湖的位置上。距今一百万年至一万五千年前,呼伦湖地区的气候由温热多雨转为冰川气候。距今约一万年前,冰川气候消失,逐渐转暖变干,现代呼伦湖形成(孙标,2010)。

1.1.2.2 呼伦湖近代演化

20 世纪前,我国史籍中有不少涉及呼伦湖的记载。如《山海经》中有"东胡在大泽东"的记载,意为东胡族住在呼伦湖之东。公元 554 年完成的《魏书》中,有"宣黄帝讳推寅立,南迁大泽,方千余里,厥土昏冥沮洳"的记载。公元 945 年的《旧唐书》记载呼伦湖水面较大,是克鲁伦河和乌尔逊河流入额尔古纳河东流入海的吞吐湖。此后的史籍中对呼伦湖的记载更多,名称各异。1897 年清光绪二十三年完成的《呼伦贝尔副都统衙门册报志稿》中记载"乌尔逊河从东南方流入,克鲁伦河从正西方流入,达兰鄂罗木河从东北流入,布勒嘎那从西南流入。达兰鄂罗木河在城(海拉尔)西北三百一十多里,从海拉尔河分出一支西南流六十多里,经高勒特格卡伦北流入呼伦湖。此河有官渡一处,小船两只"。此记载说明了呼伦湖水系与现代相近似,但海拉尔河通过达兰鄂罗木河补给呼伦湖的水量比现今大。1897 年后,湖水面逐渐缩小,至 1900 年前后,呼伦湖地区已成为一片沼泽,由几个水泡子串联而成东北—西南向的河道,其两侧为平坦草地,低洼之处则成苇塘。1903 年至 1904 年,湖水突增,一年内便将分散各处的低洼连在一起。据 1929 年出版的《呼伦贝尔》一书记载:"就调查所得,最近二十年来,面积渐次广阔,回溯西历一九零三年与一九零四年间,达赉湖之延长,尚未二十公里,宽仅一十公里,深亦不过一公尺。光阴荏苒,沧桑悬殊,二十年前割取芦苇及猎获飞鸟之处,今已变成湖心。""清光绪三十二年(1907 年)因克鲁伦河、哈拉哈河—贝尔湖—乌尔逊河河水骤增,达赉湖水同时增加,湖面逐渐扩展,长三十公里,宽十五公里左右。"又据该书"渔业篇"记载:"一九一二至一九一五年间,达赉湖和贝尔湖尚能相通,当年五月一日至三日,贝尔湖的鱼类游回达赉湖,八月上旬又从达赉湖回游贝尔湖……民国五年至六年(1916—1917年),天气亢旱,雨量稀少,贝尔湖之水面,既较前降低,而乌尔逊河口,亦颇干涸,鱼类遂无出路。在民国十三年前,不得不永在石底无草之贝尔湖留置。"自20年代初,呼伦湖水又逐渐增加。至民国十三年(1924年)春季,冰雪融化,桃花水迅猛,约5月10日至12日"所有困饿七载之鱼类,始能自无食之贝尔湖,经由哈拉哈河、扎洛里治(今沙尔勒金河)及乌尔逊河,移达赉湖孵化,然达赉湖水势增高,鱼类冬令仍聚于斯,不复返贝尔湖矣"。1923年出版的《呼伦贝尔志略》"河流湖泊篇"中记载:"呼伦湖……为诸河潴水之区,呈椭圆形,面积广阔,在唐时为最大,今缩小……自西南而东北长约二百余里,东西广百余里,周可五、六百里。湖之来源有四……各河入湖后皆潴而不流。"可见当时呼伦湖面积是比较大的,而且是内陆湖。从1952年以后,湖水渐涨,特别是1958年到1960年,湖水上涨到往额尔古纳河出流,成为外流水系。此期间海拉尔河也处在丰水期,海拉尔河水时有通过达兰鄂罗木河注入呼伦湖。于是扎赉诺尔煤矿在达兰鄂罗木河上筑坝堵截三处,以防止湖水上涨,但结果事与愿违,反而堵死了湖水外流的通道,使湖水位越涨越高。到1962年湖水持续猛涨,湖水位达到545.3 m,湖水面积2 339 km²,蓄水量138亿 m³。大风浪的作用致使湖东岸双山子一带决口,形成面积为147 km²的新达赉湖(新开湖)。1963年,湖水继续上涨,湖面向东、南两个方向扩展,在湖东岸双山子附近顺海拉尔河的叉流—阿尔公河故道向外扩大,在乌尔逊河口和克鲁伦河口则沿着河口三角洲向上扩展,这样大量的优良草场被淹,影响牧业生产,扎矿沙子山铁路专用线被冲毁40 m,威胁矿区安全,影响煤炭生产。于是国家有关部门决定采取修建人工运河的办法修建"呼伦湖近期泄水工程",以调节呼伦湖水量。此工程从1965年6月15日动工兴建至1971年9月8日竣工,历时六年零三个月。新修建的人工河称"新开河",全长16.4 km。新开河南起呼伦湖东部沙子山附近,从东侧绕过扎赉诺尔矿区和火车站,穿越滨洲铁路,向西北至黑山头脚下汇入达兰鄂罗木河旧河道。在新开河上设有泄水闸和拦洪闸,控制呼伦湖水位涨落。当海拉尔河水位高呼伦湖水位低时,河水可以顺着新开河流入呼伦湖,当湖水位高河水位低时,湖水又可以顺着新开河流入额尔古纳河,外流入海。此工程既可在呼伦湖高水位时泄洪,又可调节海拉尔河水,当河水位高时,引流入湖,至此呼伦湖第一次得到人工控制,在此以前,呼伦湖水资源的开发与利用基本处于原始自然状态。泄水工程建成后,进入枯水周期,湖水逐渐下降,至1979年新开湖基本干涸,到1983年湖水位比1962年下降了2米左右。1983年冬至1984年春,降雪较大,造成牧区特大白灾。当1984年4月冰雪融化时,各河流水量大增,加之夏秋两季雨水偏多,因而呼伦湖水位又上涨。到1985年4月末,湖水又沿着故道东流,重新注入新开湖,但进展速度比较缓慢,尚未达到1962年那样的规模。同时贝尔湖水位也上涨,冲毁了蒙古人民共和国贝尔湖渔场的拦鱼栅,使大量的鱼类游向呼伦湖。所以,呼伦湖水系与额尔古纳河水系,有时相通同属于一个水系,有时分开各自成为独立水系,时分时合,关系密切,随水量而变,但不是内陆湖,而是属于额尔古纳河外流水系。同时,也反映出呼伦湖是一个伸缩性、吞吐性的湖泊。

1.1.3　地形、地貌

湖盆东边是大兴安岭山脉,阻隔了东南季风带来的湿润气流,西边及南边是蒙古高原。呼伦湖盆地总体地貌轮廓受构造控制,是北东一南西走向的不规则的斜长方形。除了湖泊西岸为陡岸,坡度较大外,北、东、南三面较平缓。在地貌上本区属呼伦贝尔高原区中的呼伦贝尔西北部低山丘陵区和呼伦贝尔高平原区,东与东南为中低山丘陵地带,地势较高,海拔多在700 m以上。中部为波状起伏的呼伦贝尔高平原,位于中低山丘陵地带的西南,一直延伸到呼伦湖的东岸,是构成呼伦贝尔高原的主体。西部属低山丘陵地带,地貌发育与大兴安岭东麓的中低山丘陵区的中部相似,一般海拔高度也在650~1 000 m。呼伦湖周围地质为沉积土壤,分布有粘土、亚粘土,土质胶结性良好,不易透水,渗漏损失不大。

1.1.4　气候与水文

呼伦湖地区属中温带大陆性气候。冬季严寒漫长,春季干旱,多大风,夏季温凉短促,秋季气温急降,初霜早,积雪封冻期6个月左右,最大冰层厚度1.30 m。呼伦湖地区多年平均气温-0.5~0.5 ℃,极端最低气温-42.7 ℃,极端最高气温40.1 ℃,无霜期105~120天。年平均降水量285 mm,蒸发量1 650~1 700 mm(200 mm蒸发皿),积雪期为140天左右,全年盛行西北风,多年平均风速4.2 m/s。

呼伦湖是一个处在呼伦贝尔高平原上的吞吐性湖泊,水系属于额尔古纳河水系的组成部分。湖泊通过乌尔逊河与贝尔湖连接;通过新开河与额尔古纳河连接;通过引河济湖工程与海拉尔河连接。常年注水河流三条:乌尔逊河、克鲁伦河、引河济湖工程。吞吐河流一条:新开河。

在地壳运动、气候变化等自然因素影响下,呼伦湖湖水时多时少。水多时顺达兰鄂罗木河(新开河)注入额尔古纳河外流入鄂霍次克海,水少时则成为内陆湖。受水系变化的影响,呼伦湖的水质不断出现淡水和微咸水(水化学上也称半咸水)互相转化的现象。当呼伦湖成为外流水系时,湖水是淡水;当呼伦湖成为内陆湖时,湖水则变为微咸水(或半咸水)。目前呼伦湖水位下降,外流机会很少,所以是微咸水湖。呼伦湖水系包括呼伦湖、贝尔湖、克鲁伦河、乌尔逊河、哈拉哈河、达兰鄂罗木河(新开河)、海拉尔河

(引河济湖工程人工连接)、乌兰诺尔和新达赉湖(已干涸)(姜志国,2013)。

贝尔湖:贝尔湖位于呼伦贝尔的西南部边缘,是中、蒙两国共有的湖泊。湖呈椭圆形状,长 40 km,宽 20 km,面积约 690 km²,大部分在蒙古境内,仅西北部的 40 km² 为我国所有。湖水为淡水,一般水深为 9 m 左右,湖心最深处可达 50 m。

克鲁伦河:克鲁伦河位于呼伦湖的西南部,发源于蒙古国肯特山南麓,在中游乌兰恩格尔西端进入我国境内。流经呼伦贝尔市新巴尔虎右旗,东流注入呼伦湖。河长1 264 km,我国境内长 206 km。

乌尔逊河:乌尔逊河发源于贝尔湖北岸,北流注入呼伦湖,汇集部分哈拉哈河的水量,水体清澈,全长 223 km,是呼伦湖、贝尔湖鱼类产卵的重要场所和洄游通道。

哈拉哈河:哈拉哈河发源于大兴安岭西麓,流至额布都拉附近,河道分为两支,一支仍向西北流入乌尔逊河;另一支向南流入贝尔湖,河全长 400 km。

新开河:达兰鄂罗木河位于呼伦湖的东北部,全长 25 km,为连接呼伦湖与额尔古纳河的吞吐性河流,由呼伦湖的水位决定流向。在呼伦湖水大时顺达兰鄂罗木河流入额尔古纳河,在呼伦湖水小时,海拉尔河的河水顺达兰鄂罗木河可流入呼伦湖少许。

海拉尔河:海拉尔河源于大兴安岭西侧吉勒老奇山西坡,呈东至西流向,其源流为大雁河。与库都尔河于乌尔旗汉林场汇合后始称海拉尔河。全长约 1 430 km。流域面积 5.45 万 km²。其主要支流有库都尔河、免渡河、扎敦河、特尼河、莫尔格勒河、伊敏河、辉河等。

乌兰诺尔:又称乌兰泡。位于呼伦湖南约 80 km 处,与乌尔逊河连通,附近水生植物丰富,是鱼类最理想的产卵场所和鸟类栖息地。

新达赉湖:又名新开湖。位于湖泊东岸新巴尔虎左旗境内,西距呼伦湖 5 km,其水位、水质等均受呼伦湖的影响与制约,颇像子母湖。20 世纪 60 年代,水位开始下降,水面逐渐萎缩,80 年代已经完全干枯。1984 年呼伦湖水位上涨,湖水沿着河口故道不断流向新达赉湖,自此新达赉湖水面开始扩大,但近来由于连续干旱,新开湖已经开始干涸。

此外,在呼伦湖周围还分布着一些季节性河湖。季节性湖泊小型的多分布在呼伦湖西岸一带,大型的则分布在湖东岸和西南岸。这些湖泊随呼伦湖水位的涨落发生变化,受降水量大小的影响,依丰水期和枯水期的周期变化而存在与消失,其中较大的有新达赉湖、乌兰布冷泡等。季节性河流主要有呼伦沟、水泉沟、老四号沟、西山沟、大沙圈小河等,其中呼伦沟最长约 10 km,位于湖东岸,自原呼伦牧场顺已干枯的阿尔公河流入呼伦湖。

1.1.5　土壤与植被

呼伦湖地区气候干旱、风沙较大,致使地面物质粗糙,土层浅薄。

栗钙土是本区的地带性土壤,剖面由栗色或灰棕色的腐殖质层、灰白色的钙积层和母质层组成。其面积约占研究区土地总面积的 70%,主要分布在低山丘陵、冲积平原及沿湖、河岸低洼地。

草甸土和沼泽土也是该地区的主要土壤类型,主要分布在河谷阶地、低洼盆地上。草甸土剖面构造主要是由腐殖质、氧化还原层和潜育层组成,水分充足,肥力较高;沼泽土以低洼、积水的地形为其成土的主要条件,泥炭化过程和潜育化过程是沼泽土形成的两个基础过程,因此其剖面构造主要由泥炭层和潜育层组成(宁少尉,2012)。

呼伦湖地区地带性植被为禾草草原,主要为大针茅草原、羊草草原和西北针茅草原,低地及河岸发育尖苔草—杂类草草甸和芨芨草丛生禾草草甸(《中国植被图集》编委会,2002)。据野外调查和遥感影像判断,呼伦湖东岸坡度较缓,形成了宽度较大的湖滨浅水带和湖岸带,湖岸带着生盐生植物,主要有芨芨草、马蔺、碱蓬、碱茅、碱蒿、白刺、盐爪爪等。西岸受南西—北东向断裂带影响,形成坡度较大的湖滨环境,湖岸多为断裂形成的崖壁,植被直接过渡到地带性禾草草原,缺失湖岸非地带性植被。呼伦湖流域植被主要有山地针叶林、山地阔叶林、山地草甸草原和草原,其中落叶松林、赤松林、白桦林以及山杨林分布在海拔略高的山地,杂类草草甸主要分布在山麓地带,中下游植被为地带性针茅草原(《中国植被图集》编委会,2002)。

1.2 自然资源

呼伦湖湖岸和湖中水生植物群落覆盖度均不高,但由于面积较大,水生植物种类也相对较多,计有水生植物 25 种,其中挺水植物 16 种,沉水植物 6 种,浮叶植物 2 种,漂浮植物 1 种。主要分布在湖的东北、东南沿岸,此外在乌尔逊河与克鲁伦河的入湖河口亦有分布。主要种类有芦苇、水葱、扁杆藨草、泽泻、莎草、眼子菜、雨久花、蒙古香蒲、水烛、穿叶眼子菜、小眼子菜、黑三棱等。群落类型有:芦苇群落,分布在东南湖湾区,生物量 487 ~ 635 g/m²;荇菜群落,分布在乌尔逊河入湖口湖区,覆盖率较高,其中有少量的眼子菜和杉叶藻,生物量为 278 g/m²;眼子菜群落,主要分布在东南湖湾区,伴生有杉叶藻等,生物量为 141 ~ 251 278 g/m²,另外还有小茨藻和两栖蓼稀疏分布。

《中国湖泊志》所记载的呼伦湖浮游藻类 8 门 121 属 201 种,其中蓝藻门 39 种,绿藻门 84 种硅藻门 36 种,裸藻门 16 种,甲藻门 6 种,隐藻门 6 种,黄藻门 5 种,金藻门 9 种。姜忠峰等(2011)于 2009 年对呼伦湖浮游植物现状进行了调查和监测,调查结果显示,呼伦湖共有浮游植物 142 种属,隶属 8 门 22 目 40 科,其中绿藻门 69 种,硅藻门 29 种,蓝藻门 27 种,裸藻门 5 种,甲藻门 3 种,隐藻门 2 种,黄藻门 4 种,金藻门 3 种。以绿藻蓝藻和硅藻为优势种属,浮游植物平均生物量为 6.955 mg/L。最近一次湖泊调查表明,呼伦湖有浮游藻类5门21属,其中蓝藻门2属,绿藻门13属,硅藻门3属,裸藻门2属,甲藻门1属,以蓝藻门的鱼腥藻为优势种,数量 2 149×10⁴ ind. /L,生物量 31. 44 mg/L(中国科学院南京地理与湖泊研究所,2010)。

《中国湖泊志》所记载的底栖动物有寡毛类、软体动物、环节动物的蛭纲,昆虫类的蜻蜓目、蜉蝣目、毛翅目及摇蚊幼虫,介形类及甲壳类的秀丽白虾等。除秀丽白虾为全湖分布外,其余种类分布极不均匀,湖北部种类和生物量较高,南部较低。摇蚊幼虫无论是数量或生物量均是底栖动物的主要成分,优势种为羽摇蚊。1957年后,底栖动物的数量 420 个/m²,生物量 1. 123 g/m²,到 1981 年,除蚌外,寡毛类和摇蚊幼虫的数量 212 个/m²,生物量 0. 408 g/m²。秀丽白虾以 1986 年产量最高 165 吨,1984 年最低 8. 4吨,年均产量 96.3 吨。1981 年全湖蚌类约 1 167. 3 kg,主要种类是褶纹冠蚌和圆顶珠蚌。2010 年的调查结果表明,在呼伦湖采集到的软体动物有中华圆田螺、净水椎实螺、耳萝卜螺、白旋螺,水生昆虫有鞘翅目、蜻蜓目、粗腹摇蚊、大粗腹摇蚊、幽蚊、多足摇蚊、羽摇蚊、前突摇蚊,优势种是前突摇蚊,水栖寡毛类有苏氏尾鳃蚓、霍甫水丝蚓、湖沼管水蚓、正颤蚓、透清毛腹虫、盘缠毛腹虫。

《中国湖泊志》所记载的呼伦湖鱼类为 3 目 6 科 31 种(包括 1 亚种)。有关呼伦湖鱼类物种的记录还有:《东北地区淡水鱼类》(解玉浩等,2007)记录为 30 种;《黑龙江省渔业资源》(张觉民,1985)记录为 19 种;《黑龙江鱼类》(任慕莲,1981)记录为 23 种;《呼伦湖志》(一)(1989)记录为 20 种;《呼伦湖志》(二)(1998)和《呼伦湖志》(三)(2008)均记录有 33 种;黑龙江省水产科学研究所资源室等(1985)调查有 26 种。2008—2010年的调查结果显示,在呼伦湖采集到标本的鱼类有 4 目 5 科 21 属 21 种。2014—2015年对呼伦湖 12 个点位的调查结果显示,呼伦湖地区共采集到鱼类 21 种,隶属 4 目 6 科 21 属,其中鲤形目(17 种)种类最多,占调查物种总数的 81%;其次是鲑形目(2 种),其他 2 目各 1 种。在科的水平上,鲤科(15 种)种类最多,占总数的 71. 4%;鳅科 2 种,其他 4 科各 1 种。呼伦湖东部湖区、西部湖区分别采集到鱼类 20 和 14 种,且各湖区均以鲤形目鱼类为主,分别占总数的 80% ~ 85. 7%,其他目的种类数较少(毛志刚等,2016)。与前几次调查结果相比,呼伦湖鱼类的物种数量下降,鱼类种类组成发生明显变化。首先,一些珍稀的洄游性鱼类减少或消失,如细鳞鲑(*Brachymystax lenok*)在本次调查中未采集到,而哲罗鲑、江鳕的数量也极少,且可能为贝尔湖洄游至呼伦湖越冬的种群。这些珍稀鱼类种类的下降与呼伦湖近年来河道堵塞、水位下降以及捕捞强度加大密切相关(赵慧颖等,2008)。其次,近年来呼伦湖的鱼类增殖放流工作减少,大银鱼、草鱼、团头鲂和细鳞鲴等移入种,因无资源补充而消失(缪丽梅等,2014)。另外,渔业资源的过度捕捞,也导致一些具有地域性经济价值的鱼类,如花鰔和犬首鮈等的资源量大幅下降。

1.3 社会经济概况

1.3.1 满洲里

满洲里市位于呼伦贝尔市西部,北抵中俄国境线,东临新巴尔虎左旗,西南与新巴尔虎右旗毗邻。全市总面积 735 km²,人口 17.31 万人(2014 年年底),是一个以蒙古族为主体,蒙、汉、俄罗斯等多民族杂居的边境口岸地区,素有"东亚之窗"的美誉。满洲里市天然草场总面积 87.45 万亩,占满洲里市土地总面积的 83.7%。天然草场种类组成丰富,草群茂密,年打饲草 6.5 万吨。

满洲里市的矿产资源主要是煤炭资源,大部分分布在扎赉诺尔和开放山一带。

2016 年满洲里全市生产总值达 241.6 亿元,其中,第一产业增加值完成 3.6 亿元,第二产业增加值完成 59.4 亿元,第三产业增加值完成 178.6 亿元。全市人均地区生产总值达 9 万元。全市农作物播种面积 18 435 亩,家畜总头数 9.2 万头(只)。口岸货运量累计完成 3 051 万吨,口岸外贸进出口总值 269.6 亿元,增长 5.3%,全年边境旅游人数 70.3 万人,增长 30.9%(满洲里市 2016 年国民经济和社会发展统计公报,2016)。

1.3.2 新巴尔虎右旗

新巴尔虎右旗位于呼伦贝尔市西部中俄蒙三国交界处。东北部与满洲里市毗邻,东部隔乌尔逊河与新巴尔虎左旗接壤。全旗总面积 24 839 km²,人口 35 650 人(2014 年底)(内蒙古自治区统计局,2015),是一个蒙古族为主体,汉族、达斡尔族等 11 个民族聚居的边疆少数民族地区。

2016 年,新右旗实现地区生产总值 80.76 亿元,其中第一产业完成增加值 4.10 亿元,第二产业完成增加值 62.22 亿元,第三产业完成增加值 14.44 亿元。人均生产总值(GDP)达到 23 万元,增长 8.1%。全年实现农林牧渔业总产值(现价)7.20 亿元,增长 3.2%,实现农林牧渔业增加值 4.10 亿元,增长 3.4%(数据来源:http://www.nmgzfgb.gov.cn/information/xbehyqzb23/msg8448115399.html)。

畜牧业是新巴尔虎右旗的主要经济类型,也是传统的生产方式。全旗大部分为天然草场。2016 年年末牲畜存栏 127.53 万头(只),肉类总产量 23 303 吨,其中牛羊肉22 435 吨,猪肉 15 吨,牛奶产量 2 610 吨,绒毛产量 1 501 吨,皮张产量 730 701 张。2016 年,蔬菜总产量 27 277.1 吨,其中叶菜类 488 吨,瓜菜类 2 881 吨,块根、块茎类575 吨,茄果菜类 735.5 吨,葱蒜类 879.6 吨,薯类 5 200 吨,瓜类 14 770 吨。

新巴尔虎右旗地下矿藏资源丰富。黑龙江省地质队的勘探表明,呼伦贝尔盟著名的得日布尔有色金属成矿,南起本旗的额仁陶勒盖,经乌拉、查干布拉格、乌努克图山、陈旗八大关、八一八一延伸到额左旗的得日布尔。在本旗境内已发现大型银铅多金属矿 2 处,大型铜钼矿 1 处,中型银矿 1 处,铅锌、银锌矿 1 处,小型矿床及矿点数 10 处。现已探明的矿产资源主要有金、银、铜、钼、铅、锌、锰、铁等十多种金属和煤、芒硝、石油、萤石等非金属矿藏。其中,煤炭主要分布在新巴尔虎右旗北部和满洲里市接壤地区,石油油田分布在新巴尔虎右旗东南部、贝尔湖西侧,锰、铜、铅、锌、钼、银矿分布在新巴尔虎右旗北、西和南部,芒硝矿分布在新巴尔虎右旗中部、呼伦湖南部,萤石矿分布在新巴尔虎右旗西部。

1.3.3 新巴尔虎左旗

新巴尔虎左旗位于大兴安岭北麓,位于呼伦贝尔市西南部,与新巴尔虎右旗、满洲里市相邻,东与陈巴尔虎旗、鄂温克自治旗相连,新左旗辖 7 个苏木镇,其中有 2 个镇、5 个苏木、53 个嘎查、7 个社区。全旗有蒙古族、汉族等 15 个民族。全旗总面积约为 21 634 km^2,人口 43 043 人(2014 年年底)(内蒙古自治区统计局,2015)。

2016 年该地区生产总值达到 37.2 亿元,其中,第一产业增加值完成 6.43 亿元,第二产业增加值完成 18.21 亿元,第三产业增加值完成 12.53 亿元。城镇常住居民人均可支配收入 22 876 元,增长 7%,农村常住居民人均可支配收入达到 18 110 元,增长 7.6%。2016 年,牧业年度牲畜头数达 163.1 万头(只),牲畜出栏 95 万头(只),肉类总产量 2.2 万吨,奶牛总头数 6.2 万头。同时,2016 年,该地区接待旅游人数达到 62.3 万人次,同比增长 11%,旅游收入完成 5.6 亿元(http://www.nmgzfgb.gov.cn/information/xbehzqzb22/msg8350114305.html)。

全旗境内农、林、牧、副、渔、矿产资源丰富,境内现已探明的矿产资源主要有石油、天然气、煤炭、盐、碱、芒硝等十余种,储量较大、品位较高。铁矿石储量 5 000 万吨;石油预测储量为 3.9 亿吨,占全市预测储量的 2/3;具备开发风资源的面积约占 1 500 平方千米。全旗煤炭预测储量超过 760 亿吨,占全区的 1/10,全市的 1/3,煤种以褐煤为主并伴有少量的长焰煤。煤田规模大,煤层厚,层位稳定,产状平缓,含煤系数高,有建设大型煤矿的优越条件。

1.3.4 主要经济收入来源

呼伦湖地区的主要经济产业为牧业和渔业,部分地区为旅游业。

新巴尔虎右旗和新巴尔虎左旗的居民主要生产方式为牧业,两旗共有近 300 万头(只)牲畜。生产主要以半定居、半游牧方式进行,目前定居的速度加快。

达赉湖渔场是 1948 年建立的国有渔场,主要在达赉湖及附属水体从事渔业捕捞等活动。该企业经过 50 多年的发展,现在已经成为拥有员工近千人、总资产 1.33 亿元的企业集团。呼伦湖渔业集团下属的 7 个渔业公司均在达赉湖国家级自然保护区内作业,以秋、冬捕鱼为主,每年计划捕捞量近万吨。近年来,由于过度捕捞和鱼类产卵地的大量丧失,渔业资源面临枯竭。大鱼比例从 20 世纪 50 年代的 40%~60% 下降到现在的不足 10%。

以畜牧业为传统产业的草原地区正在经历从游牧到固定放牧转变的过程,草畜第二承包已经结束,以草库伦和固定房屋建设为主要特征的固定放牧方式已经不可逆转。牧民的畜牧业收入主要包括牛奶及奶制品、羊毛和鲜活牛、羊及肉制品等。统计资料显示,2016 年新巴尔虎右旗全旗农村牧区常住居民人均可支配收入达 18 194 元,增长 7.3%。新巴尔虎左旗牧民人均可支配收入达到 16 831 元,同比增长 8.1%。

1.4 湖泊面临的问题

1.4.1 水资源短缺

20 世纪初以来,呼伦湖经历了四次水位上升和三次水位下降时期(图 1-2),即 1903—1915 年的上升期、1916—1945 年的下降期、1946—1965 年的快速上升期、1966—1982 年的缓慢下降期、1983—1991 年的上升期(1991 年最高水位 545.30 m,相应湖泊面积 2 339 km²)、1992—2012 年的快速下降期,尤其 2000 年之后下降更为急剧,湖水位从 2000 年的 544.50 m 降至 2012 年的 539.90 m,累计下降 4.60 m,相应地,湖泊面积从 2 247.5 km² 减至 1 759.9 km²(减少 22%),蓄水量从 120.5 亿 m³ 减至 38.6 亿 m³(减少 68%)。自 2012 年以后,湖水位又呈现增加的趋势,截至 2015 年年

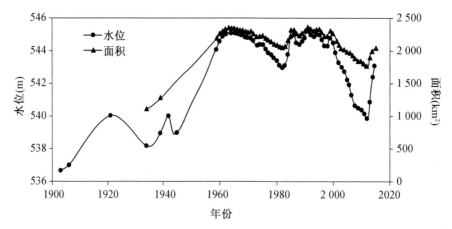

图 1-2　近百年来呼伦湖水位及面积变化(数据来源于内蒙古呼伦湖国家级自然保护区管理局)

末,湖泊水位为 543.09 m,相应的湖泊面积和蓄水量分别为 2 038 km² 和 103.9 亿 m³ (数据由内蒙古呼伦湖国家级自然保护区管理局提供)。

与我国干旱、半干旱地区的湖泊相比,呼伦湖的水位下降速度是罕见的,湖面积的萎缩相对来说虽然不是很突出,但从呼伦湖的湖盆形态看,湖底在 539.0 m 高程以下非常平缓,水位下降到该范围将出现湖泊面积的急剧缩小的情形,这一点需要引起注意。

1.4.2　水体盐碱化趋势明显,富营养化严重

呼伦湖的监测资料表明,20 世纪 50 年代以来,呼伦湖的 pH 值仅在个别年份位于 8.5 以下。20 世纪三四十年代以来,湖水含盐量变化较大,导致湖泊在微咸水/咸水湖和淡水湖之间不断转换。比如,1962 年湖水含盐量为 777 mg/L,为淡水湖,1974 年属微咸水湖,1981 年湖水含盐量为 1 261 mg/L,2003 年湖水含盐量 1 610 mg/L,属微咸水湖,到 2009 年湖水含盐量达到极值 2 490 mg/L,接近咸水湖含盐量,之后持续下降,2015 年夏季测量值为 640 mg/L,又回归到淡水湖。2000 年以来,虽然入湖盐分在不断降低,但湖水含盐量仍呈不断增加的态势,尤其是 2007 年以来急剧增加。湖泊碱度变化与含盐量趋势相同,在 2008 年达到最大值,之后持续下降(王苏民和窦鸿身,1998;中国科学院南京地理与湖泊研究所,2010)。此外,由于呼伦贝尔草原全年多风,呼伦湖湖水总是处在风浪的强烈的扰动之下,因而呼伦湖湖水浑浊,透明度很低。从 1995 年以来的观测数据可以看出,水体透明度不超过 0.6 m。1998 年高水位时,湖泊透明度相对较高。2010 年 7 月调查时呼伦湖透明度仅为 0.13～0.35 m,水体非常浑浊(中国科学院南京地理与湖泊研究所,2010)。

从历史上看,呼伦湖水体氮磷含量并不低,但近期快速增加不得不引起关注。近期湖泊氮磷含量升高与湖泊没有出流、蒸发浓缩有关。从呼伦湖历史演变来看,2000 年以来,水体氮磷含量都在不断增加,但是磷的增加幅度要大于氮,造成氮磷比下降至低于 14,水中磷出现过剩,氮变成藻类生长的限制因子。其原因可能是氮磷快速增加的过程中,磷的滞留性较高。呼伦湖营养物、盐分以自然输入方式产生的输入负荷量占绝对优势。对于这样一个以自然污染为主的湖泊,在蓄水量减少,湖水又不能有效流通的情形下,湖内营养物质将不断浓缩。20 世纪 80 年代末的研究就发现,呼伦湖磷的滞留系数高达 0.97。目前呼伦湖已经没有出流,进入湖泊的磷将全部保留在湖泊体系内。湖泊通过自净能够去除水体一部分磷,研究表明约在 204 吨。磷负荷计算表明,保持目前的水位,未来湖体磷含量将不断攀升,湖水水质进一步恶化。

目前呼伦湖富营养化最直接的表现就是水华爆发(藻类暴发)。关于呼伦湖水华的最早记录见于 1936 年 8 月,出现满洲里以南的湖区,种类为铜绿微囊藻(*Microcystis aeruginosa*)(徐占江,1989)。1986 年 7—8 月呼伦湖出现了以铜绿微囊藻和水花微囊

藻为主要组成成分的水华,并造成了死鱼现象(徐占江,1989)。20 世纪 90 年代夏季水华变得频繁,爆发种类为微囊藻和卷曲鱼腥藻,并多次造成牛羊中毒死亡(乔明彦和何振荣,1996)。进入 21 世纪以来几乎每年夏季都有水华发生。2015 年夏季对于呼伦湖水华的调查结果表明,呼伦湖西北岸出现比较严重的蓝藻爆发,东南岸较少或无爆发,且爆发的种类主要是卷曲鱼腥藻(生物量 88.49%)。

1.4.3 渔业资源退化、生物多样性减少

由于湖泊水位下降、水体盐碱化、富营养化,浮游植物种类由 1988 年的 181 种属减少到目前的 142 种属;浮游动物的生物量急剧减少,由 1998 年的 4.1 mg/L 下降到目前的 1.7 mg/L;底栖动物由 20 世纪 80 年代的 0.408 mg/m² 下降到目前的 0.339 mg/m²,生物量也下降了 16%,并已经出现耐低盐种类;水生植被已经消失殆尽。

湖泊水体环境质量的下降,加上过度捕捞等原因,导致呼伦湖野生鱼类在数量和质量上都已经下降(图 1-3)。呼伦湖近代的捕捞始于 1900 年,由俄国人越境捕捞引发,后日伪统治时期被兴安株式会社垄断,直至 1948 年正式收归国有,渔业统一经营(徐占江,1989)。2003 年之前,呼伦湖渔业资源呈现总体上升趋势,由 1949 年的 1 917 吨上升至 2003 年的 11 159.81 吨。2003 年后,渔业资源开始逐步枯竭,产量下降迅速,至 2013 年,产量只有 2 838.44 吨,为 1950 年以来的最低值。为了恢复渔业资源,2014、2015 年呼伦湖实施部分封湖休渔,全年限产 1 000 吨。从大中型经济鱼类所占总捕获量的比例来看,20 世纪 60 年代以前,大中型经济鱼类(鲤鲫、鲌、鲶)占湖中鱼类资源量的 80% 左右,鱼类生态群落结构稳定。20 世纪 70—80 年代中期,大中型经济鱼类产量只占 20%～30%。进入 20 世纪 90 年代,油鳘条产量在 80%～85%,而大中型经济类

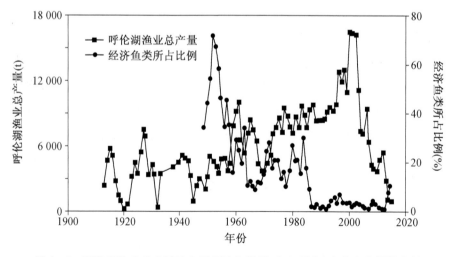

图 1-3 呼伦湖渔业总产量及大型经济鱼类(鲤鱼与鲫鱼)占总渔获量的比例

尚不足 10%。进入 21 世纪后,这种状态继续演变,2003 年大中型经济鱼类(鲤、鲫)仅占全年渔获物的 2.38%。渔业资源濒临枯竭,红鳍鱼白、细鳞鱼、哲罗鱼已绝迹消亡,鱼虾存量急剧下降。此外,由于呼伦湖水位持续下降,水生植物大面积裸露消亡,鱼类产卵场缩减了 100 平方千米,鲤鱼、鲫鱼、鲶鱼减少了产卵场所(中国科学院南京地理与湖泊研究所,2010)。

1.4.4　周边地区生态环境荒漠化

呼伦湖流域范围内草原退化、土壤沙化严重,湿地也出现大幅度萎缩。从 20 世纪 50 年代至今,流域耕地面积增加了 409 km²,主要是开垦了部分河流谷地的草地和林地。湖区沿岸过度放牧加速和放大了自然气候变化的负面作用,植被由密高粗向稀矮细方向退化。风力作用下大量风沙入湖,湖盆淤积加快,湖泊退缩后,湖盆又成为周边草地的沙源。目前,呼伦湖周边湿地萎缩后生物资源锐减,鸟类生存环境消失,尤其是东南部草原荒漠化、沙漠化加剧(中国科学院南京地理与湖泊研究所,2010)。

呼伦湖水系草地沙化和盐碱化的现象也十分严重,虽然在 20 世纪 50 年代中期至 2005 年期间有 48.42% 的沙地和 76.39% 的盐碱地转变为草地,但是草地沙化面积是沙地转化为草地面积的 1.06 倍,而草地盐碱化面积是盐碱地转化为草地面积的 2.08 倍。草地沙化现象主要出现在新巴尔虎左旗政府驻地阿穆古朗镇的北部和东部以及诺门汗布日德苏木德北部和东部,与草地覆盖度降低现象相间分布;而草地盐碱化现象集中出现于吉布胡朗图苏木和阿穆古朗宝力格苏木之间,该区域草地覆盖度降低、沼泽地萎缩和草地盐碱化现象都十分显著(呼伦湖渔业有限公司,2008;中国科学院南京地理与湖泊研究所,2010)。

呼伦湖水系沼泽地面积在过去近 50 年间锐减,萎缩面积占 20 世纪 50 年代中期沼泽地总面积的约 1/3。沼泽地面积的减少主要集中在 20 世纪 80 年代中期至 2005 年期间,占沼泽地减少总量的 94.04%,递减速度高达 33.48 km²/a。另外,呼伦湖周边河流湿地退缩严重。克鲁伦河沿岸湿地面积由 1993 年的 3 596.6 km²,缩减为 2010 年的 2 814.4 km²,减少了 782.2 km²。乌尔逊河两岸湿地相对于 1993 年的 380.8 km²,2010 年减少了将近 1/3。呼伦湖周边芦苇沼泽是诸多珍贵水禽和鸟类的重要栖息地和繁衍的场所,也是候鸟的重要迁徙通道和"驿站"。湖周边大面积芦苇和湿地消失,湖滨沼泽干枯,沼泽湿地面积的锐减严重影响到鹤类等珍禽动物的繁衍栖息地,导致湖区鸟类数量减少。对珍禽和鸟类的生存环境威胁较大,生物多样性受到了前所未有的考验(呼伦湖渔业有限公司,2008;中国科学院南京地理与湖泊研究所,2010)。

总的来说,呼伦湖水位下降、蓄水量急剧减少,引起湖泊咸化、碱化,湖泊水生生态系统退化等一系列严重的资源与生态环境问题。呼伦湖近年来生态恶化的主要原因是我国北方地区气候暖干化导致周边草场退化、入湖水量减少、湖泊水位下降和出流枯竭引起的,当然,人类活动造成的海拉尔河补给通道阻断和乌尔逊河源头沙尔勒金河河口堵塞也有一定的影响。

参考文献

程廷恒,张家播.呼伦贝尔志略[M].呼伦贝尔善后督办公署刊,1923.

东省铁路经济调查局.呼伦贝尔[M].东省铁路经济调查局,1929:1-282.

呼伦湖渔业有限公司编.呼伦志[M].内蒙古文化出版社,2008:18-19.

姜忠峰,李畅游,张生,等.呼伦湖浮游植物调查与营养状况评价[J].农业环境科学学报,2011,30(4):726-732.

姜志国.内蒙古达赉湖国家级自然保护区综合考察报告[M].呼和浩特:内蒙古大学出版社,2013.

缪丽梅,张笑晨,张利,等.呼伦湖渔业资源调查评估及生态修复技术[J].内蒙古农业大学学报:自然科学版,2014(4):1-9.

满洲里市2016年国民经济和社会发展统计公报[R].2016.

毛志刚,谷孝鸿,曾庆飞.呼伦湖鱼类群落结构及其渔业资源变化[J].湖泊科学,2016,28(2):387-394.

内蒙古呼伦湖国家级自然保护区管理局.呼伦湖水生生态系统现状及生态治理对策[R].2016.

内蒙古自治区统计局编.内蒙古统计年鉴[M].中国统计出版社,2015.

宁少尉.基于遥感的呼伦湖地区草原生态环境质量与承载力评价研究[D].北京师范大学,2012.

乔明彦,何振荣.达赉湖鱼腥藻水华对羊的毒害作用及毒素分离[J].内蒙古环境保护,1996,8(1):19-20.

任慕莲.黑龙江鱼类[M].黑龙江人民出版社,1981.

孙标.基于空间信息技术的呼伦湖水量动态演化研究[D].呼和浩特:内蒙古农业大学,2010.

王苏民,窦鸿身.中国湖泊志[M].北京:科学出版社,1998:317-319.

解玉浩编著.东北地区淡水鱼类[M].辽宁科学技术出版社,2007:1-483.

徐占江.呼伦湖志[M].长春:吉林文史出版社,1989:77-277.

张觉民.黑龙江省渔业资源[M].黑龙江朝鲜民族,1985.

张志波,姜凤元.呼伦湖志(续志一)[M].海拉尔:内蒙古文化出版社,1998:24-26.

赵慧颖,乌力吉,郝文俊.气候变化对呼伦湖湿地及其周边地区生态环境演变的影响[J].生态学报,2008,28(3):1064-1071.

中国科学院南京地理与湖泊研究所.内蒙古呼伦湖生态与环境状况及保护对策[R].2010.

《中国植被图集》编委会.中华人民共和国气候图集[M].北京:气象出版社,2002:1-250.

第 2 章   湖泊水文变化

2.1   呼伦湖全新世水文变化

2.1.1   地质背景与水文演变

呼伦湖是中国第五大淡水湖,亚洲中部草原区最大的湖,位于呼伦贝尔草原西部新巴尔虎右旗、新巴尔虎左旗和满洲里市之间。区域构造属新华夏体系,受控于两条 NNE 向断层。呼伦湖形状呈不规则的斜长方形,长轴呈西南—东北向。呼伦湖湖岸西陡东缓,湖底地形明显不对称,湖底平坦(魏正一,1988)。湖水位 545.3 m 时,湖泊容积为 138.5×10^8 m³。呼伦湖由降水及 80 多条河流补给,其中最大的 3 条河是克鲁伦河、乌尔逊河和海拉尔河。

在经历了漫长的地质时期,呼伦湖区域发生了一系列地壳构造运动(断裂、断层、地堑)、岩浆活动、剧烈火山喷发、冰川活动时期,历经了沧海变桑田的无数次变迁过程,才形成现在的呼伦湖。目前的呼伦湖是 1.3 万年前晚冰期的产物,是在构造断陷盆地的基础上长期汇集河水发育而成的构造湖(崔显义等,2015)。

呼伦湖水系是额尔古纳河水系的组成部分,历史上曾是额尔古纳河的上源之一。呼伦湖水系包括哈拉哈河、贝尔湖、乌尔逊河、乌兰泡、克鲁伦河和达兰鄂罗木河等主要河湖。在古代,克鲁伦河—呼伦湖—达兰鄂罗木河—额尔古纳河原本是一条河。在呼伦湖还没有形成时,克鲁伦河通过达兰鄂罗木河与额尔古纳河是同一外流水系。现在的海拉尔河与哈拉哈河—乌尔逊河均属额尔古纳河支流。后来,呼伦湖盆地在白垩纪时曾强烈下陷,出现湖泊与沼泽频繁交替,形成了呼伦湖最早的雏形。

中国科学院南京地理与湖泊研究所王苏民、吉磊等著作的《呼伦湖:古湖泊学研究》一书(王苏民等,1994)中指出,呼伦湖 13 ka B. P. 开始成湖,12 ka B. P. 达到 560 m 的最高湖面,7.8～5.0 ka B. P. 湖面稳定在 550 m 左右,此后进入萎缩期;根据孢粉—气候模型定量地复原了古温度和古降水,11.3～10.5 ka B. P. 的新仙女木事件以逐渐降温开始和突然升温结束,内部存在有三次冷波动,表现为明显的冷干环境;湖面波动的历史与轨道驱动的季风环境强弱变化密切相关,取决于季风降水带的空间迁移。

2.1.2 流域及湖泊沉积环境演化

呼伦湖流域位于东亚季风边缘区,是东亚气候敏感带东北端的组成部分,大地貌单位处于第二地形阶梯(蒙古高原)与东部平原阶梯的过渡带;在外力作用上是风成沉积、河流与湖泊水力沉积和冻融作用改造交错进行的地区。因此,呼伦湖地区的环境变化既表现出脆弱气候体系敏感性的特点,又具有多种营力共同作用、复杂多变的区域特色。

薛滨等(1994)通过对呼伦湖东露天煤矿剖面 TOC(有机碳总量)及 δ^{13}C(有机碳稳定同位素)值的垂直分布的研究,结合剖面的沉积特征及孢粉、硅藻分析结果,重建了三万年以来呼伦湖环境演化的历史,表现出末次冰盛期以来呼伦湖地区环境变化相当剧烈。末次冰盛期,是末次冰期中气候最寒冷、冰川规模最大的时期,末次冰盛期时呼伦湖尚未形成,至少湖泊北部广阔的低洼处未被浸及。末次冰盛期大致结束于距今 1.6万年,开始进入晚冰期,新仙女木期结束,进入全新世。但是,从扎赉诺尔剖面反映出来的环境转折的年代是距今 1.3 万年,具体表现为湖泊的暗色粉砂质粘土直接覆盖在沙砾层之上。

沉积物中有机碳是生物埋藏于沉积物内经过生物化学分解或成岩作用后遗留下来的产物,其含量不仅取决于陆源有机质输入量及湖泊自身的初始生产力,而且一定程度上还反映了有机质沉积后的保存能力,而有机碳的稳定同位素 δ^{13}C 值则反映不同来源的有机质的组成以及流域古植被面貌。总的来说,沉积物剖面有机碳含量变幅较大,平均含量较低,表明该剖面所在部位环境变化较大,且以弱氧化环境为主,不利于有机质的保存。同时该剖面所在部位沉积速率较大,有机质由于陆源物质的稀释而相对偏低。纵观整个剖面分布曲线,除个别异常值外,TOC 与岩性对应关系良好,即暗色细颗粒沉积物中 TOC 值高,浅色粗颗粒沉积物则相对较低,前者是后者的 3~4 倍。这种现象可能说明两种不同的沉积环境:当前者堆积时,由于气候相对湿润,流域植被生长茂盛,植被覆盖度高,减少粗碎屑物质供给,相应增大了有机质比例;同时湖水条件适合各种藻类等水生生物生长,它们死亡后遗体堆积下来,造成有机质含量偏高;而后者堆积时,气候偏干,不利于植物的生长,水生生物贫乏,致使沉积物中 TOC 值偏低。另外从有机质保存条件看,暗色细颗粒物质堆积时,代表还原或弱还原环境,湖盆水深较大,底水相对缺氧,有机质沉积后,保存条件较好,未遭到后期氧化分解,故 TOC 值较高;而粗颗粒物质堆积时,代表氧化或弱氧化环境,气候干燥,湖水退缩,湖水溶解氧较高,不利于有机质保存,故 TOC 值较低。TOC 这种环境意义相应在呼伦湖表层沉积物分析中得到佐证:浅水区沉积物中 TOC 值明显低于深水区。尽管剖面环境变化剧烈,但 δ^{13}C 值始终在 26‰附近变化,接近陆源高等植物的平均值,体现了呼伦湖半开口湖的特点,湖泊沉积物中有机质主要来源于陆源高等植物碎屑的输入。研究剖面 68 m 处有一明显的侵蚀面,其下以暗色水沉积为主,故有机碳同位素 $\delta^{13}C$ 值的高低反映了不同来源有机质组成,如陆源植物与藻类比例不同;侵蚀面以浅色调陆上沉积物为主,$\delta^{13}C$ 值的变化较大程度取决于沙生植物或陆源植物的直接参与程度。上述原因导致剖面有机碳 $\delta^{13}C$ 值产生相应的变化。

张振克和王苏民(2000)通过对距今 1.3 万年以来呼伦湖地区的泥炭发育,古土壤堆积的时间序列,分析了呼伦湖地区的古环境演化过程。该研究从另一个角度表明了呼伦湖距今 1.3 万年开始成湖、距今 1.2 万年出现的高湖面应与这一时期的季风环流加强、降水增加过程一致;距今 7 000～5 000 年为呼伦湖地区全新世最宜期,夏季风活动加强,出现次高湖面。距今 5 000～3 000 年气候变干,风沙厚度加大、湖面降低,反映夏季风退缩,锋面降水减少,呼伦湖地区内陆气候特征加强。

呼伦湖北岸扎赉诺尔东露天矿剖面湖相沉积物高分辨率环境指标的研究结果显示,10 000～7 200 a B.P. 时段的孢粉记录反映的气候具有暖干特征(羊向东等,1995),硅藻浓度降低,湖泊沉积特征反映该阶段为湖泊退缩过程;7 200～5 000 a B.P. 湿润程度明显增加,湖面上升至全新世较高位置(王苏民和吉磊,1995)。呼伦湖东北部沼泽湿地泥炭的开始发育时间为 7 600 a B.P.,处在中国全新世大暖期气候由暖变冷的温度波动阶段(施雅风等,1992),应与全新世气候由干向湿变化的过程一致。呼伦湖湖面波动与邻近地区泥炭发育均受气候变化的影响,因此两者发生时间上应具有较高的相关性(表 2-1)。表 2-1 中可以看出近 10 000 a B.P. 以来湿度是影响湖面波动与泥炭发育的重要控制因素,较高湖面—湖泊扩张、泥炭发育较强阶段与气候湿润时期一致。

表 2-1　呼伦湖湖面波动、泥炭发育与古气候变化

时间(a B.P.)	湖面波动	泥炭发育	孢粉记录的古气候变化
3 000 以后	湖面下降	贫营养泥炭发育期	气候冷干
5 000～3 000	低湖面	泥炭发育弱期	气候温干
7 200～5 000	高湖面	泥炭发育盛期	气候暖湿
10 000～7 200	低湖面	泥炭发育弱期	气候冷干、温干

呼伦湖以东的高平原地区集中分布有三条沙带,按其位置可划分成北部沙带、中部沙带、南部沙带,沙带主要由固定和半固定的梁窝状沙丘组成,沙丘相对高度 5～15 m。密集程度不大,沙丘间有广阔的低平地。呼伦湖东部高平原地区固定沙丘垂直剖面上,普遍有 2～3 层古土壤。对古土壤的孢粉分析与 ^{14}C 测年分析结果表明:全新世以来呼伦湖东部高平原地区的风沙活动经历了四次固定期与四次扩大期(夏玉梅,1993、

1996；汪佩芳，1992）。

地质时期风沙活动的加强—逆转过程与气候变化有密切的关系，气候变干，风沙活动加强；气候湿润，地表植被覆盖增加，风沙活动减弱。湖面波动与湖泊扩张与气候变化也存在密切的相关关系，对比 13 ka B. P. 以来呼伦湖湖面波动与呼伦湖东部高平原风沙—古土壤时间变化序列，可以更好地认识气候变化在呼伦湖地区全新世环境演变中的作用以及全新世气候变化的区域特征。

呼伦湖地区 13 000 a B. P. 以来湖泊沉积、泥炭发育和风沙—古土壤序列对区域古气候变化过程中的气候事件与气候变化特征有一定的指示意义，三个方面的资料相互补充，可以更好地揭示区域古气候变化过程。呼伦湖北岸扎赉诺尔东露天矿剖面的综合研究发现 10 900～10 600 a B. P. 期间与新仙女木事件相当的沉积记录（王苏民等，1994）；对比湖泊沉积、泥炭发育和风沙—古土壤序列可以看出：地处内陆气候区、较高纬度的呼伦湖地区全新世气候的干湿变化明显。气候偏干阶段，低湖面、风沙活动加强与泥炭发育减弱同期出现；气候偏湿阶段，高湖面、风沙活动减弱—古土壤发育与泥炭发育加强相伴出现。

2.1.3 流域古气候环境

汪佩芳（1992）根据古土壤中的孢粉组合特征和 ^{14}C 测年数据，研究发现呼伦贝尔市沙地的演变可分 3 个时期。

全新世早期（12 000～9 000 a B. P. ），相应于新巴尔虎左旗底部第一层古土壤，仅含有零星的桦、麻黄、藜、蒿、苔草以及稍多的苔藓孢子。因为该区自晚更新世至全新世初，气候显著变冷，在砂层中有猛玛象、披毛犀等化石，砂层上部有冰卷泥现象，为冰缘气候的特征。进入全新世后，气候虽然转暖，但仍相对温凉，一些耐干冷的植物如沙米、差巴嘎蒿开始生长，形成半荒漠的自然景观，呼伦贝尔市全新世以来最早的古土壤也于当时形成。

全新世中期（9 000～2 500 a B. P. ），相应于新巴尔虎左旗第二至三层古土壤中，赫尔洪德中的第一及第二层古土壤。孢粉组合反映当时自然景观是以蒿为主的蒿类草原和以榆为主的疏林草原。由于全新世中期是气候最宜期，除前文所述剖面外，海拉尔东山底部的第一层古土壤及北山水坑的第二层第三层古土壤均是该时期形成的，因而古土壤是温暖气候的象征。

全新世晚期（2 500 a B. P. 以来），相应于鄂温克旗底部的古土壤层，其下部蒿占优势，上部以藜为主的杂类草草原，它与表土分析结果相吻合即随着沙丘被固定，植物种类增多，差巴嘎蒿在群落中重要性逐渐缩小，在非差巴嘎蒿占优势的群落中，藜科及杂类草逐渐取代蒿。

全新世开始,呼伦湖流域全部生物的面貌与现代基本相似,随着全新世古动物不断衰亡和绝迹,呼伦湖流域走进了人类史的时代。

《山海经》中称呼伦湖为"大泽",唐代称"俱轮泊",蒙古秘史中称"阔连海子",清代称"库楞湖",20 世纪初是由一些小泡子、洼地构成,是一片沼泽地貌。由此可见,进入人类历史时期的很长一段时间内,呼伦湖有着强烈的沼泽化过程。据史书记载,在 100多年前,沈阳还作为犯人流放地,说明更为偏北的呼伦湖流域尚未受到人类活动的强烈影响,湖泊水环境系统受到自然状态下区域生态水文过程的制约,并耦合发展。地质时期的呼伦湖流域的生态水文过程受到构造运动的影响,在历史的很长一段时间内,呼伦湖流域是大片的沼泽,呼伦湖流域的水环境系统具有明显的沼泽特征(严登华等,2001)。

从呼伦贝尔市沙地中古土壤的孢粉组合特征表明,全新世以来该处植被的演替为半荒漠草原—以蒿为主的蒿类草原—以榆为主的疏林草原—以藜为主的杂类草草原,它们均属于沙地草场的植被类型。据李进(1991)研究,差巴嘎蒿生态幅度较广,最适宜的生境是半流动、半固定沙地,并起建群作用,随沙丘被固定逐渐被藜等杂类草取代,因此,现有的沙地草场对固定沙丘和发展畜牧业起着不可忽视的作用,今新巴尔虎左旗嘎拉布公社现有沙地草场约占草场面积的 3.0%。

2.2　呼伦湖近代水文变化

蒙古高原地处欧亚大陆腹地,气候干旱水资源相对匮乏,在气候变化和人类活动影响下成为湖泊萎缩消失最快地区。内蒙古地区面积大于 1 km² 的湖泊数量由 1987 年前后的 427 个锐减到 2010 年的 282 个,占湖泊总数量的 34.0%;相应的湖泊总面积由4 160 km² 缩小到 2 901 km²,面积萎缩高达 30.3%(Tao et al., 2015)。呼伦湖作为内蒙古和中国北方第一大淡水湖,流域跨中俄蒙三国交界(107.3°E~121.8°E,45.2°N~49.6°N)。湖盆东边的兴安岭山脉阻隔了东南季风带来的湿润气流,西边肯特山脉阻隔了西风环流,造成流域中心区域气候相对干燥,环流与地形组合作用形成了呼伦湖流域较为独特的降水模式特征。其所处地理环境使呼伦湖在调节区域气候、涵养水源、保护生物多样性等方面发挥着不可替代的作用。1992 年呼伦湖被国务院批准为国家级自然保护区,1994 年纳入中蒙俄"CMR 达乌尔"国际自然保护区,2002 年被拉姆萨尔公约组织批准为国际重要湿地,同年被 UNESCO 纳入"世界生物圈保护区网络成员"。

基于 SRTM90m 分辨率 DEM,提取了呼伦湖流域及其主要子流域。在不计算海拉尔河与新开河流域的情况下,呼伦湖全流域面积大约为 23.8 万 km²,其中我国部分为 3.9 万 km²,所占比例为 16.4%;而蒙古国部分为 19.9 万 km²,所占比例达 83.6%。

来水量大、面积大的克鲁伦河流域几乎 95% 的汇水面积位于蒙古国。如将海拉尔河与新开河流域计算在内的话,全流域面积为 29.2 万 km²,我国部分将增加到 9.3 万 km²。

近年呼伦湖湖泊水情发生了剧烈的趋势性变化。其水位在 1991 年达最高 545.30 m。2000 年后水位开始快速下降,10 年间水位持续下降近 5 m,使湖泊面积和蓄水量比历史最大值分别减少了 26% 和 70%。伴随湖泊水位降低,湖泊水质咸化、碱化和富营养化不断加重,水生生物多样性减少,鱼类资源接近枯竭;同时湖泊湿地面积大幅度缩减、植被破坏、草场退化等问题凸显,严重威胁了流域生态安全及社会经济可持续发展(王志杰等,2012;杨久春和张树文,2009;李翀等,2006)。虽然在海拉尔河引水工程帮助下,以及 2011 年后降水条件一定程度的改善,湖泊水位下降有所缓解,但对其长期水情波动根本驱动机制的认识,依然是正确认识人类对湖泊水情变化可干扰程度,以及制定未来缓解适应措施的重要基础参考条件。

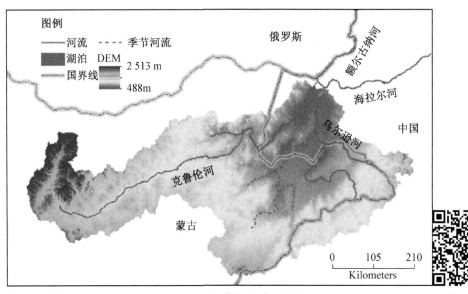

图2-1 呼伦湖流域地形、水系特征

扫一扫
获得彩色图片

2.2.1 流域气候特征

呼伦湖流域属于中温带半干旱草原气候,气候寒冷干燥,冬长夏短,春季干旱多风沙,秋季霜冻早,降温快。该地区年均气温 0.19 ℃,年最高和最低气温差达 71.2 ℃,无霜期 105~120 d,年降雨量集中在 6—9 月,年均降雨量为 200~300 mm,湖区蒸发量 1 550 mm,多年平均风速达 4.0 m/s。湖水封冻时间长达 180 d,冰层厚可达 1 m 以上。呼伦湖地区的气候特点是冬季严寒漫长,春季干旱多大风,夏季温凉短促,秋季降温急剧。

2.2.1.1　气温特征

根据位于呼伦湖流域中部的满洲里、新巴尔虎右旗、新巴尔虎左旗气象观测站1960—2015 年逐日平均气温数据,呼伦湖地区多年平均气温为 0.19 ℃,极端最高气温出现在 2007 年,达 3.6 ℃。三个气象站多年平均气温年际变化如图 2-2 所示,气温年内变化情况见图 2-3。

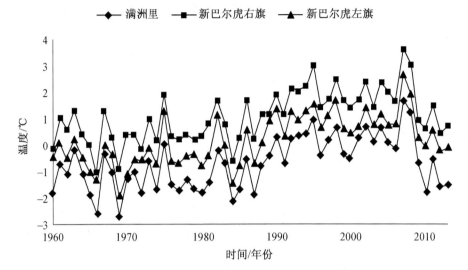

图 2-2　呼伦湖流域气温年际变化

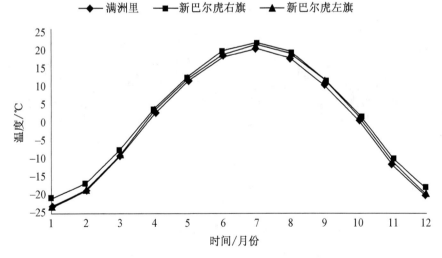

图 2-3　呼伦湖流域气温年内变化

从图 2-2 总体上看,三个气象站中新巴尔虎右旗多年平均气温最高,在 -1~4 ℃波动;其次是新巴尔虎左旗,在 -2~3 ℃波动;满洲里多年平均气温最低,在 -3~2 ℃波动。满洲里、新巴尔虎右旗、新巴尔虎左旗气象站多年气温平均值分别为 -0.7 ℃、0.2 ℃、1.07 ℃。三个气象站的多年平均气温整体趋势走向是上升的,反映了全球气候变暖这一特点。

由图 2-3 可知呼伦贝尔地区多年平均气温月际变化情况为每年 7 月气温最高,平均值为 21.27 ℃。每年 1 月气温最低,平均值为 -22.53 ℃。冬季寒潮天气过境时温度会骤然下降 10 度或以上,且多伴大风或暴风雪天气。春季从 5 月上旬开始至 6 月下旬止,气候多变,气温回升急剧。秋季从 8 月上旬开始至 10 月上旬止,随着太阳高度变化,辐射量的减少,多晴朗天气,降温急剧,常出现每旬递降 3 ℃ 的变化。整体上看,1 月到 12 月的气温呈正态分布,以 7 月为中心轴,1 到 7 月气温逐渐升高,7 月以后气温逐渐回落。从 10 月下旬到次年 4 月中旬为冬季,气温都在零度以下,体现了呼伦贝尔草原冬季漫长严寒的特点;6 月到 8 月为夏季,气温清爽宜人,是呼伦贝尔草原多雨和舒适的季节。

2.2.1.2　降水特征

根据呼伦湖流域满洲里、新巴尔虎左旗、新巴尔虎右旗(1960—2015 年)55 年的降水数据分析,呼伦湖流域多年平均降水为 269.2 mm,最高降水量出现在 1998 年,达 593.4 mm,超过多年平均的 2 倍多。三个气象站多年平均降水年际变化情况见图 2-4,年内变化情况见图 2-5。

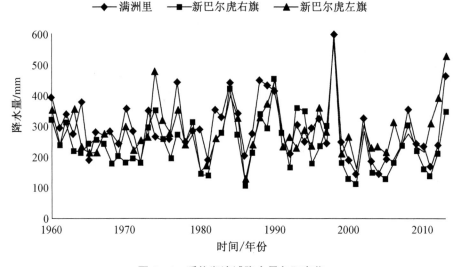

图 2-4　呼伦湖流域降水量年际变化

从图 2-4 可以看出,三个气象站多年平均降水情况变化趋势相似,在 1998 年都达到历年来的降水量最高值约 590.5 mm,降水量主要在 100~600 mm 波动。满洲里、新巴尔虎左旗、新巴尔虎右旗气象站多年平均降水量分别为 285.3 mm、280.52 mm、241.8 mm。可以明显看出,从 1998 年降雨量高峰过后,降雨量连续偏低,直到 2013 年后开始恢复到多年平均之上。

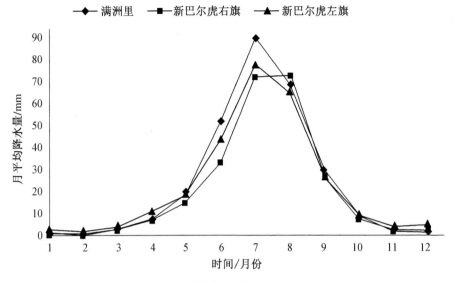

图 2 - 5　呼伦湖流域水量年内变化

由图 2 - 5 可知,呼伦湖流域年内的降水量分布主要集中在 6—9 月,为全年的 80%～86%,在进入冬季后有少量降雪,最大降雨量出现在每年 7 月。冬季从 10 月上旬开始至翌年 5 月上旬,在极地大陆性气团所形成的西北冷空气和较强的蒙古高压控制下,是一年中最漫长、最寒冷、降水量最少的季节。夏季为北方冷空气与南来的暖湿空气的交汇过程,降水集中,由于气旋活动和地形抬升作用,湖西岸在夏季极易形成雷雨和冰雹天气。

2.2.1.3　蒸发特征

根据对呼伦湖周边水文站(1974—2001 年)的蒸发资料分析,近 30 年平均水面蒸

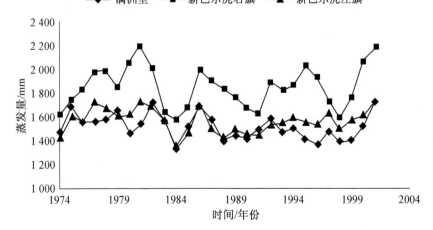

图 2 - 6　呼伦湖流域蒸发量年际变化

发量为 1 641.8 mm,为降水量的 6 倍左右。蒸发量的年际、年内变化情况分别见图 2-6、图 2-7。相对流域气温和降水变化,蒸发过程较为稳定,2000 年后呈较明显的上升周期特征。年内最大蒸发量出现在 5—7 月。

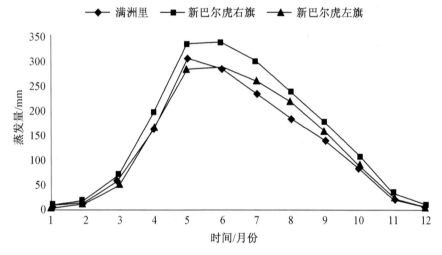

图 2-7 呼伦湖流域蒸发量年内变化

从图 2-6、图 2-7 可看出,近 30 年的蒸发量为增大趋势。最小蒸发量出现在 1984 年,为 1 333.9 mm;最大蒸发量出现在 2001 年,为 1 738.1 mm。一年中,12 月与 1 月为蒸发量最小时期,此时空气湿度大,太阳辐射小;在 5 月进入春季以后,天气回暖,空气湿度小,风速大,使蒸发迅速变得强烈;5 月、6 月、7 月为全年最大时期,平均每月蒸发量达 289.1 mm。

2.2.1.4 风速

呼伦湖位于开阔草原区,具有显著的季节性大风天气。选取呼伦湖流域三个主要城镇满洲里、新巴尔虎左旗、新巴尔虎右旗(1960—2015 年) 55 年的风速数据分析,呼伦湖地区多年平均风速为 3.65 m/s。三个气象站 55 年风速年际变化情况如图 2-8 所示,多年平均风速年内变化情况如图 2-9 所示。

如图 2-8 所示,三个气象站的多年平均风速年际变化情况大体相似,20 世纪 60 年代和 70 年代风速较大。与气温和地表温度变化相似,三个气象站多年平均风速年内变化趋势相似,从 20 世纪 80 年代开始,风速开始出现趋势性下降。呼伦湖的大风集中在春季。其中满洲里风速最大,新巴尔虎左旗风速最小。由此可知,呼伦湖西部地区风速略高于东部地区。呼伦湖流域风能资源丰富,对于交通不便、缺乏燃料的牧区是最好能源。

由图 2-9 可知,三个气象站多年平均风速年内趋势相似。呼伦湖流域大风天气主要集中在春季,春季是夏季风开始代替冬季风的交替季节,气旋活动频繁,气候多变,多

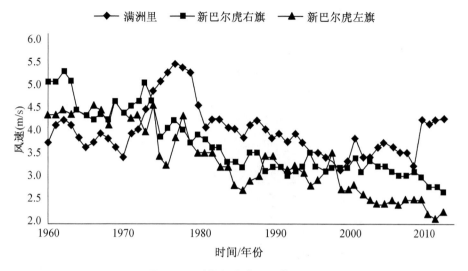

图 2-8　呼伦湖流域风速年际变化

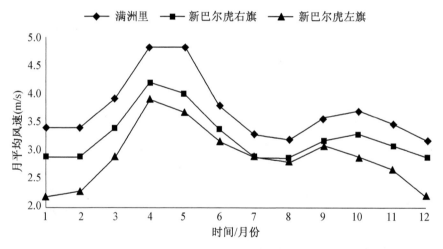

图 2-9　呼伦湖流域风速年内变化

大风。大风日数占全年的 40%~50%。每年 4 月风速最大平均值为 4.3m/s。进入夏季后风速有所减缓,秋季风速稍微有所增加。平均风速年内变化情况,风速由大到小依次是,满洲里、新巴尔虎右旗、新巴尔虎左旗。

2.2.2　呼伦湖湖盆结构及水位变化

图 2-10 是根据 2009 年野外调查和超声波测深仪实测水深构建的呼伦湖三维水下地形图,图 2-11 是根据水下地形建立的呼伦湖水深—面积—容积关系。由图可知,呼伦湖水深较大值集中在湖中部及西南部;呼伦湖西南部的湖湾和东部湖滩地水深浅,东部东岸为湖水冲积沙滩,地表平缓,水深浅;左下角的湖湾为全湖水面变化最明显的

区域,到 2009 年 10 月时大部分已干枯。

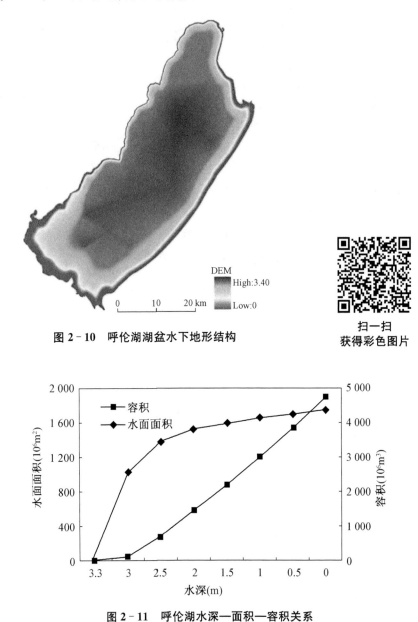

图 2 - 10 呼伦湖湖盆水下地形结构

扫一扫
获得彩色图片

图 2 - 11 呼伦湖水深—面积—容积关系

呼伦湖 2009 年水面高程大约 540 m。相比 20 世纪 90 年代 545 m 水位高程,水位下降近 5 m,水面面积由盛期的 2 377 km²,下降到 1 750 km²,缩小 27.2%;蓄水量则由原来的 135.5×10⁸ m³,下降到 47.3×10⁸ m³,减少近 70%。由图 2 - 11 可知,呼伦湖水面面积的大小及湖水容积的大小随着水位的高低变化而变化,成正相关,其中水深—库容的相关性要好于水深—面积。这说明呼伦湖水变化主要由水位决定。呼伦湖水面面积基本保持在 2 000×10⁶ m² 以内;容积基本维持在 5 000×10⁶ m³。在呼伦湖以往的研究中,由于缺少湖底地形数据,库容计算大多以平均水深和面积相乘而得,由于水深实测数据点的数量少等原因,所以计算所得的库容和实际库容有较大的偏差。本书是根据 2009 年野外调查和超声波测深仪实测水深构建的呼伦湖三维水下地形图,以及根据水下地形建立的呼伦湖水深—面积—容积关系,可较好地反映水下地形的真实情况,且减少计算过程中不必要的误差,从而更真实地反映呼伦湖水深—面积—容积关系。

呼伦湖水位随区域气候的年际波动而涨落,对季节性地表径流反应比较迟钝,涨落周期长。据《呼伦湖志》记载,海拉尔水文站在 20 世纪 50 年代访问蒙古族老牧民得知,1900 年前后,呼伦湖地区已成为一片沼泽,呼伦湖接近干枯。而呼伦湖水位连续观测始自 1959 年,之前的情况根据文献记录推测如下(秦伯强等,1994):

1900 年前后,湖泊几乎干涸,仅存几个小水泡子,但此说法亦存在争议。

1903—1904 年,湖水上涨,湖长约 20 km,湖水位估计为 536.7 m。

1912—1915 年,呼伦湖与贝尔湖连通,水位高于 541.0 m。

1916—1924 年,呼伦湖与贝尔湖不连通,湖水位低于 541.0 m。1921 年,水位降至 540.0 m 左右。

1927—1931 年,水位稍有下降。

1932—1942 年,湖水位又开始上升。1934 年,湖面积为 1 100 km²,湖水位 538.2 m;1939 年,湖面积达 1 900 km²,湖水位 539.0 m;1942 年,湖水位 540.0 m。

1943—1951 年,湖水位在 539.0~540.0 m 波动,其中 1945 年湖水位为 539.0 m。

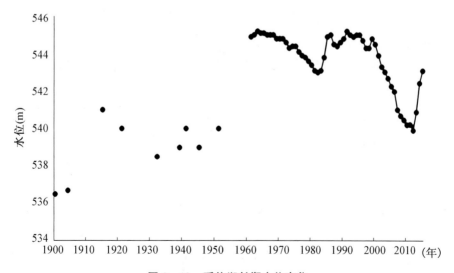

图 2-12 呼伦湖长期水位变化

总的来看,20 世纪初以来呼伦湖经历了三次水位上升和三次水位下降,即 1903—1915 年的上升期、1916—1945 年的下降期、1946—1965 年的快速上升期、1966—1982

年的缓慢下降期、1983—1991 年的上升期(1991 年最高水位 545.30 m,相应湖泊面积 2 339 km²,蓄水量达 138 亿 m³,为近百年来最高值)。1992—2009 年的快速下降期,尤其 2000 年后下降最为急剧,从 544.80 m 降至 540.46 m,10 年中水位下降了 4.34 m,每年平均下降 0.434 m。相应湖泊面积缩小到 1 685 km²,蓄水量降至 41 亿 m³。如果从长期气候变化角度看,20 世纪呼伦湖湖泊水位有一半左右的时间维持在 541 m 之下,因此目前的湖泊水位和湖面尚处于中等水平。当然,这里存在 1960 年前湖泊补给及出流条件演变的不确定因素。

2.2.3 呼伦湖水量平衡与入湖径流变化

2.2.3.1 水系及水量平衡

呼伦湖水系主要有呼伦湖、哈拉哈河、贝尔湖、新开湖、乌尔逊河、克鲁伦河、新开河(达兰鄂罗木河)。克鲁伦河、乌尔逊河是主要补给水源,泄水经新开河排入额尔古纳河。长度在 20~100 km 的河流有十余条,其中:

克鲁伦河发源于蒙古国肯特山麓,克鲁伦河全流域面积约为 92 670 km²,国内流域面积 5 292 km²,其中闭流区面积 264 km²。多年(1961—2009 年)平均入湖径流量 4.63 亿 m³。

哈拉哈河发源于大兴安岭南部,流域面积 15 779 km²,中国境内 7 589 km²,多年平均径流量 11.5 亿 m³。经贝尔湖再流入乌尔逊河。

乌尔逊河是接贝尔湖和呼伦湖的通道,河长 223 km,区间流域面积 10 528 km²,多年(1961—2009 年)平均入湖径流量 6.09 亿 m³。

沙尔勒金河是哈拉哈河的一条支流,连接哈拉哈河与乌尔逊河,河长 52 km,为中蒙界河。20 世纪 80 年代因自然和人为因素断流。断流前水量约占哈拉哈河水量的 1/4。

呼伦沟历史上是海拉尔河漫滩洪水向呼伦湖补水的通道,1903 年修建滨洲铁路时被截断,2009 年建成海拉尔河引水工程后,重新恢复向呼伦湖补水。

新开河 1965 年由达兰鄂罗木河裁弯取直而成,河长 25 km,洪水期联通呼伦湖和海拉尔河,流向不定。

贝尔湖位于呼伦贝尔高原的西南部边缘,中蒙界湖(大部分在蒙古国境内),境内最大水深 15 m。水量约 60 亿 m³。

乌尔逊河在呼伦湖南 80 km 处分成两支汇入乌兰泡,乌兰泡面积随水多寡而变,最大时达 75 km²。

新开湖 1962 年由呼伦湖高水位时溃口形成,最大面积曾达 147 km²,相应水深 3.0 m,2004 年后干涸。

月份的径流量为全年最大,占全年的 20.3%,10 月份次之,占全年的 19.3%,10—12 月的径流量约占全年的 6.73%,12 月上旬又进入封冻期,径流量逐渐减少至零。

海拉尔河及其支流伊敏河由于上游地区为大兴安岭林区,森林植被茂盛,涵养水分能力强,对径流有较大的调节作用,使下游的河川径流的年际变化相对减小,变差系数在 0.44~0.48,模比系数为 0.24~2.24。克鲁伦河、乌尔逊河流域面积较大,变差系数为 0.56 和 0.50。莫尔格勒河弯曲系数大,变差系数为 0.9。

草原地区主要河流代表站的径流过程。图 2-14 为草原地区克鲁伦河及乌尔逊河入湖径流年际变化图,从图中可以看出:1961 年至 1980 年径流处于下降周期,20 世纪 80 年代中期是一个枯水期;1985 年至 1999 年出现一个丰水期;2000 年以后,径流急剧下降,连续出现历史极端低水径流。

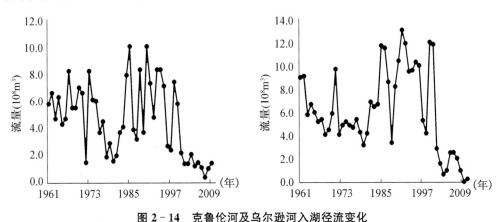

图 2-14　克鲁伦河及乌尔逊河入湖径流变化

呼伦湖的两条主要入湖河流克鲁伦河、乌尔逊河的多年径流量变化基本一致,20 世纪 60 年代至 80 年代初在多年平均值附近波动并呈缓慢下降趋势,80 年代中期至 90 年代末出现丰水期,2000 年以后,径流量极速下降,连续多年处于有观测资料以来的最低水平,2000—2008 年与 20 世纪 90 年代相比,两河年均径流量由 16.13 亿 m³ 降至 2.99 亿 m³,变化幅度远大于蒸发和降水。并且随着径流量下降河流断流天数也大幅增加,如克鲁伦河阿拉坦额莫勒段自 1958 年有水文资料以来,每年的 11 月至翌年的 4 月都会发生一段时间的断流,时间为 79~135 天不等(平均值为 112 天)。但 21 世纪以来,2000 年断流 132 天,2002 年断流 132 天,2006 年断流 135 天,2007 年 9 月 7 日断流、2008 年 4 月 3 日复流,断流期长达 209 天。

从图 2-15 克鲁伦河及乌尔逊河入湖径流年内变化可以看出,每年 7—10 月份是入湖径流集中期,占整个入湖径流 60% 以上,而 12 月至翌年 3 月径流量仅为全年 5% 左右,4—6 月的高径流则受冬季积雪和冻土消退补给影响明显。

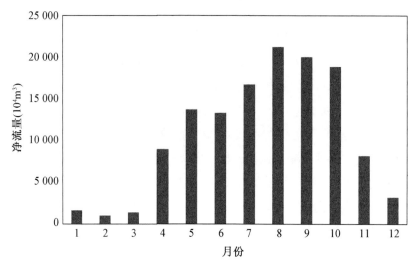

图 2 - 15 克鲁伦和及乌尔逊河入湖径流年内变化特征

克鲁伦河主要产流区在上游的山地林区,中下游为半荒漠的低山、残丘和草原,地势平坦开阔,分水岭不明显,河网不发育,地表径流微弱,产流量小,河道弯曲,流速缓慢,河两岸多沼泽湿地,径流沿程损失大,经常出现下游径流量小于上游的现象。根据我国境内克鲁伦河上莫日根乌拉水文站(上游)和阿拉坦额莫勒水文站(下游)的径流观测资料(1961、1962 年)比较,莫日根乌拉水文站年均径流量为 6.682 亿 m^3,阿拉坦额莫勒水文站 6.199 亿 m^3,径流量沿程减少 0.483 亿 m^3。1961、1962 年的降水量高于平均值,蒸发量略低于平均值,故相对于 2000 年来的暖干环境,径流沿程损失将会更大(王伟,2008)。

哈拉哈河及乌尔逊河由于流程较短,径流沿程损失应小于克鲁伦河,但由于是经由贝尔湖再流入呼伦湖,在暖干环境下更多的水量要消耗于贝尔湖的蒸发(贝尔湖的水位降幅小于呼伦湖),入湖径流的下降幅度也与克鲁伦河相当。

长期暖干条件导致流域地下水极大损耗、地下水位下降,从而形成地表径流对地下水的补充情形;加上贝尔湖的水量消耗,致使呼伦湖入湖径流量渐渐萎缩。

呼伦湖流域属温带半干旱大陆性季风气候区,春季干旱多风,夏季温和、雨水集中,秋季气温降幅较大,冬季寒冷漫长,无霜期短。随着气候变化影响的深入,干旱事件呈广发、频发态势。气候变化导致的最明显的结果之一是区域内水循环的变化和径流系数发生相应的变化。侯军等(2016)以呼伦湖流域阿拉坦额莫勒站和坤都冷站 1971—2010 年的月径流量资料为基础,计算了流域的连续 40a 的逐月径流干旱指数 SDI,认为呼伦湖流域干旱主要发生在秋季和冬季。研究发现,20 世纪 70 年代阿拉坦额莫勒站发生干旱 6 次,平均历时 3.5 个月,平均烈度 3.07,最长历时 6 个月,发生在 1972 年7—12 月,对应的最大干旱烈度为 6.86;坤都冷站同期发生干旱 2 次,平均历时 2.5 个月,平均烈度 1.61,最长干旱历时 3 个月,发生在 1979 年 11 月—1980 年 1 月,对应的最大干旱烈度为 22.05。20 世纪 80 年代阿拉坦额莫勒站发生干旱 4 次,平均历时 3.5 个月,平均烈度 3.28,最长历时 5 个月,发生在 1987 年 4—8 月,对应的最大干旱烈度为 3.34;坤都冷站发生干旱 1 次,历时 2 个月,干旱烈度 1.3,发生在 1987 年 12 月—1988 年 1 月。随着时间的变化,阿拉坦额莫勒站和坤都冷站平均干旱历时和平均干旱烈度均呈增长状态。2000 年后,无论干旱事件次数还是平均历时都明显增强。

2.2.4　水文变化的环境及生态系统响应

呼伦湖流域近代水文过程受人类活动干扰变得比以前强烈,而且随着水文变化,生态和环境问题愈发突出。在全球变化和人类非理性活动的双重作用下,流域内生态水文过程严重紊乱。特别是近 20 年来,生态水文过程破坏明显,水环境系统恶化(严登华等, 2000)。

(1) 生态水文过程与水环境系统的概况

呼伦湖基本上是一个内陆封闭湖泊,湖水来源除了湖面的大气降水外,主要靠地面径流和位于湖中的泉水补给。直接接纳的年平均降水量 276.1 mm,折算成水量为 6.29×10^8 m³;湖区的径流系数为 0.1,多年平均径流量为 2.58×10^8 m³。地下水年补给量为 3.90×10^8 m³。呼伦湖湖水除了有的年份顺达兰鄂木河(新开河)流向额尔古纳河外,其水量损失主要是湖面的蒸发。多年平均蒸发量为 1 103 mm,约 2.58×10^9 m³。出湖水量以湖面蒸发为主(96.81%);新开河仅有 2 个月为出湖流向,占 3.11%。

生态过程和水文过程耦合发生,以草甸草原为例,生态过程的综合指标产草量与水文过程的重要指标月降水量几乎是同步进行的。在呼伦湖流域的中部草原区,草甸草原生态水文过程耦合关系中,水文过程制约着生态过程的发生。同时,生态过程影响到下垫面因素的变化,反过来又对水文过程产生深远的影响。

(2) 生态水文过程与水环境系统的演化

超载放牧,盲目地加大畜群规模和放牧频率,实行掠夺式的生产经营,导致了局部地区畜群的采食量长期超过牧草的再生量。同时长期的过度放牧,牧草因长期被反复啃食、践踏而不能正常生长,完不成生长发育周期,优良牧草大量减少或消失,如此发展下去,植被变得稀疏低矮,土壤出现沙化现象。

根据阿尔金牧场调查,1983 年鲜草的产草量为 4 830 kg/km²,1989 年鲜草的产量下降到 1 852.5 kg/km²,产量减少了 62%。同时,草原开荒是草原生态系统遭受破坏的主要原因。在不适宜开垦的土壤较浅地区大面积地垦殖,耕种几年以后,由于风力和土壤肥力下降,不能垦种而撂荒。

由于缺乏植被保护,土壤侵蚀加剧,直接导致了土壤沙化和水土大量流失。已往的研究结果表明,每开垦 1 hm² 的草地可引起周围 3 hm² 的草地出现沙化现象,开垦过的摺荒地恢复到初始植被状况需 15～20 年时间,如再有人为放牧活动,将永远地停留在退化状态。在全球气候变化加上森林和草原植被遭受严重破坏情况下,土壤水分蒸发加剧,风蚀也使得土壤涵养水分的能力降低,从而使得干旱程度加剧,干旱间隔时间缩短。这方面呼伦贝尔草原虽呈不显著的干旱趋势,但总的趋势还是低降水量加之局部超载过牧原因加速了退化的速度。

呼伦湖流域生态过程的退化表现为突出的草原沙化和草地退化。1965 年草场资源调查,呼伦贝尔市退化草场占可利用草场总面积的 12％～14％,1985 年,退化草场面积占可利用草场面积的 21％。1997 年呼伦贝尔市草场的退化面积已经超过 30％,其中新巴尔虎右旗、鄂温克族自治旗 45％,新巴尔虎左旗占 40％。草原退化加速,即 1965—1985 年每年以 5％的速度退化,1985—1997 年每年以 10％的速度加速退化。退化草场的程度越来越严重,最初的草场退化以轻度退化为主,后期以中度和重度退化为主。退化草场的范围越来越大,初期的草场退化仅仅在河流沿岸、机井周围,后来发展到冬春营地、居民点周围(韩广和张桂芳, 1998; 韩广, 1995; 赵宗琛和刘静, 1998; 孙辉成, 1996; 王洪胜等, 1999)。

生态过程发生了明显的变化,即流域下垫面的理化性质发生了改变,使得区域内的水文过程也发生着与之类似的同频率变化。海拉尔的最大降水量是最小降水量的 3 倍,变差系数 C_v 值为 0.22。同时存在 10～20 年的变化周期,从 20 世纪初到 20 年代为枯水阶段,30—50 年代为丰水阶段,60—70 年代又转入枯水阶段,80 年代又进入丰水阶段,90 年代以丰水和平水特征为主,进入 2000 年后,开始出现连续枯水,形成呼伦湖近年罕见低枯水位。当然在多阶段中也存在丰平、枯水交替的现象。整体上来说,干旱有加重的情势。从年内变化来看,呼伦湖流域河流的中上游地区,植被茂密,涵养水分,对径流具有显著的调节作用,使得径流的年内变化小。

呼伦湖是典型的草原型湖泊,其污染物和营养物主要来自周边的草原。以 N 和 P 为例,其主要来自于流域内河流系统的输入,生态水文过程决定着湖泊水环境系统所接纳的水质和水量。而气候变化不仅影响了地表径流的减少,同时也导致了湖区内湖水变浅,矿化度增高。呼伦湖在 20 世纪 50 年代的面积为 2 667 km²,到 70 年代则为 2 320 km²,进入 80 年代,其面积为 1 968 km²。

2000 年以来,呼伦湖的水质主要污染指标呈现出波状变化,在近几年的变化中,溶解氧有下降的趋势,六价铬有上升的趋势,硝酸盐氮基本持平,生化需氧量呈现出上升的趋势。同时,呼伦湖是一个淡水湖、微咸水湖(半咸水湖)不断转化的湖泊。从污染物和盐分的来源来看,这与呼伦湖流域近年来的水土流失是吻合的。

近代呼伦湖流域的生态水文过程受到全球气候变化和人类活动的干扰非常强烈,

湖泊水质呈现出波状起伏的变化。如不采取有效措施,未来呼伦湖流域的生态水文过程会发生进一步的紊乱,其水环境系统会进一步恶化。呼伦湖水环境系统受到流域内生态水文过程的影响十分明显,因而,从生态水文学的角度对水环境系统进行治理势在必行。

2.3 呼伦湖现代水文过程

2.3.1 呼伦湖水文频率与运行水位

2000 年以来,在流域降水时空分布变化,以及以土地利用覆被为主要方面的人类活动影响下,呼伦湖湖泊水位出现持续性的连续下降,2000—2010 年湖泊水位下降达 5 m,并由此引发一系列生态和环境问题。人们关注的焦点,一是在目前发展趋势和无人为干扰情况下,呼伦湖发展趋势及风险情况,二是在跨流域调水调控情况下,究竟需要怎样一个湖泊运行水位和调水策略。

针对无人类干扰,开展了不同保证率条件下降水和径流分析。根据呼伦湖流域长序列降水资料和径流资料,利用皮尔逊Ⅲ型(PⅢ)水文频率曲线模型,计算了降水和入湖径流在不同保证率条件下的分布情况。

综合流域降水和两河入湖径流频率分布曲线,两河入湖径流在 50% 保证率下可达 10 亿 m³ 左右,而 75% 保证率下只有 7 亿 m³ 左右。因此,对于 2000—2010 年克鲁伦河及乌尔逊河年平均径流不到 3 亿 m³ 的状况,不必过于悲观,从长期水文频率来看,未来持续性走低的概率已经很小。2013 年两河径流总量 11 亿 m³,保证率在 45% 左右。

从控制湖面蒸发、保证湖泊持水量和改善湖泊水力条件角度,可以考虑加强呼伦湖出口低水位调度(541~542.5 m)。考虑到海拉尔河每年 3.92 亿 m³ 设计引水量,降低呼伦湖运行水位将使湖泊出流得到更好保证。一方面直接改善湖泊水力条件,另一方面亦可通过提高海拉尔河过水呼伦湖来实现湖泊排盐作用,减缓呼伦湖咸化趋势。

根据 CMIP5 提供的 ECHAM 等基于 RCP45 情景模式下未来气温和降水数据,以 1961—1990 为基准期,分别以 2020 和 2040 年为目标时段,结合流域水文过程特征,认为伴随区域和流域未来气温进一步升高,降水将增加(10%~20%),考虑到降水可能进一步集中带来的产流效应,两河入湖径流会有 8%~11% 的增加。因此,从气候变化的角度,呼伦湖未来水资源压力会逐渐减缓。

表 2-2　流域气候情景及水资源响应

	气温(℃)			降水(mm)			径流(亿 m³)
	旱季	雨季	年均	旱季	雨季	年均	年均
基准期	−12.5	12.8	0.13	2.5	243.2	258.2	10.3
2020	−8.9	15.1	3.1	4.9	274.0	303.3	11.1
2040	−6.9	16.8	4.9	8.1	280.6	328.9	11.8

　　同样的,对两河长期来水量也不宜期待过高。考虑到呼伦湖多年枯水造成的急剧水位下降和紧迫的生态环境问题,实施跨流域调水是缓解当前问题的一个有效手段。同时考虑到呼伦湖湖盆结构、水量平衡特征,究竟需要怎样一个调水策略?

　　为缓解呼伦湖水位急剧下降带来的生态和环境退化,2009 年开始实施通过海拉尔河向呼伦湖紧急生态输水的"引河济湖"工程。工程设计引水量 3.92 亿 m³/年。这样的引水规模究竟会对呼伦湖水情产生怎样的影响,是否能够解决呼伦湖水情危机?

　　根据呼伦湖多年水量平衡关系,从全流域来看(包含海拉尔河),若想维系湖泊 2000 年前 2 300 km² 水面面积,流域多年平均可出流量将仅为 12.6 亿 m³(注入额尔古纳河水量)。这意味着将消耗海拉尔河一半以上的径流量。因此,在连续偏枯年份,通过目前的调水方式,追求保持呼伦湖高水位并不可取,应在湖泊水量平衡关系和流域来水保证率条件下,寻找优化的湖泊运行水位,以及对湖泊未来可能水情形成基本的趋势性判断。

　　基于未来气候变化情景和水文气象的周期特征分析下,呼伦湖入湖水量亏缺将有一定程度的缓解。气温升高→降水加强且更集中→有利于超渗产流,虽然蒸散损失有所加重,但整个流域蒸散波动幅度较小,因此总体水量平衡向多产流倾斜。

　　在呼伦湖运行水位优化方面,基于克鲁伦河及乌尔逊河两河 50% 保证率下只有 10 亿 m³ 来水量,以及海拉尔河每年 3.92 亿 m³ 设计引水量等情况,从控制湖面蒸发和改善湖泊水力条件角度,未来可以考虑采取工程措施加强呼伦湖低水位调度运行(541~542.5 m),通过加大海拉尔河经呼伦湖过水实现排盐来控制湖泊咸化。

表 2-3　基于湖泊水量平衡考虑的湖泊运行水位优化

水位(m)	容积(亿 m³)	面积(km²)	蒸发(亿 m³)
543	87.6	2 055	20
542.5	70	2 000	18
541	49.5	1 767	16.5
540	32.6	1 610	15
539	17.3	1 463	15
538	4.4	1 062	11

2.3.2　呼伦湖水文变化气候机制分析

水文气象过程作为一种典型的多尺度复合系统,一般由大小不同尺度"子系统"综合作用而成。而这些"子系统"可以看作大系统下的一些不同尺度和贡献程度的独立模式。系统在某一时期的变化往往是当中某个(或某几个)模式(或子系统)强度上震动的结果(Dommenget & Latif, 2002)。不同区域气候条件和下垫面条件变化对水循环关键环节作用差异的研究也要求在不同尺度上对水文循环模式及其强弱变化开展分析(Brutsaert & Parlange, 1998; Huntington, 2006; Sivapalan, 2006)。蒙古高原地处欧亚大陆腹地,属东亚季风和西风环流影响的交错区,气候干旱、水循环系统相对脆弱易变(Tao et al., 2015)。20 世纪 90 年代以前,该区域还表现为显著的气温升高、降水增加和湖泊扩张现象(秦伯强等,1994)。一些研究认为这些湖泊水文变化是我国东北地区近年气候暖干化导致入湖水量减少引起的(赵慧颖等,2008;赵宗慈和罗勇,2007);另一些研究则认为流域内湿地面积大幅度缩减(20 世纪 50 年代至今减少了约1/3),以及植被破坏、草场退化对湖泊萎缩产生直接影响(王志杰等,2012;李翀等,2006);也有研究认为区内高强度的人类活动,如煤炭开采耗水、灌溉耗水等在局部区域湖泊影响显著(Tao et al., 2015)。对呼伦湖水情的初步研究也从不同方面提出了导致其变化的可能原因(王志杰等,2012;杨久春和张树文,2009;李翀等,2006),但由于呼伦湖流域产流区主要位于境外等原因,其水情变化研究在湖泊—流域过程、数据及尺度等方面的探讨依然有待进一步深入。

到底什么是导致 2000 年后流域入湖径流连续减少的根本原因? 这种变化主要发生在流域水文循环过程中的哪个环节? 变化集中在流域哪些区域? 这些问题的回答需要从湖泊—流域过程角度,对水量平衡关键分量及其变化进行系统分析。

图 2-16 是流域年均降水量空间分布情况,降水强度较大区域主要分布在流域东部大兴安岭和西部肯特山区。从流域地形、下垫面及降水分布特征看来,(1) 流域两侧山区由于地形条件,是重要降水产流区;(2) 克鲁伦河及乌尔逊河中下游地区降水少、气候干燥,蒸发潜力强,是流域重要径流消耗区域。因此整个流域的水量平衡首先应该关注降水在这两类区域上分布的变化,其次是看由降水分布变化可能引起的陆面蒸散对降水及径流的消耗的增加情况。尤其考虑到流域中部巨大的蒸散潜力,一旦有合适的降水或地表径流补充,可以形成急剧的蒸散增加。

流域水文气象系统作为多尺度模式组合结果,其中受环流和地形等因素决定的降水在当中起着关键作用,是分析流域水文气象过程及其变化的主要方面,考虑到其对产流和蒸散的基础作用,成为流域水量平衡变化研究的入手点。呼伦湖流域产流区位于境外且监测资料稀缺的实际情况,限制了以往一些基础工作的开展,遥感反演数据的广

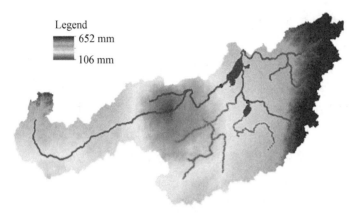

Legend
652 mm
106 mm

扫一扫
获得彩色图片

图 2 - 16　流域年均降水量空间分布特征

泛生产,为类似研究提供了新的手段(Sivapalan, 2006; Birkett & Mason, 1995; Kawanishi et al., 2000; Mu et al., 2011; Zhang et al., 2010)。从湖泊水情变化出发,基于遥感反演数据资料,从气候变化角度分析流域水量平衡变化,解释湖泊水情变化根本原因。

降水作为影响流域水量平衡最根本因素,数据的精度与空间覆盖密度所体现的代表性对分析其模式特征至关重要。整个呼伦湖流域由于只有中国境内 4 处气象站点连续监测数据,很难反映出整个流域降水和蒸散模式变化。

2.3.2.1　遥感数据和分析方法

考虑到流域资料稀缺的实际情况,研究在降水方面采用热带降雨测量卫星(Tropical Rainfall Measuring Mission, TRMM)携带的测雨雷达(PR)获取的 1998—2015 年 TRMM - 3B43 V 7 月累计降水数据(Kawanishi et al., 2000),共计 216 期影像序列,数据产品的空间分辨率为 0.25°×0.25°,覆盖范围为整个呼伦湖域及周边毗邻区域。蒸散数据为基于 AVHRR 影像利用 Penman-Monteith 公式并参考其他信息建立的 8 公里分辨率 1983—2006 年的月数据序列(Mu et al., 2011; Zhang et al., 2010)。根据地面监测资料分别对降水和蒸散数据进行了必要的验证和修订(Xu & Singh, 2005)。其中,降水主要修订了湖泊水面部分奇异值,蒸散则对几乎不产流的无植被区根据降水情况进行了修正。

基于获取的降水时空序列数据,采用经验正交函数分解(EOF)对时空数据矩阵进行了模式提取。EOF 基本原理是将时间尺度为 t 的 n 个空间场 $F(t, n)$ 分解成为时间权重矩阵 T 和空间特征向量 X 的乘积,如式 2 - 3:

$$F_{ij} = \sum_{k=1}^{n} T_{ik} X_{kj} \tag{2-3}$$

通过运算得到每个空间特征场及其对应的时间演化权重系数,从而用新的形式反映 $F(t,n)$ 的时空变化。应用中常取对变化解释贡献较大的几个空间特征场和对应的时间权重系数来近似描述 $F(t,n)$ 变化过程,从而达到简化和获取关键模式的目的。EOF 方法的几何解释是 n 维坐标系统的正交旋转变化;在物理学上可以理解为平面驻波(变化过程中形状只上下起伏,但平面上不移动)。就降水而言,空间模式可以理解为在一定空间范围内规律性地发生的降水事件。特征向量表现为空间模式,特征向量对应的时间权重系数在地学上也经常被称为主成分(PCs)。许多气候系统震动都是通过 EOF 分析获得的(Lorenz,1970)。虽然大多数模式都可以较好地获得背后物理机制的解释,而模式背后物理意义的解释则与研究对象的尺度及气象要素选取密切相关(Dommenget & Latif,2002)。

2.3.2.2　影响流域降水的主要模式

　　流域尺度上,规律性的降水往往具有环流和地形等多尺度要素综合作用特征。表 2-4 是对呼伦湖 EOF 分析所获得的前十个特征值及其特征向量所占总方差权重的百分比。从表中可以看出,第 1 特征向量占了整个解释方差的 51.7%,第 2 特征向量占解释方差的 15.7%,第 3 到第 7 特征向量解释方差分别占 4.4%、3.7%、3.0%、2.6% 和 2.2%,前 10 个特征向量累计解释方差接近 89.8%。从空间分布结构来看,前 4 个特征根对应的特征向量具有较为明确的独立物理意义。尤其是第一、二特征向量,体现了很好的独立性,是最有可能在一个空间尺度级别上具有独立物理机制的模式。

表 2-4　EOF 分解获取的降水主要模式及其解释权重

	EOF_1	EOF_2	EOF_3	EOF_4	EOF_5	EOF_6	EOF_7	EOF_8	EOF_9	EOF_{10}
权重(%)	51.7	15.7	4.4	3.7	3.0	2.6	2.2	2.2	2.1	1.8
Σ(%)	51.7	67.4	71.8	75.5	78.5	81.5	83.7	85.9	88.0	89.8

注:权重(%):对变化解释的百分比;Σ(%):对变化解释的累积百分比。

　　图 2-17 是流域降水前 4 个模式的空间特征。模式 1 反映了决定流域降水的最大模式,其空间特征上表现为东部兴安岭和中偏西肯特山东向坡地的两个降水中心。作为一个对降水变化起 51.7% 影响权重的因素,第一模式空间特征上与东亚季风对流域的影响强弱及地形作用在空间特征上较为一致(肯特山和兴安岭山前坡地)。第二模式重心位于呼伦湖至贝尔湖一线的地势较低的中间地带,空间分布上与第一模式具有显著的互补特征。第三模式表现为来自东北部局地影响,从模式重心来看,其主要影响范围为海拉尔河流域。第四及其后模式在空间特征上变得比较散乱,说明在流域局部区域还存在一些小范围规律性的降水模式,从贡献上看这些模式对整个流域降水影响已

经十分有限,其变化不足以对全流域产生大的影响。

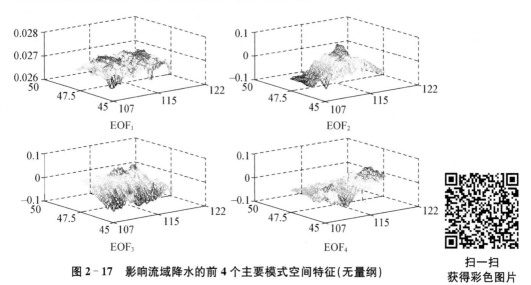

图 2 - 17 影响流域降水的前 4 个主要模式空间特征(无量纲)

扫一扫
获得彩色图片

图 2 - 18 是 4 个主要模式强弱过程及其变化关系。从模式强弱的变化特征来看,模式 1 作为影响流域降水最主要的模式,强弱变化过程比较稳定,1998 年出现一个显著的高值,与同年东亚季风对整个中国大陆降水产生巨大影响一致,但随后的1999—2011 年,其强度一直处于较弱的过程特征。与之相对应的模式 2 的强度在过程上与模式 1 总体呈互补的反相状态。在经历了 1999—2011 年模式 1 偏弱的过程后,2011 年后两个模式强弱特征出现一定改变,模式 1 作用有所加强,模式 2 显著偏弱。

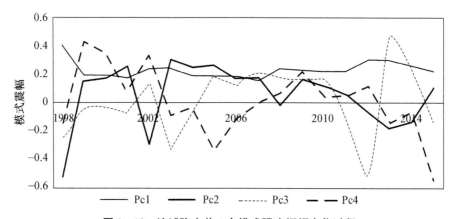

图 2 - 18 流域降水前 4 个模式强度振幅变化过程

结合流域降水量与两个主要模式强弱过程的变化关系可以看出:一般当降水模式 1 较强的年份,流域总降水量较丰,而当降水模式 2 较强的时候,流域总降水则偏枯(图 2 - 19)。反映了两个主控降水模式强弱变化对流域可获得降水的影响。而模式 1 和模式 2 结构特征具有明显的流域尺度级别,这种流域尺度降水模式转换往往是较大区域气候变化的结果。从该区域近年气候变化研究结果看,主要是东北地区的气候暖干化现象(施雅风等,1992;汪佩芳,1992)。与前两个模式相比,模式 3 及其后模式无论空间特征及波动强弱变化都相对分散随机,没有显著的长期规律性,其变化不足以对整个流域水量平衡产生大的影响。

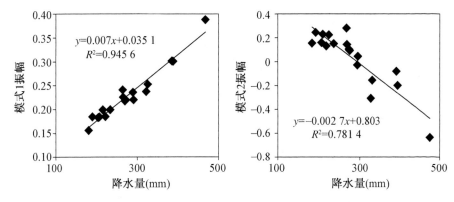

图 2-19　降水前 2 个模式强度振幅与流域降水关系

因此,从遥感反演降水数据及其 EOF 分析所揭示的降水模式及其变化特征可以看出,(1) 1999—2011 年降水模式 1 偏弱,降水模式 2 增强,使得流域降水比以往偏少约 10%;(2) 这种降水模式转变的另一个结果是降水量在流域空间上分布的变化,由于模式 2 的降水中心位于流域中间平原地带,随着模式 2 强度的增加和模式 1 强度的减弱,流域中部(面上而不是河流)在降水分配中获得了比以往更多的降水份额,而与之对应的流域两侧山区降水比重则有所降低。从降水强度和地形坡度对产流的影响角度,降水模式这种变化的一个直接结果可能带来流域总的产流能力下降。同时,因为流域中部平原区属于典型缺水干旱的草原荒漠区,降水增加将直接改善蒸散的供水条件,从而形成更有利于下垫面蒸散对降水消耗的水循环效应。

2.3.2.3　降水模式变化对湖泊水情影响

根据从水文部门获取的呼伦湖区多年水量平衡监测和评估数据资料(表 2-5),2000 年后呼伦湖水面蒸发量约 17.64 亿 m^3,比多年平均值增加 1.07 亿 m^3;降水量约 4.28 亿 m^3,比多年平均值减少 0.92 亿 m^3,而主要入湖河流克鲁伦河及乌尔逊河入湖径流量比多年平均减少 8.72 亿 m^3,仅为多年平均的 1/4 且经常发生断流。在水位下降影响下,呼伦湖 2000 年后几乎无出流,因此连续的入湖径流减少是呼伦湖近年水位下降的直接原因。

表 2-5 呼伦湖多年水量平衡关系(亿 m³)

湖面降水	克河入流	乌河入流	湖周入流	水面蒸发
5.8	5.2	6.9	6.0	23.3

对流域多年径流、降水和气温的过程的初步分析显示,20 世纪 90 年代后流域气温呈现了显著上升(1990 年前后平均温差达 1.3 ℃),与同期气温变化过程相比,降水虽略有下降,但幅度并不是很大(图 2-20a)。但期间降水与流域出口的径流关系却发生了较大变化,图 2-20b 不同年代间降水与径流的关系可以看出 21 世纪头十年在相似流域降水条件下流域产流出现显著加速下降的现象,鉴于同期降水量相对历史只是略微下降(<10%),因此,从水量平衡中的降水—径流关系变化可以看出,在区域气候变化条件下流域蒸散环节对水循环的作用可能产生了较大变化。

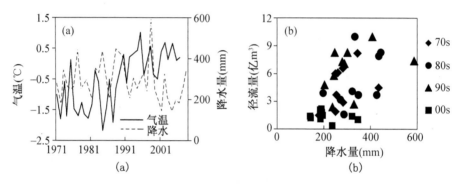

图 2-20 流域气温、降水及径流关系变化特征

图 2-21 是在栅格单元上对遥感反演多年蒸散过程的 Cov 和线性斜率计算获得的流域多年蒸散动态强度及其趋势分布特征,可以看出蒸散动态变化大的区域基本体现了蒸散加强(上升)的现象。这些加强的区域主要集中在流域中游。这与前文模式 1 及模式 2 转换引起流域中部区域获得更多降水,从而形成更有利于这些区域蒸散的供水条件,最终导致该区域蒸散有所加强的认识相吻合。

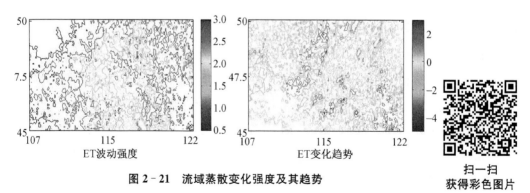

图 2-21 流域蒸散变化强度及其趋势

扫一扫
获得彩色图片

从遥感反演的流域蒸散和降水获取的蒸散占降水比重来看,1999 年后流域降水量持续走低,但总量的统计上比多年平均只低 10% 左右,而同期整个流域蒸散并未出现显著增加(流域中部平原区增加较为明显),但是,蒸散占降水比重却长时间高于 0.5 (图 2 - 22)。蒸散占降水比重变化反映出,随着区域温度升高,降水偏弱,可供流域自身产流的水量不断匮缺。不同的是 1999 年流域蒸散占降水比重达到了 0.73,虽然年降水量不是很大,但该年流域两河入湖径流量却维持在仅次于 1998 年特大洪水年的高水平上。

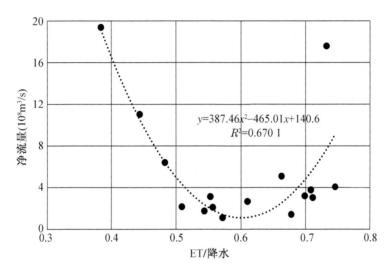

图 2 - 22　蒸散占降水比重与流域入湖径流变化关系

流域相对湿度与径流趋势上体现了较好的一致性(图 2 - 23)。从 2000 年后的相对湿度看,大多时间段内均低于 0.6,因此相对湿度可以作为流域长期或趋势性水文干旱的一个指标。与 1999 年出现的蒸散占降水比重奇异值相似,相对湿度在 2000 年前

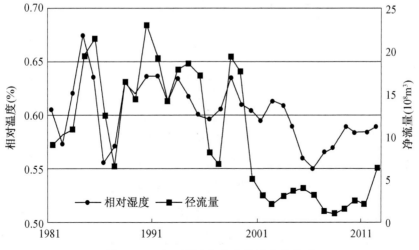

图 2 - 23　相对湿度与入湖径流变化关系

也出现部分低于 0.6 的年份,比如:1982、1986、1987,以及 1996 等年份,但这些年份没有像 2000 年后那样出现急剧的径流下降,说明流域上同期可能存在着其他调节河川径流的变化影响因素。

2.3.2.4　流域冻土退化对河湖径流影响

考虑到蒸散占降水比重的提升在 20 世纪 90 年代初即已出现,而 2000 年才出现流域入湖径流及湖泊水位急剧下降,也可能由于自 20 世纪 90 年代至 2000 年流域某种形式的持水作用发生了持续的影响(如流域两侧山区的多年冻土的退化补给作用)。乌尔逊河源的大兴安岭,多年冻土处于欧亚大陆冻土带南缘,冻土带南端可达北纬 46.6°。该地带冻土区地表温度高、冻土层厚度薄,其变化对气温升高极为敏感。地表温度是流域冻土变化的重要指示指标。选取呼伦湖流域三个主要城镇满洲里、新巴尔虎左旗、新巴尔虎右旗(1962—2015 年) 53 年的地表温度数据分析。呼伦湖地区多年平均地表温度为 1.95 ℃。地表温度在近 30 年整体呈显著的上升趋势,上升幅度超过了同期气温升高程度。尤其是 1990 年后,地表温度较之前升高 2.19 ℃,而同期气温升高幅度为 0.56 ℃。反映了全球变暖下,流域地表温度的响应特征。

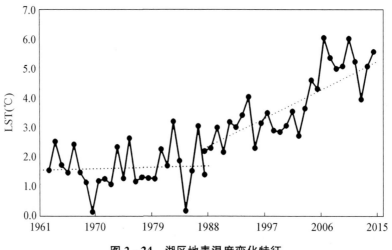

图 2-24　湖区地表温度变化特征

对大兴安岭冻土的连续监测表明近 30 年冻土带南缘北移达 30～100 千米,20 世纪 90 年代以来冻土季节融化深度增加几十厘米(金会军等, 2006)。此后又经历了 20 世纪气温升高最显著的 10 年,受其影响最大季节融化深度进一步加深,呼伦贝尔高原主要是岛状多年冻土,尤为脆弱,克鲁伦河源肯特山的情形基本相似。同时,流域内大量存在的相对独立洼地单元内的积水也有可能形成某种形式的对下游径流的补给作用。从表 2-5 可以看出,单位面积上湖周产流能力是整个流域的 3 倍左右。因此,在 2000 年之前,湖周产流能力可能有所加强。

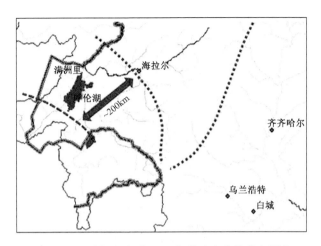

图 2 - 25　呼伦湖流域 2000 年前冻土南缘北向退化

2.3.3　水情变化认识及不确定因素

2.3.3.1　水情变化根本原因

2000 年后呼伦湖水位持续下降的直接原因是湖泊入湖径流的减少,克鲁伦河及乌尔逊河在 2000—2012 年均入流仅为多年平均的 1/4 左右。而流域降水模式强弱变化引起的降水偏少,及降水空间分布变化引起的蒸散占降水比重变化导致的可供流域自身产流的净雨量的不断匮缺,是流域产流减少和湖泊水位下降的根本原因。

从降水时空数据及 EOF 分析所揭示的呼伦湖流域降水模式及其时空演化可以看出,控制该流域两个主要降水模式强弱的转换一方面导致流域获得总降水量多少发生了变化,致使 1999—2011 年流域降水偏少;另一方面,两个模式的强弱的转换也使得降水在流域上的空间分布格局发生变化,1999—2011 年流域中部平坦区域在降水空间分配格局中获得了比以往更多的份额,形成了更有利于陆面蒸散对降水的消耗局面,使蒸散占降水的比重处于较高比例,进一步降低了可供产流的降水比例。

2.3.3.2　不确定因素

(1) 人类活动影响

人类活动对水资源影响的不确定性来自两个方面,一是目前的研究分析中,对人类活动影响的考虑可能不够充分。比如,从目前公布的数据看,蒙古国在克鲁伦河、哈拉哈河、贝尔湖目前几乎没有用水,我国境内在克鲁伦河、乌尔逊河、哈拉哈河、呼伦湖周边的用水量(包括牲畜饮水)仅 0.08 亿 m³,因此,认为地区用水对呼伦湖的萎缩基本没有影响。但由于流域范围大,尤其是近几十年流域大量矿区资源开采对水资源造成的影响,以及人类生活方式的改变对水资源的消耗增加都存在一定不确定性。另一个方面是未来人类生产和生活对水资源消耗的需求。未来可以通过开展产业、行业及生活用水定额的调查分析，来合理量化人类活动实际消耗水资源量。

（2）气候的长期趋势性变化

通过气候变化对降水和蒸散影响的研究，获取了呼伦湖流域近十余年水情变化的水文气象机制认识。但是这种变化机制在未来会是什么样的发展形势？是在一个与过去相似的周期尺度发生，还是会出现比过去更大周期现象的趋势性新变化？结合呼伦湖流域下游黑龙江流域百年尺度长序列气温、降水监测资料来看，近30年流域气温总体呈显著上升趋势，气温相对之前上升幅度达1.5℃。降水呈下降趋势，相对前期偏低37.0 mm。降水的高频波动特征依然较为明显，但气温明显呈现出较前几十年趋势性的变化，而气温的这种变化对降水模式、蒸散潜力、冻土持水调节等产生显著影响。

2.3.3.3 水资源研究与管理建议

（1）对呼伦湖进行有限合理的补水

从水文频率分析和区域气候变化情景来看，未来呼伦湖的萎缩将可能得到逆转，但自然恢复的速度可能比较慢，通过跨流域引水可以加快恢复的速度。

湖泊的最佳控制水位是另外一个重要问题，按海拉尔河引水工程规划，呼伦湖的目标水位是544.80 m，但从20世纪初以来呼伦湖只有18年的时间在该水位之上，因此这是一个比较高的标准，相对于20世纪80年代初的543.00 m的水位，湖面蒸发将多消耗3亿~4亿 m³。然而高水位可以实现呼伦湖的自然出流，由闭流型湖泊变为过流型湖泊，同时可以考虑调整呼伦湖出流河道，降低出流水位，因为加强湖泊水体交换，对改善水质环境是有直接好处的，在这方面需要统筹权衡。

（2）国际水资源利用协调

呼伦湖流域大部分在蒙古国境内，上游的水资源开发利用直接影响呼伦湖的入湖水量，蒙古国近年重新提出规划多年的克鲁伦—戈壁调水工程，该工程一旦立项实施，流域内水环境将进一步恶化。因此双方要加强合作，合理开发、保护流域生态环境。

另外，当地希望实现的沙尔勒金河疏通工程也涉及中蒙间的合作协调，在干旱年份，呼伦湖与贝尔湖是一种此消彼长的关系，进入贝尔湖的水量多则不利呼伦湖的维持，进入呼伦湖的水量多则不利于贝尔湖的维持。而且沙尔勒金河流量仅占哈拉哈河的1/4，对呼伦湖平衡所起的作用不是很大，疏通的主要意义在于改善下游乌尔逊河沿河地区的水文条件。

（3）加强流域水文特别是蒸散和地下水方面的研究

呼伦湖周边在克鲁伦河及乌尔逊河各有一处连续观测的水文站点，湖泊有一水位观测站点,新开河、哈拉哈河上均缺乏观测数据,地下水方面则仅有一些零星的调查数据。对湖泊的水量平衡计算、沙尔勒金湖疏通等水利工程均难提供有力的数据支撑,特别是地下水的水情变化、地下水与地表水之间的转化关系,不仅是解释该地区地表径流的一些特别现象(如近两年降水量回升到正常水平,但径流量并未同步回升)的需要,而且地下水也是草原生态系统演变的重要影响因子,对流域内用水有制约作用(湖周取用地下水比较普遍),亟须加强观测研究。

(4) 借助遥感手段加强水文过程监测模拟研究

为了弄清楚呼伦湖湖泊水位下降根本原因并提出切实可行缓解措施,可以在全流域角度,借助水文模型等方法进一步细致分析水文过程中降水、蒸散和径流时空变化特征,并分离人类活动影响分量,从而为流域水资源管理提出合理的缓解措施方案。

考虑到目前研究中监测资料稀缺的限制,以及跨境流域带来的问题,可以重点遥感监测及数据同化手段与水文模型的耦合研究。根据获取的调查资料及其模拟分析,还原天然径流量,通过对比分析人类活动影响期的实测径流量、还原的天然径流量和天然阶段的实测径流量来分离人类活动影响期间各因素对流域径流的影响程度,从更加系统的角度支撑呼伦湖水资源变化及可持续利用的基本认识。

参考文献

Birkett CM, Mason IM. A new global lakes database for a remote-sensing program studying climatically sensitive large lakes[J]. J Great Lakes Res, 1995, 21(3): 307-318.

Brutsaert W, Parlange MB. Hydrologic cycle explains the evaporation paradox[J]. Nature, 1998, 396 (6706): 30-30.

Dommenget D, Latif M. A cautionary note on the interpretation of EOFs[J]. Journal of Climate, 2002, 15 (2): 216-225.

Huntington TG. Evidence for intensification of the global water cycle: Review and synthesis[J]. J Hydrol, 2006, 319(1-4): 83-95. DOI:10.1016/j.jhydrol.2005.07.003.

Kawanishi TH, Kuroiwa M, Kojima K, et al. TRMM precipitation radar[J]. Adv Space Res, 2000, 25(5): 969-972. DOI:Doi 10.1016/S0273-1177(99)00932-1.

Lorenz E. Climate change as a mathematical problem[J]. J Appl Meteor, 1970, 9: 325-329.

Mu QZ, Zhao MS, Running SW. Improvements to a MODIS global terrestrial evapotranspiration algorithm [J]. Remote Sens Environ, 2011, 115(8): 1781-1800. DOI: 10.1016/j.rse.2011.02.019.

Sivapalan M. Pattern, Process and Function: elements of a unified theory of hydrology at the catchment scale encyclopedia of hydrological sciences[M]. John Wiley & Sons, Ltd. , 2006.

Tao SL, Fang JY, Zhao X, et al. Rapid loss of lakes on the Mongolian Plateau[J]. P Natl Acad Sci, 2015, 112(7): 2281-2286. DOI:10.1073/pnas.1411748112.

Xu CY, Singh VP. Evaluation of three complementary relationship evapotranspiration models by water balance approach to estimate actual regional evapotranspiration in different climatic regions[J]. J Hydrol, 2005, 308(1-4): 105-121. DOI:10.1016/j.jhydrol.2004.10.024.

Zhang K, Kimball JS, Nemani RR, et al. A continuous satellite-derived global record of land surface evapotranspiration from 1983 to 2006[J]. Water Resour Res, 2010, 46: 1-21. DOI:Artn W09522.10.1029/2009wr008800.

崔显义,等.呼伦湖的形成历史及变迁[J].内蒙古科技与经济,2015,323:43-47.

地方志编写委员会.呼伦湖志(续志一,1987—1997)[M].呼和浩特:内蒙古文化出版社,1998.

韩广.呼伦贝尔草原沙漠化的综合评估研究[J].中国草地,1995,2:20-25.

韩广,张桂芳.30多年来呼伦贝尔草原沙漠化的演变特点及防治对策研究[J].中国沙漠,1998,3:56-64.

侯军.呼伦湖流域水文干旱评价[J].人民黄河,2016,38(3):12-14.

金会军,于少鹏,吕兰芝,等.大小兴安岭多年冻土退化及其趋势初步评估.冰川冻土,2006,28(04):467-476.

李翀,马巍,史晓新,等.呼伦湖水位、盐度变化(1961—2002年)[J].湖泊科学,2006,18(1):13-20.

李进.差巴嘎蒿的分布及其在天然植被演替中的地位[J].中国沙漠,1991,11:2.

李翀,马巍,叶柏生,等.呼伦湖水面蒸发及水量平衡估计[J].水文,2006,26(5):41-44.

秦伯强,等.呼伦湖的近期扩张及其与全球气候变化的关系[J].海洋与湖沼,1994,25(3):280-287.

施雅风,孔昭宸,王苏民,等.中国全新世大暖期的气候波动与重要事件[J].中国科学(B辑),1992,12:1300-1308.

孙辉成.呼伦贝尔盟水土流失演变分析[J].东北水利水电,1996(9):4.

王洪胜,包秀玉,张昕琢.走可持续发展之路合理地保护、利用和建设呼伦贝尔草原[J].内蒙古草业,1999(2):13-15.

汪佩芳.全新世呼伦贝尔沙地环境演变的初步研究[J].中国沙漠,1992,12(4):13-19.

王苏民,吉磊,等.呼伦湖——古湖泊学研究[M].合肥:中国科学技术大学出版社,1994.

王苏民,吉磊.呼伦湖晚第四纪湖相地层沉积学及湖面波动历史[J].湖泊科学,1995,7(4):297-306.

王伟.浅析克鲁伦河汛期断流的原因[J].水文水资源,2008:35-37.

王志杰,李畅游,李卫平,等.内蒙古呼伦湖水量平衡计算与分析[J].湖泊科学,2012,24(02):273-281.

魏正一.呼伦湖的形成与变迁[J].黑龙江水专学报,1988,(4);1989,(2).

夏玉梅.呼伦贝尔沙地古土壤孢粉特征与大暖期环境的初步研究[M].海洋出版社,1993:44-53.

夏玉梅.大小兴安岭高位泥炭孢粉记录及泥炭发育和演替过程研究[J].地理科学,1996,16(4):337-344.

薛滨,王苏民,沈吉,等.呼伦湖东露天矿剖面有机碳的总量及其稳定碳同位素和古环境演化[J].湖泊科学,1994(4):309-315.

严登华,何岩,邓伟,等.生态水文学研究进展[J].地理科学,2000(5):87-93.

严登华,等.呼伦湖流域生态水文过程对水环境系统的影响[J].水土保持通报,2001,21(5):1-5.

杨久春,张树文.近50年来呼伦湖水系土地利用/覆被变化及其生态环境效应[J].干旱区资源与环境,2009,23(02):41-46.

羊向东,王苏民,薛滨,等.晚更新世呼伦湖地区孢粉植物群发展与环境变迁[J].古生物学,1995,34(5):

647 - 656.

张振克,王苏民.13 Ka 以来呼伦湖湖面波动与泥炭发育、风沙——古土壤序列的比较及其古气候意义[J].
　　干旱区资源与环境,2000,14(3):56 - 59.

赵慧颖,乌力吉,郝文俊.气候变化对呼伦湖湿地及其周边地区生态环境演变的影响.生态学报,2008,28
　　(03):1064 - 1071.

赵宗琛,刘静.呼伦贝尔盟土壤侵蚀及防治对策[J].水土保持通报,1998,18(4):31 - 36.

赵宗慈,罗勇.21 世纪中国东北地区气候变化预估[J].气象与环境学报,2007,23(03):1 - 4.

第 3 章 湖泊水质变化

3.1 呼伦湖水体盐碱化过程

水体的盐碱化作用就是水体溶解盐浓度(含盐量)增高的过程或这一过程的结果。天然盐碱化作用发生在内陆地区或内陆河流域(W D Williams, 1987)。含盐量即总可溶性盐类的总和。通常根据湖水矿化度(含盐度)将湖泊分为淡水湖、咸水湖和盐湖三类,即矿化度小于 1.0 g/L 的湖泊称为淡水湖,矿化度在 1.0~35.0 g/L 的湖泊称咸水湖,矿化度大于 35.0 g/L 的湖泊称为盐湖(金相灿等, 1995)。水和废水监测分析方法(第四版)(国家环境保护总局《水和废水监测分析方法》编委会)中矿化度定义为:矿化度是水中所含无机矿物成分的总量。对于无污染水样,测得的矿化度与该水样在 103~106 度时烘干的可滤残渣量相同。即将过滤后的水样在称至恒重的蒸发皿内蒸干,然后在 103~106 度烘至恒重增加的重量。矿化度的测定方法除重量法还有电导法、营养离子加和法、离子交换法和比重法等。严格说来对矿化度(含盐量)的确定需进行全面的离子分析。实际上往往是用电导率推出来的,这样做一般不会出现大的误差,但在含盐量较高的情况下,可能出现误差。如果总可溶性盐和含盐量意义相同,总溶解固体与含盐量就不同了,不过在大多数情况下,总溶解固体浓度和含盐量并没有大的区别(W D Williams, 1987)。

3.1.1 呼伦湖水体近代盐碱化过程

湖水主要离子系由 K^+、Na^+、Ca^{2+}、Mg^{2+}、Cl^-、SO_4^{2-}(硫酸根)、HCO_3^- 和 CO_3^{2-} 八大离子组成。由于它们在湖水中的含量常较其他离子高得多,它们的总量又常接近于湖水的矿化度。因此,主要离子和矿化度之间有着极为密切的关系。水型通常是根据主要离子在水体中的相对含量,即阴阳离子的比例来确定。王玉亭和李宝林在1981—1982 年对呼伦湖进行了 4 次水化学调查,时间是 1982 年 5 月—6 月初,1981 年 6 月末—7 月,1981 年 9 月,1981 年 12 月—1982 年 1 月,采样点位于湖东乌都鲁、双山子、小河口分场,以及湖西西河、五号、二号分场(王玉亭, 1985)。他们的结果显示呼伦湖水型已由过去的碳酸盐钙组 I 型水转化为碳酸盐钠组 I 型水。而同期克鲁伦河和乌尔逊河为碳酸盐钙组 I 型水。其变化的主要原因是在浓缩过程中和生物作用下发生碳酸

钙和碳酸镁的沉积,进而使得水体集聚大量的碳酸
钠和碳酸氢钠,最后水型由碳酸盐钙组Ⅰ型转化为
碳酸盐钠组Ⅰ型。我们 2010 年 6 月底 7 月初的调
查结果显示,不同采样点阳离子中钙的百分含量仅
占 1.5%～3.0%,而钠离子占到近 80%。沉积物钻
孔测试的钙含量揭示 60 cm 以来其浓度呈现增加的
趋势(图 3-1),这也支持了王玉亭等人的推论。

近百年来,呼伦湖是一个淡水湖、咸水湖不断
相互转化的湖泊。20 世纪 30—40 年代,日本人侵
占时期,为了攫取水产资源,兴办渔业生产,曾进行
过湖水调查。在《兴安水产株式会社概要》中评述
湖水"盐分超过 1 000 毫克",属咸水湖。新中国成
立后的 50—60 年代,为了进一步开发扎赉诺尔煤
矿和修建达赉湖泄水工程,国家有关部门亦曾进行

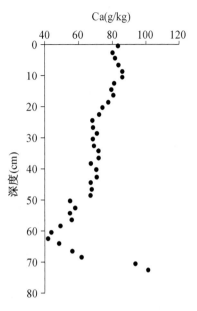

图 3-1 呼伦湖钻孔中钙的垂向变化

湖水调查。这时期水质 pH 值为 8.5,矿化度为 777～1 110 毫克/升(傅银生,1989)。
李翀计算了不同时期呼伦湖水体的盐度,同时与几次的实测资料做了对比,其中较早的
湖水含盐量实测数据为 1962 年的 777 mg/L,1963 年的 990 mg/L,以及 1974 年的大于
1 000 mg/L(图 3-2)(李翀等,2006)。王玉亭和李宝林的调查结果显示夏季含盐量在
1.11～1.29 g/L,平均 1.21 g/L;冬季含盐量在 1.39～1.55 g/L,平均 1.45 g/L;春季平均
1.24 g/L;秋季平均 1.26 g/L;全年明水期平均 1.24 g/L。pH 平均为 8.85,总碱度(毫
克当量/升)全湖明水期平均 11.67。而 1985 年 9 月的结果显示,含盐量为 1.055 g/L,
pH 为 8.8,总碱度为 10.03 mg/L(徐占江,1989)。2000 年以来,虽然入湖盐分在不断

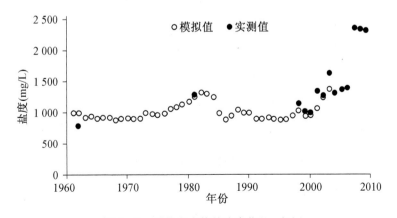

图 3-2 呼伦湖水体盐度变化(mg/L)

(空心点模拟,实心点实测数据;根据李翀等的调查数据修改)

降低,但湖水含盐量仍呈不断增加的态势,尤其是 2007 年以来急剧增加(图3-3)。

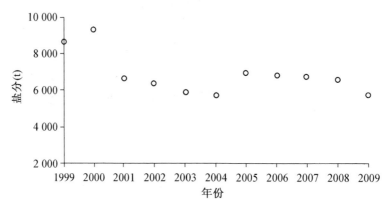

图 3-3 呼伦湖入湖盐分历史变化

呼伦湖湖水阳离子中 Na$^+$ 占绝对地位。乌尔逊河和克鲁伦河入湖口的阳离子含量要低于新开河和呼伦湖。呼伦湖水体的离子含量尤其是 Na$^+$ 明显高于河道,但呼伦湖湖泊水体 Ca^{2+} 的含量与河道较为接近。湖泊水体在强烈的蒸发下,盐分出现浓缩,但 Ca^{2+} 浓度并没有升高,反而下降。碳酸盐饱和度计算表明,湖水中碳酸钙已达到过饱和状态,具备碳酸盐化学沉淀的基本条件,较高含盐量导致碳酸盐沉积。2004—2008年的阳离子资料显示,不同季度之间存在差异。2007—2008 年整体上明显高于 2004—2006 年。1998—2008 年的阳离子资料显示(图 3-4),2000 年以来含量不断增加。

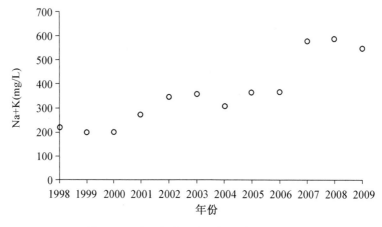

图 3-4 主要阳离子(Na+K)的历史变化

呼伦湖的监测资料表明,20 世纪 50 年代以来,仅有个别年份呼伦湖的 pH 值在8.5 以下。2000 年以来,pH 值存在增大的趋势(图 3-5)。与 20 世纪 80 年代相比,目前 pH 增加了 0.7。据 1987—1988 年调查,乌尔逊河的 pH 为 8.25,克鲁伦河 pH 为

8.77,新开河 pH 为 9.07。同期呼伦湖 pH 平均为 9.03,乌尔逊河和克鲁伦河入湖口的 pH 值均低于呼伦湖,而新开河 pH 值与呼伦湖水体接近。2004、2005 年海拉尔河 pH 分别为 7.3 和 8.0;乌尔逊河的 pH 分别为 7.2 和 7.0;2004—2007 年克鲁伦河 pH 介于 7.3~8.3;2004、2005 年呼伦湖的 pH 为 9.0。2004 年两条入湖河流 pH 相对较低,使得同期呼伦湖的 pH 值相对较低。2010 年 8 月调查显示,海拉尔河搓岗引水口 pH 为 7.96;乌尔逊河乌兰泡附近 pH 较高,达到 8.54,呼伦湖同期水体平均 pH 值 9.03,pH 值全湖差异不明显。

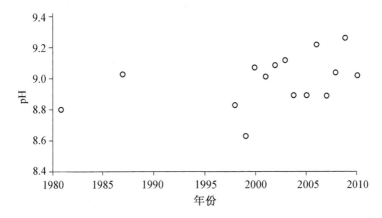

图 3-5　呼伦湖水体 pH 值的变化

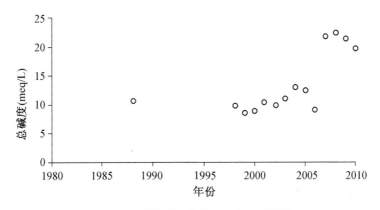

图 3-6　呼伦湖水体总碱度的时间变化

　　盐碱性水域中主要由碱度导致高而恒定的 pH,并且 pH 与碱度之间又有协同作用。呼伦湖水体中,$HCO_3^- > Ca^{2+} + Mg^{2+}$,湖水化学类型是重碳酸盐钠型。1988 年调查揭示,总碱度全湖平均为 10.717 meq/L,并且在湖区分布均匀,层次间变化无明显差异,季节变化以冬季含量最高。呼伦湖地处中、高纬度,冬季漫长而严寒,冰冻期达 6 个月之久,整个湖盆中冰的体积占了相当比重,使主要离子在水中浓缩。2000 年以来,呼伦湖水体总碱度开始缓慢增加,2004 年以来出现下降,2007 年以来总碱度则快速增加,

2008 年以来出现下降,但仍然远高于 2006 年以前(图 3 - 6)。总碱度等值线揭示湖体北部偏西部位以及南部偏西部位的总碱度相对较高(图 3 - 7)。

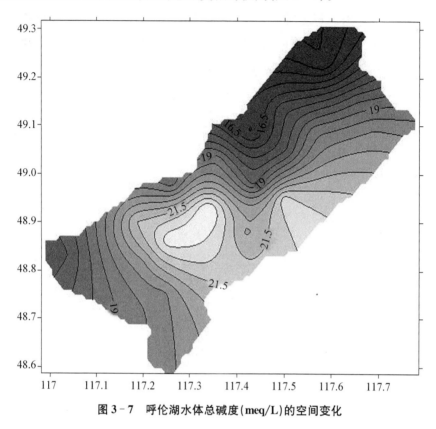

图 3 - 7　呼伦湖水体总碱度(meq/L)的空间变化

3.1.2　呼伦湖与松嫩平原湖泊的比较

松嫩平原在黑龙江省西南部,南以松辽分水岭为界,北与小兴安岭山脉相连,东西两面分别与东部山地及大兴安岭接壤。整个平原略呈菱形。松嫩平原主要由松花江、嫩江冲积而成。嫩江支流多在右岸,流域面积大于 1 万平方千米的 8 条支流中有 6 条在右岸,左右岸支流均发源于大小兴安岭各支脉,且是顺着大小兴安岭坡面而形成,松嫩平原境内较大支流有讷莫尔河,乌裕尔河,洮儿河,霍林河,绰尔河,雅鲁河,诺敏河。松嫩平原地处温带湿润、半湿润季风型大陆性气候区,夏短而温凉多雨,6—9 月的降水量占全年降水量的 70%～80%。在松嫩平原地区有大片湖沼地分布,发育有大小不一的湖泊,当地习称为泡子或碱泡子。湖泊具有面积小、湖水浅、矿化度较高等特点(张艳红等, 2001)。松嫩平原湖泊湿地主要分布于吉林省白城、松原地区和黑龙江齐齐哈尔南部地区、大庆市西南部地区。湖泊大多为河流成因的湖泊,还有构造成因湖如大布苏湖、人工湖如月亮泡等和小规模的风成湖。松嫩平原湖泊从分布区域上可划分为几个湖泊群。大庆湖泊群,莫莫格湖泊群,舍力湖泊群,乾安湖泊群,大安湖泊群,向乌湖泊群(吕金福等,2000)。

　　与呼伦湖类似,松嫩平原湖泊的碱化趋势也很明显。陈静生等(1999)对我国《水文年鉴》上所载松花江自 20 世纪 50 年代末至 80 年代中期所有站点的水化学监测数据进行统计分析,发现松花江和嫩江水质的碱化趋势明显 (HCO_3^- 和 Na^+ 含量上升)。

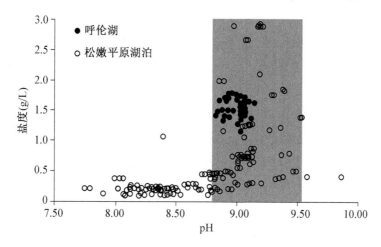

图 3-8　松嫩平原湖泊和呼伦湖水体盐度和 pH 关系对比

　　松嫩平原湖泊的 pH 值范围为 6.92～9.86,均值为 8.87(SD＝0.46)。其中,pH 值最低的为八里泡,所调查的两个点位 pH 值分别为 6.92 和 7.21,最高的是新荒泡的 2 个点位,分别为 9.86 和 9.58。盐度低于 0.5 g/L 的有茂兴湖,哈尔桡泡,大龙虎泡,月亮泡,喇嘛寺泡,茨勒泡,新庙泡,克钦泡,大库里泡,南山湖,连环湖,新荒泡。超过 3 g/L 的是花敖泡和八里泡。图 3-8 给出了盐度和 pH 之间的关系图,发现低于 0.5 g/L 的,其 pH 值分布范围非常广泛,但高于 0.5 g/L 的,则 pH 集中在 8.8～9.5。可见,在较高的盐分含量下,其 pH 值通常是较高的,呈现盐碱化的特征。呼伦湖的 pH 值为 9.0 左右,盐度达到咸水湖标准,落在松嫩平原的盐碱化湖泊(图 3-8 阴影区域)范围内。

　　从中引引水的湖泊有克钦泡、齐家泡、小龙虎泡、连环湖、大龙虎泡,对比其盐度发现,克钦泡、齐家泡、连环湖依次升高。大龙虎泡的盐度与克钦泡接近,小龙虎泡的最高。其原因可能是大龙虎泡作为大庆重要的工业用水源地,其换水周期较快,致使盐分不易积聚,而小龙虎泡引水量要少得多(野外调查时,仅见到细小的引水渠与齐家泡相连)。查干湖的含盐量远高于新庙泡,以主要阳离子 Na^+ 为例,查干湖是新庙泡的 6.7 倍,均远高于第二松花江 Na^+ 含量(10.50 mg/L)(陈静生等,1999)。对嫩江以及中引工程由北向南至龙虎泡的引水渠内的水样分析发现引水渠内水体含盐量呈增加趋势,其原因可能是地表径流对盐分的溶洗作用,但差别不大,而龙虎泡的盐分则远高于嫩江水及沟渠水(韦平等，1994)。造成引水湖泊盐分含量高于水源区的一个重要原因可能是湖泊本身排水不畅，蒸发强烈，致使盐分不断聚集。

南山湖、哈尔桡泡、茨勒泡、喇嘛寺泡子、大库里泡、月亮泡、茂兴湖均临近嫩江，接受稻田回水，或者从嫩江提水，湖泊内水草茂盛，为淡水湖泊。如2000年6月以来，洮儿河流域持续多年干旱少雨，黑帝庙水文站至月亮湖河段断流，月亮泡无洮儿河水源补充，只有在丰水期引蓄部分嫩江洪水作为补充(吕喜仁和张瑞虹，2005)。对于与河流无水力联系的湖泊，其盐沼化程度要高，如鹅头泡、花敖泡、青肯泡等。稻田退水对湖泊水化学组成也有着重要的影响。来自于水田的回归水中，灌溉排水和降雨径流携带了大量的污染物，造成湖泊、水库和河流一定程度的富营养化和地表水中盐分的增加。松嫩平原西部的研究表明，洗盐水中主要污染物浓度相比灌溉水均明显增加，特别是 Na^+、HCO_3^-(郑冬梅等，2000)。

与松嫩平原湖泊盐碱化复杂的成因相比，呼伦湖则相对要简单。呼伦湖盐碱化的最根本原因是湖泊来水减少，所以湖泊水位降低，几乎没有出流，湖泊呈现封闭状态。湖泊水体盐分与湖泊库容显示出显著负相关。以盐分中主要组分钠离子为例，1998—2000年，钠离子含量接近，该阶段库容相对稳定；2000—2002年，库容下降，钠离子出现上升趋势；2002—2006年，库容和钠离子相对稳定；2007年以来，库容下降，钠离子含量急剧上升。虽然入湖污染物在减少，但湖泊库容减少使得污染物质如盐分、氮磷不断浓缩。随着湖面减少，库容下降，每年通过各种渠道(不包括取水、出流)脱离湖体的盐分总量在减少，从2000年年初的8000多吨下降到2009年的5700多吨。呼伦湖水系草地沙化和盐碱化的现象也十分严重，虽然在20世纪50年代中期—2005年期间有48.42%的沙地和76.39%的盐碱地转变为草地，但是草地沙化面积是沙地转化为草地面积的1.06倍，而草地盐碱化面积是盐碱地转化为草地面积的2.08倍。草地盐碱化现象集中出现于吉布胡朗图苏木和阿穆古朗宝力格苏木之间，该区域草地覆盖度降低、沼泽地萎缩和草地盐碱化现象都十分显著。

3.2 呼伦湖水体氮磷变化及富营养化过程

氮、磷是生物地球化学循环的物质基础，是植物生长所需要的重要元素。湖泊富营养化、蓝藻水华暴发是当前我国湖泊，尤其是浅水湖泊所面临的最主要的环境问题。湖泊富营养化的本质是湖泊生态系统中氮、磷等污染物的输入大于输出，循环过程受阻，导致N、P等污染物在生态系统中不断积累，引发生态系统结构错位、功能失调，生态系统退化，最终导致水质恶化。

氮的混合物可以分为非活性氮(N_2)和活性氮(N_r)。活性氮包括无机氮[如还原的氮(NH_3、NH_4^+)]、氧化形式的氮(N_2O、HNO_3、NO_x、NO_3^-)和有机氮(如尿素、胺类、蛋白质和核酸)。地表水和大气沉降中的氨氮(NH_4^+)、硝态氮(NO_3^-)以及有机氮是湖泊氮素的主要来源。在受人类活动干扰较小的湖泊中,生物固氮作用以及大气传输造成的 N_r 沉降是湖泊水体氮素的重要来源。湖泊生态系统中氮的输出方式有多种。一是通过地表水输出湖泊生态系统;二是鱼虾类、高等水生植物、底栖动物等生物体有机氮,经人工捞取或收获后离开湖泊生态系统;三是氮以气体形式(如 N_2O、N_2 等)退出湖泊系统。湖泊沉积物埋藏作用,也是一种重要的持留机制。

磷在地壳中的平均含量为 1 050 mg/kg,它以磷酸盐形式存在于矿物之中。近年来,由于磷素投入量大大高于其带出量,农田生态系统中的磷素盈余使得土壤中的总磷和有效磷水平不断上升。农田地表径流及排水中磷素的流失加剧了附近水体的富营养化进程与程度。水体中磷以来源可分为外源性磷和内源性磷,而沉积物是水体内源性磷的主要来源。水体中的外源性磷主要来源于大气沉降、工农业生产以及城市生活废水、家畜排泄物和农业径流等,如水处理过程中加入的少量的某种缩合磷酸盐;洗衣水以及其他洗涤用水中含有缩合磷酸盐;农业用肥料和农药中含有正磷酸盐和有机磷。水体中磷以形态可分为有机态磷和无机态磷两大类,他们分别为正磷酸盐、缩合磷酸盐(焦磷酸盐、偏磷酸盐和多磷酸盐)和有机结合的磷酸盐,存在于溶液、悬浮物、生物体中。

3.2.1　呼伦湖水体氮磷的变化

有关呼伦湖水体氮磷的资料较早的是水生所的资料,调查时间是 1958 年 6—9 月,磷酸盐含量为 0.131 mg/L(徐占江,1989)。1974 年南京地理研究所对呼伦湖也开展了调查,他们的调查结果显示总磷为 0.08 mg/L,总氮为 0.13 mg/L(傅银生,1989)。据达赉湖(呼伦)科研所,1981 年 9 月的呼伦湖磷酸盐含量为 0.154 mg/L(徐占江,1989)。王玉亭和李宝林在 1981—1982 年进行了 4 次水化学调查他们测定了磷酸盐,结果全年在 0.05~0.27 mg/L 波动(徐占江,1989)。而 1985 年 9 月的结果显示,磷酸盐含量为 0.079 mg/L(徐占江,1989)。据吴锁柱、刘英 1987—1988 年对呼伦湖的调查,揭示深水区 TN 年均值为 1.97 mg/L,TP 年均值为 0.115 mg/L;近岸浅水区 TN 年均值为1.86~1.92 mg/L,TP 年均值为 0.111~0.114 mg/L;在湖湾 TN 年均值为1.88~2.10 mg/L,TP 年均值为 0.098~0.133 mg/L;在近河口区 TN 年均值为1.8.63~1.79 mg/L,TP 年均值为 0.084~0.135 mg/L(收入《中国湖泊富营养》一书)。

韩向红、杨持根据监测站1991—2001 年水质监测数据,揭示了 1991—2001 年的呼伦湖水体历年氮、磷动态变化(图 3-9),结果表明总氮最大值 1.72 mg/L,最小值

0.224 mg/L;而总磷最大值 0.27 mg/L,最小值 0.048 mg/L(韩向红和杨持,2002)。他们的研究发现,1988 年总氮浓度较高,认为出现此情况的原因是 1988 年流域内降水量的增加。流域多年平均降水量为 309 mm,而 1988 年降水量达 443.8 mm。降水量的增加一方面增大了湖区和入湖河流汇水区的地表冲刷,使携带的枯腐植物、牲畜粪便等物的量增大;另一方面各入湖河流涨水,溢出河床而淹没大量河漫滩,河水的浸泡使漫滩草甸和沼泽中溶出大量的有机质和氮、磷等营养物质。另外,湖水上涨,淹没一些湖滩草地,从中也有大量营养物质溶入湖中。而 2001 年出现氮及磷浓度高点则是因为干旱。由于降水量小,只有 140.4 mm,湖泊水位达历年最低 543.28 m。湖水的浓缩使湖体的自净能力下降。从年度分析看,每当出现大的降水(1988 年及 1998 年),随后的第二年(1989、1990 年及 1999 年)则出现氮、磷的最低点,而且当年降雨量越大,第二年氮的浓度越低(如 1998 年降雨量高达 586.4 mm,1999 年氮浓度低到 0.224 mg/L)。可以认为,湖体经 1～2 年的均匀混合及自净作用,入湖杂质及有机质在湖中沉淀量增大,尤其氮和磷以无机盐的形式大量沉积在底泥中,使湖水氮、磷浓度达到最低点。同样,1993 年氮浓度值较高与其水位增高(降水量比 1992 年增大)有关,而且在随后第二年也开始出现较强的自净作用,氮、磷浓度同时下降(韩向红和杨持,2002)。

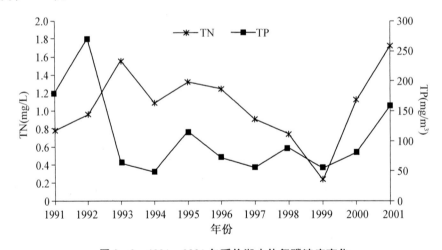

图 3 - 9   1991—2001 年呼伦湖水体氮磷浓度变化

2002 年以来呼伦湖小河口、甘珠花被列入国家松花江流域水质监测点位进行全年监测,2002—2004 年连续对全湖的水质情况进行了全面的测定。王荔弘等(2006)统计了 2002—2004 年共三年监测数据,表明全湖总氮均值 1.92 mg/L,最高测值1.50 mg/L,最小测值 1.45 mg/L。氨氮全湖均值 0.537 mg/L,最高值 0.743 mg/L,最小值 0.365 mg/L。全湖总磷均值为 0.156 mg/L,测值范围 0.09～0.199 mg/L。

梁丽娥等(2016)给出了 2006—2015 年的呼伦湖水体的 TN、TP 浓度。他们的结果显示,2006—2011 年 TN、TP 浓度总体呈上升趋势,Chl. a 浓度先增加后降低;2012—2015 年 TN、TP 和 Chl. a 浓度均呈现上升趋势。N/P 在 2007—2015 年呈现上升趋势。TN 浓度的变化范围为 1.16~3.53 mg/L,平均值为 2.29 mg/L,其中 2007 年 TN 浓度最低,为 1.16 mg/L;TP 浓度的变化范围为 0.13~0.25 mg/L,平均值为 0.20 mg/L。

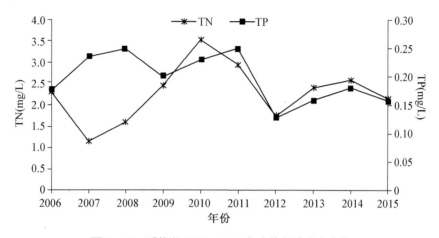

图 3‑10　呼伦湖 2006—2015 年水体氮磷浓度变化

团良等(2015)给出了呼伦湖 2005—2014 年的水体总磷浓度,数据来源为呼伦贝尔市环境监测站。呼伦湖共设 2 个监测点位,小河口和甘珠花。小河口位于呼伦湖北端——达兰鄂罗木河岸边。甘珠花位于呼伦湖东岸——乌尔逊河入呼伦湖处。

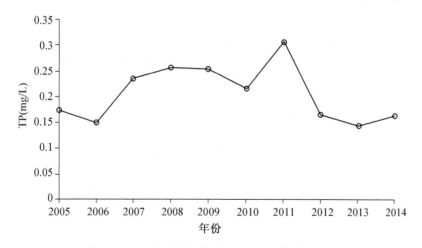

图 3‑11　2005—2014 年呼伦湖水体总磷浓度变化

段超宇等(2014)对呼伦湖 2012 年夏季与冬季湖面 13 个采样点的 78 个水质数据进行统计分析,结果显示,在冬季总氮均值 1.890 mg/L,最大值 2.961 mg/L,最小值

1.468 mg/L;总磷均值 0.126 mg/L,最大值 0.174 mg/L,最小值 0.100 mg/L。在夏季总氮均值 1.629 mg/L,最大值 2.070 mg/L,最小值 0.992 mg/L;总磷均值0.229 mg/L,最大值 0.315 mg/L,最小值 0.196 mg/L。

综合多个资料(图 3-12),根据地表水环境质量标准 GB3838—2002,呼伦湖水体 TN 的浓度变化较大,地表水环境质量Ⅲ类到劣Ⅴ类都存在,在个别年份存在Ⅱ类。总体来看,20 世纪 80 年代以来,湖泊水质差,尤其是 2000 年以来水质类别属于Ⅳ类到劣Ⅴ类。

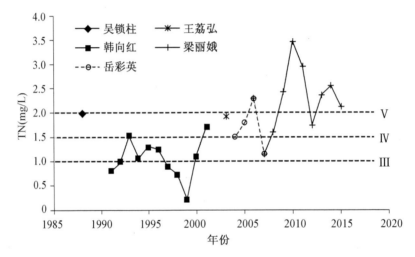

图 3-12 呼伦湖历年 TN 变化趋势

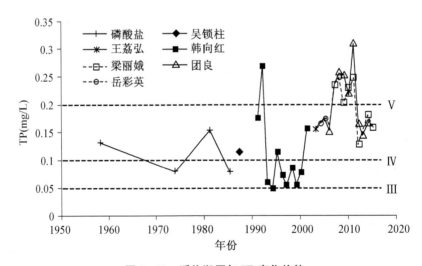

图 3-13 呼伦湖历年 TP 变化趋势

同样综合多个资料(图 3-13),根据地表水环境质量标准 GB3838—2002,水体 TP 的浓度揭示,20 世纪 50 年代中期以来呼伦湖水质均没有达到地表水环境质量Ⅲ类。

达到地表水环境质量Ⅳ类的集中在 20 世纪 90 年代中后期,2000 年以来呼伦湖水质为劣Ⅴ类和Ⅴ类。另外,在 1992 年水质类别属于劣Ⅴ类。20 世纪 90 年代中后期的相对较好的水质类别,对应该阶段湖泊水位较高,湖泊面积扩大。而在 2000 年前后,湖泊水位下降,湖泊面积减少,水质类别显示水质恶化。这种对应关系与韩向红及杨持(2002)根据 1991—2001 的湖泊氮磷含量与降水量的对比的结果一致。

3.2.2 呼伦湖水体富营养化过程

湖泊富营养化程度的综合评价是对湖泊富营养化发展过程中某一阶段营养状态的定量描述,其目的是通过对具体湖泊富营养化代表性指标的详细调查,判断该湖泊的营养状态、了解其富营养化进程及预测其发展趋势,为湖泊水质管理以及富营养化的控制提供科学依据。通常的评价方法有参数法、营养状态指数法、图解法、生物评价法等。

营养状态指数法包括卡森以及其修正指数(TSI 和 TSI_M),综合营养状态指数法等。卡森以及其修正指数(TSI 和 TSI_M)都是以某一参数为基准的单参数营养状态指数,而其余参数的营养状态指数都是基于与基准参数的关系得到的。同一湖泊,用不同参数的营养状态指数公式计算得到的 TSI_M(chla),TSI_M(TP)等往往不一致。采用加权的方法进行适当综合来判断湖泊营养状态就更为合理。根据湖水中水生生物的种类和数量来评价湖泊营养状态的方法,主要有优势种评价法和多样性指数评价法等。不同营养状态的水体中存在着不同的生物种类,特别在优势种方面差异明显。

20 世纪 50 年代中苏曾对黑龙江流域进行考察工作,涉及对呼伦湖水质和生物的调查。调查报告中说:"上野(M·Uenc)在 1936 年 8 月发现在满洲里以南呼伦池(即呼伦湖)发生微囊藻的水花现象。"20 世纪 70 年代黑龙江省水科所的调查报告中也写道:"在夏、秋季兰藻中的微囊藻等常形成水花。"20 世纪 80 年代,亦有研究者发现呼伦湖西岸兰绿藻漂浮水面,不断增厚,久不下沉。

3.2.2.1 营养状态指数法评价呼伦湖富营养化

团良和岳彩英(2015)对呼伦湖 2005—2014 年水体富营养状态进行了评价,营养状态指数评价结果表明,呼伦湖 2005—2014 年(除 2013 年)水体营养状态指数均在 60～70,属中度富营养状态,并呈逐年加重趋势。

梁丽娥等(2016)利用综合营养状态指数法对呼伦湖 2006—2015 年的富营养化趋势进行分析评价,结果表明,呼伦湖水体总体表现为富营养化状态,2006—2015 年水体经历了中度—重度—中度—轻度富营养化变化过程。其中 2008 年和 2009 年水质污染最为严重,TLI 分别为 71.12 和 70.12,根据 TLI 分级表,呼伦湖水体为重度富营养化。2010—2015 年较 2008 年和 2009 年水质好转,TLI 为 57.78～65.74,除 2012 年和 2015 年水质为轻度富营养化,其余年份均为中度富营养化。

苏春宏等(2013)运用综合营养状态指数研究了呼伦湖富营养化程度年内变化。样品地点位于小河口、甘珠花地表水水质监测点,时间是 2003—2006 年、2009 年。他们的分析表明,小河口水质监测点各月综合营养状态指数逐年递增,水环境富营养化程度逐年增加,水环境呈恶化趋势,其综合营养状态指数递增速率最高的是 10月,为3.8/a,其次是 6 月,为 1.79/a,变化最不明显的是 9 月,基本维持在原水平。从各月情况看:小河口水质监测点 2004 年各月综合营养状态指数年内相差最大,10月水环境富营养化程度属中营养,6—9 月水环境富营养化程度属轻度富营养;其次为 2005 年,10 月水环境富营养化程度属中营养,6—9 月水环境富营养化程度均属轻度富营养,2009 年各月综合营养状态指数相差最小,水环境富营养化程度均属中度富营养,2009 年呼伦湖各月水环境富营养化程度均高于其他年份。甘珠花水质监测点水环境综合营养状态指数递增速率最高的是 6 月,3.4/a,其次是 7 月,3.39/a,变化最不明显的是 8 月,1.7/a。从各月情况看:甘珠花水质监测点 2004 年各月综合营养状态指数相差最大,1 月、12 月水环境富营养化程度属中营养,7 月、8 月水环境富营养化程度属轻度富营养,6 月水环境富营养化程度属中度富营养;其次为 2005年,1 月、12 月水环境富营养化程度属中营养,6 月水环境富营养化程度属轻度富营养,7 月、8 月水环境富营养化程度均属中度富营养;最差的为 2009 年,12 月水环境富营养化程度属轻度富营养,1 月、6 月、8 月水环境富营养化程度属中度富营养,7月水环境富营养化程度接近重度富营养。

3.2.2.2　生物评价法评价呼伦湖富营养化

根据湖水中水生生物的种类和数量来评价湖泊营养状态的方法,主要有优势种评价法和多样性指数评价法等。依生物类群如浮游植物、浮游动物、底栖动物的不同,各国研究者提出的方法和标准均有不同(蔡庆华,1997)。

a. 底栖动物评价呼伦湖富营养化

底栖动物是淡水生态系统的重要组成部分,它们对环境污染的反应比较灵敏,能较直观地反映出水质的变化,是常用的水体状况指示生物。姜忠峰等(2013)根据俄罗斯学者 A. и. 伊萨耶夫于 1980 年提出的湖泊水库富营养化的底栖动物生物量评价标准(表 3-1),运用底栖动物对呼伦湖进行了富营养化评价。由于呼伦湖底栖动物的平均生物量为 1.598 g/m²,判定呼伦湖属于中营养型湖泊。

表 3 - 1 底栖动物生物量的富营养化标准

生物量(g/m²)	营养状况
<1.5	贫营养性
1.5~3.0	中营养型
3.0~6.0	中富营养型
6.0~12.0	富营养型
>12.0	超富营养型

注:以底栖动物生物量为基础。

b. 浮游植物评价呼伦湖富营养化

李宝林等(1993)在 1987—1988 年对呼伦湖所做的浮游植物调查中,认为湖泊浮游植物群落组成中污染指示种占 65%,春季以绿藻的十字藻、卵囊藻为优势种,其他 3 个季节均以蓝藻中的微囊藻、鱼腥藻、腔球囊占优势,表明呼伦湖已受到中等程度污染,属于蓝、绿藻型富营养化。多年来,呼伦湖浮游植物的总藻量及蓝藻、绿藻的数量都有大幅度的增加,群落种类组成也发生了一定的变化,1981 年为 8 门 88 属,到 1988 年增加到 8 门 187 种属,而且绿藻、裸藻、隐藻的种类增多,说明水体中营养物质丰富,且人为的富营养化进程在加速(韩向红和杨持,2002)。

姜忠峰等(2011)也运用浮游植物对呼伦湖进行了富营养化评价。他们的调查表明,呼伦湖以蓝藻门的铜绿微囊藻、鱼腥藻、束丝藻(Aphanizomenon Morr.),绿藻门的单生软囊藻、椭圆软囊藻、湖生软囊藻、四角十字藻、十字藻等为优势种。呼伦湖浮游植物的总种类较 1988 年的调查有所减少,但其中构成水华的绿藻门所占百分比大幅上升;生物量增多也比较明显。出现这种以微囊藻、鱼腥藻、束丝藻为主的蓝藻优势,标志着呼伦湖处于富营养化状态。呼伦湖藻量的平均细胞与个体数分别达到 $4.54×10^7$ 个/L 及 $1.5×10^6$ 个/L,按国内有关湖泊富营养化标准,该湖泊已达到富营养化水平。姜忠峰等进一步用了浮游植物混合商 PCQ (Phytoplankton Compound Quotient)来反映呼伦湖的生态状况,计算结果表明呼伦湖的 PCQ 值为 5.8,属于富营养型湖泊。

PCQ 模型营养状况等级分类见表 3 - 2。

表 3-2　浮游植物混合商评价湖泊营养状况等级分类

PCQ	营养状况
<2	贫营养型
2～5	中营养型
5～7	富营养型
>7	超富营养型

c. 浮游动物评价呼伦湖富营养化

利用浮游动物种群结构和生物量变化以及优势种分布情况监测评价水环境具有重要价值,并且在国内外已有相当长的历史。综合考虑浮游动物的种类、密度和多样性指数,可以对水体的富营养化状态和污染情况进行较为客观的评价。根据李明德提出的非结冰期浮游动物生物量均值表示法(表 3-3),姜忠峰等(2014)运用浮游动物对呼伦湖进行了富营养化评价。根据此评价标准,呼伦湖浮游动物生物量变动范围为 0.40～1.715 mg/L,平均生物量为 1.203 mg/L,属于中营养型。

表 3-3　浮游动物生物量的富营养化标准

生物量(mg/L)	营养状况
<1	贫营养型
1.1～3.4	中营养型
3.5～8.0	富营养型
>8.0	超富营养型

注:以浮游动物生物量为基础。

3.2.3　呼伦湖水体富营养化原因

陈小锋等(2014)将呼伦湖的贮水量与 ITL 进行相关性分析,结果表明两者呈显著负相关($P<0.01$),对 1993—2006 年呼伦湖 TN 及 TP 浓度与其他自然及社会因素的相关性分析结果表明,TN 及 TP 浓度与当地人口密度、工业及农业生产值等均无显著相关性($P>0.05$)。因此他们认为,人类活动对呼伦湖的影响较小,呼伦湖的富营养化水平主要受湖泊水量控制。1995—2009 年,气候暖干化使得呼伦湖贮水量持续下降,从 1.34×10^{10} m³ 下降至 3×10^{9} m³,强烈的浓缩效应使得呼伦湖从 20 世纪 90 年代的轻—中度富营养水平恶化至重度富营养水平。

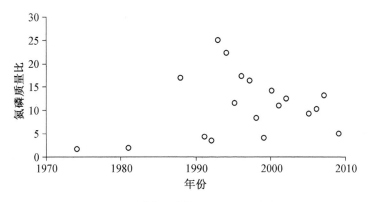

图 3-14　呼伦湖水体氮磷比例历史变化

从氮磷平衡来看,近期入湖的营养物质是在减少的(主要原因是河流来水少,带入的营养盐少,另外几乎没有降雨径流入湖)。近期湖泊氮磷含量升高与湖泊没有出流、蒸发浓缩有关。一般认为,氮和磷,特别是磷制约着湖泊藻类的增殖。氮磷比例大于 14:1 的湖泊其制约因子为磷。从呼伦湖历史演变来看,2000 年以来,水体氮磷含量都在不断增加,但是磷的增加幅度要大于氮,造成氮磷比下降至低于 14,水中磷出现过剩,氮变成藻类生长的限制因子。其原因可能是氮磷快速增加的过程中,磷的滞留性较高。

呼伦湖氮磷含量极高,但初级生产力揭示仅在中度富营养状态。呼伦湖年平均气温仅有 0.5 ℃,低温是制约藻类繁殖的因素之一。此外,该地区常年多风,风速为 4.2 m/s,湖面平均深度约 3 米,在风力的不断扰动下,尤其是适合藻类生长的湖湾浅水区,透明度很低,这主要是泥沙悬浮所致,而这又是抑制藻类生长的因素。这就形成了呼伦湖虽然具备了藻类生长十分有利的营养条件,却不曾产生藻类疯长和大量繁殖的严重后果现象。当然最近这两年,藻类水华有加剧的态势。

比较显然的是,呼伦湖非点源、点源的营养物输入基本上皆是来自于湖周边的自然环境,人类活动对水体造成的影响不明显。农田面积少,并且主要集中在满洲里市、新右旗、新左旗所在地的周围,呈零星分布,且离湖体很远,农田对湖泊的影响微弱。呼伦湖营养物质和污染物质的来源主要受湖周半干旱草原的制约,属草原型污染。呼伦湖的污染源是一个大的以草原为主体的非点源。

(1) 补给水源中的营养物质、盐分、有机污染物含量高

目前主要补给河流为乌尔逊河、克鲁伦河。2004 年评价结果显示,呼伦湖水质为劣 V 类水质,乌尔逊河为 V 类水质,克鲁伦河为 Ⅳ 类。1988 年,3 条主要河流,包括新开河、乌尔逊河、克鲁伦河氮、磷的输入量分别占总输入的 51.27% 和 40.74%。克鲁伦河上游克尔伦桥水体总氮含量 1.63 mg/L,总磷含量 0.299 mg/L;克鲁伦河下游西旗大桥水体总氮含量 0.817 mg/L,总磷含量 0.11 mg/L。乌尔逊河上游乌尔逊河大桥水体

总氮含量 0.50 mg/L,总磷含量 0.085 mg/L;乌尔逊河下游甘珠花大桥水体总氮含量 0.58 mg/L,总磷含量 0.196 mg/L。从单个指数来看,这些河流(1988 年数据)磷评价的结果已是富营养,氮评价的结果已是中营养。2004—2007 年,克鲁伦河总磷最高达 0.147 mg/L,总氮最高达 1.40 mg/L;2005 年,乌尔逊河总磷高达 0.27 mg/L,总氮为 0.43 mg/L。可见河流来源的磷的含量异常高。

(2) 换水周期长

呼伦湖目前水质恶化的最根本原因是湖泊来水减少,导致湖泊水位降低,几乎没有出流,湖泊呈现封闭状态,延长了外源输入的污染物在湖内的滞留时间。湖泊水体盐分与湖泊库容显示出显著负相关。以盐分中主要组分钠离子为例,1998—2000 年,钠离子含量接近,该阶段库容相对稳定;2000—2002 年,库容下降,钠离子出现上升趋势;2002—2006 年,库容和钠离子相对稳定;2007 年以来,库容下降,钠离子含量急剧上升。虽然入湖污染物在减少,但湖泊库容减少使得污染物质如盐分、氮磷不断浓缩。

(3) 内部调节功能差

随着湖面减少,库容下降,每年通过各种渠道(不包括取水、出流)脱离湖体的盐分总量在减少,从 2000 年年初的 8 000 多吨下降到目前的 5 700 多吨,湖泊自我调节能力在下降。呼伦湖生态系统营养结构单一,功能不尽完善,高等植物几乎没有,使呼伦湖湖水生态系统几乎失去了与藻类争夺营养物质的竞争者。水生生物多样性下降,鱼产量由 20 世纪 90 年代的 14 000 吨下降到 2009 年的 3 200 吨,大鱼比例由 15% 下降到 3.2%,通过水产品向外输出的氮磷减少,于是系统内生源物质主要为藻类所利用,从而加快了湖泊富营养过程。

由于水位下降、水体盐碱化、富营养化,浮游植物种类由 1988 年的 181 种属减少到目前的 142 种属;浮游动物的生物量急剧减少,由 1998 年的 4.1 mg/L 下降到目前的 1.7 mg/L;底栖动物由 20 世纪 80 年代的 0.408 mg/m² 下降到目前的 0.339 mg/m²,生物量也下降了 16%,并已经出现耐低盐种类;水生植被已经消失殆尽。

参考文献

党志国翻译.河流盐碱化———一种重要的环境危害[J].环境科学与管理,1989(1):12-17.

蔡庆华.湖泊富营养化综合评价方法[J].湖泊科学,1997,9(1):89-94.

陈小锋,揣小明,杨柳燕.中国典型湖区湖泊富营养化现状、历史演变趋势及成因分析[J].生态与农村环境学报,2014,30(4):438-443.

陈静生,夏星辉,张利田,等.长江、黄河、松花江60—80年代水质变化趋势与社会经济发展的关系[J].环境科学学报,1999,19(5):500-505.

段超宇,张生,孙标,史小红.呼伦湖夏季与冬季水质现状评价研究[J].节水灌溉,2014,4:64-69.

傅银生.达赉湖水环境及其水质分析[J].呼伦贝尔科技,1989,2.

国家环境保护总局《水和废水监测分析方法》编委会.水和废水监测分析方法[M].中国环境科学出版社,2013.

韩向红,杨持.呼伦湖自净功能及其在区域环境保护中的作用分析[J].自然资源学报,2002,17(6):684-690.

徐占江.呼伦湖志[M].吉林文史出版社,1989.

姜忠峰,李畅游,张生.呼伦湖底栖动物调查与水质评价[J].江苏农业科学,2013,41(6):321-323.

姜忠峰,李畅游,张生.呼伦湖浮游动物调查与水体富营养化评价[J].干旱区资源与环境,2014,28(1):158-162.

姜忠峰,李畅游,张生,贾克力,史小红.呼伦湖浮游植物调查与营养状况评价[J].农业环境科学学报,2011,30(4):726-732.

金相灿,等.中国湖泊环境.第一册.北京:海洋出版社,1995.

李宝林,王玉亭,张路增.以浮游植物评价达赉湖水质污染及营养水平[J].水生生物学报,1993,17(1):27-34.

李翀,马巍,史晓新,廖文根.呼伦湖水位、盐度变化(1961—2002年)[J].湖泊科学,2006,18(1):13-20.

梁丽娥,李畅游,史小红,等.2006—2015年内蒙古呼伦湖富营养化趋势及分析[J].湖泊科学,2016,28(6):1265-1273.

吕金福,肖荣寰,李志民,等.松嫩平原湖泊类型组合的区域分异[J].东北师大学报(自然科学版),2000,32(2):99-105.

吕喜仁,张瑞虹.月亮湖水库环境质量状况评价[J].吉林水利,2005,10:9-10.

苏春宏,樊忠成,王向军.呼伦湖水环境主要污染物变化规律及其与水位关系分析[J].北京农业职业学院学报,2013,27(2):28-32.

团良,岳彩英.呼伦湖2005年—2014年水质状况及防治对策研究[J].环境科学与管理,2015,40(5):123-126.

王荔弘.呼伦湖水环境及水质状况浅析[J].呼伦贝尔学院学报,2006,14(6):5-7.

韦平,李丽,赵洪书.龙虎泡引水工程对土壤环境的影响[J].东北水利水电,1994,4:40-42.

张艳红,邓伟,翟金良.松嫩平原西部湖泡水环境问题、成因与对策[J].干旱区资源与环境,2001,15(1):31-35.

郑冬梅,许林书,罗金明,等.松嫩平原盐沼湿地冻融期水盐动态研究——吉林省长岭县十三泡地区湖滩地为例[J].湿地科学,2000,3(1):48-53.

第4章　湖泊沉积物碳氮磷变化

4.1　湖泊表层沉积物碳氮磷分布

4.1.1　呼伦湖表层沉积物样品的采集

根据呼伦湖面积大小、形状特征和水体流向及入湖河流等情况,于 2014 年 6 月,利用重力采样器在呼伦湖的 15 个采样点采集表层沉积物样品(图 4-1),所采岩芯沉积物—水界面清晰,未受扰动。沉积物按照 1 cm 等间距分样,所得样品放置于密封塑料袋内带回实验室,并在 4 ℃冰箱中冷藏,取表层 2 cm 样品供研究用。

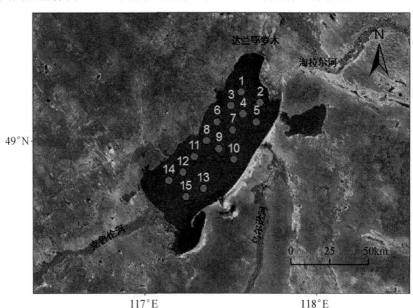

图 4-1　呼伦湖表层沉积物采样点分布

4.1.2　呼伦湖表层沉积物碳氮磷的分析测试

总碳(TC)和总氮(TN)分析。将沉积物样品真空冷冻干燥后研磨成 80 目左右的粉末状,称取适量的样品置于小锡杯中,用美国 EAI 公司生产的 EA - 3000 型元素分析仪进行 TC 和 TN 的测定(Yu et al. , 2015)。

有机碳(TOC)及无机碳(TIC)含量的测试方法参照 Eksperiandova et al. (2011)。

将真空冷冻干燥后的样品研磨成 80 目左右的粉末状,称取适量样品,加入 10% 的 HCl,多次搅拌直至没有气泡冒出,以除去样品中的碳酸盐;然后反复用蒸馏水清洗离心至中性;低温(40 ℃)烘干后研磨至 80 目。称取适量处理后的样品置于小锡杯中,用美国 EAI 公司生产的 EA-3000 型元素分析仪测定样品中 TOC 的含量,通过每隔 8 个样品插入标样的方法来控制测试结果的质量,测试误差<0.1%。沉积物中 TIC 的含量即样品中 TC 与 TOC 的差值,即 TIC=TC-TOC。

总磷(TP)分析。沉积物总磷含量的测定采用法 $HNO_3 - HF - HClO_4$ 法(Presley et al.,1992),应用微波消解仪进行消解,采用电感耦合等离子色谱仪(ICP-AES)测定,仪器精度控制在重复测量误差小于±5%。

4.1.3　呼伦湖表层沉积物碳氮磷的空间分布特征

呼伦湖表层沉积物中 TOC 含量的空间分布差异较大(图 4-2),其变化范围为 2.08%～3.55%,平均值为 2.78%,高值区主要位于湖泊东端和北端,而低值区主要位

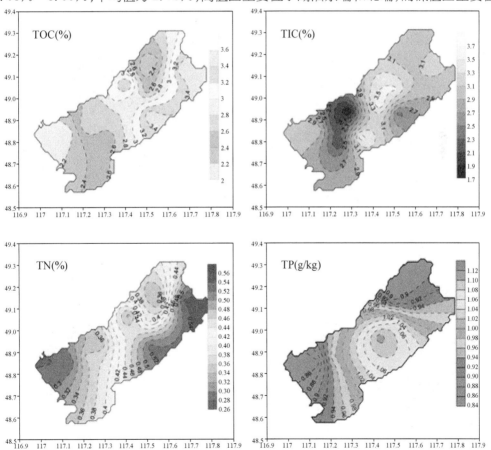

图 4-2　呼伦湖表层沉积物碳氮磷空间分布

于湖泊南侧。呼伦湖表层沉积物 TIC 含量差异显著(图 4 - 2),最小值仅为 1.72%
(HL - 11),最大值为 3.67%(HL - 9),平均值为 2.95%。从空间分布上来说,湖泊北
部 TIC 含量明显高于南部,最高值出现在湖心偏北位置,最低值出现在湖泊西部偏南
处。TN 变化范围为 0.27%～0.54%,平均值为 0.41%,其空间分布和 TOC 相似
(图 4 - 2),总体表现为湖泊东侧高于西侧、北部高于南部的分布格局。TP 含量变化范
围为 0.85 g/kg～1.11 g/kg,平均值为 0.98 g/kg,整体上表现为湖泊中部高、南北两端
偏低的空间分布格局(图 4 - 2)。

4.1.4 呼伦湖表层沉积物 TOC/TN、TOC/TP 及 TN/TP 空间分布

沉积物中营养盐的富集可以采用 C、N、P 的元素比例来评价(Ruiz-Fernández et
al.,2002)。呼伦湖表层沉积物 TOC/TN、TOC/TP 及 TN/TP 比值空间分布如图
4 - 3所示。TOC/TN 比值变化范围为 6.24～8.83,平均值约为 7.88,其高值区位于湖
泊的西部和北部,低值区位于湖泊东部偏南处。TOC/TP 比值变化范围为60.98～

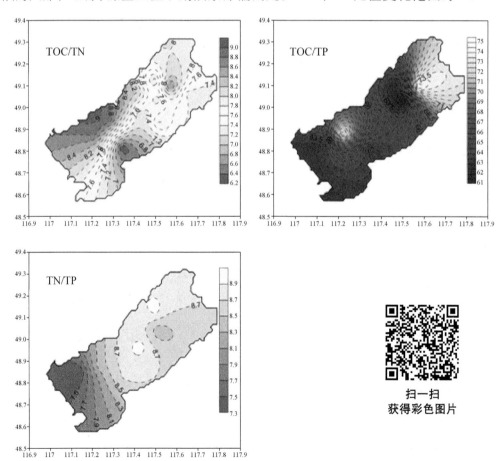

扫一扫
获得彩色图片

图 4 - 3　呼伦湖表层沉积物 TOC/TN、TOC/TP 及 TN/TP 空间分布

74.91,平均值约为 66.33,其高值区主要位于湖泊的北部,低值区位于湖泊中部及南部。TN/TP 比值变化范围为 7.30~8.98,平均值约为 8.46,其高值区位于湖泊的北部及中部,低值区位于湖泊南部。湖心区 TN/TP 比值较大,且 NP 含量均较高,说明湖心区富营养程度相对较高,湖泊南部 TN/TP 比值较小,NP 含量相对较少,说明该湖区的富营养化程度相对较低。总体来说,呼伦湖的 N/P 及 C/P 值远低于 Redfield 常数(C∶N∶P=106∶16∶1)(Redfield et al., 1963),这可能与浅水湖泊呼伦湖沉积物—水界面生物化学作用剧烈,通过降解和成岩作用,导致 C 和 N 以气体的形式转化,而 P 富集在沉积物中有关(Hecky et al., 1993)。

4.1.5 呼伦湖表层沉积物有机碳来源及其影响因素

4.1.5.1 呼伦湖表层沉积物有机碳来源

湖泊沉积物中 TOC 主要有两大来源:来自湖泊生物(如浮游生物等)的内源成因以及来自湖区周围入湖径流带入的陆生生物的外源成因(Meyers, 1997)。通常判断湖泊沉积物有机碳来源的方法主要有以下几种:1) 沉积物有机质碳氮比(TOC/TN)。一般而言,藻类有机质中富含大量的蛋白质,纤维素的含量较低,而陆生高等植物富含纤维素,蛋白质含量低,因此,可根据沉积物中有机质的 TOC/TN 来判定其有机质的来源。通常来说,新鲜藻类有机质的 TOC/TN 在 4~10,而陆生高等植物有机质的 TOC/TN 约为 20,甚至更高(Schubert & Calvert, 2001)。2) 有机质碳同位素($\delta^{13}C_{org}$)。有机质在底泥中沉积后,其碳同位素组成变化很小,基本可以反映其来源物质的碳同位素组成。根据光合作用机理的不同,陆生植物大致可分为 C3 植物、C4 植物以及 CAM 三种植物类型。总体上,C3 植物的 $\delta^{13}C$ 变化范围为 -37‰ 到 -24‰,C4 植物的 $\delta^{13}C$ 变化范围为 -19‰ 到 -9‰,CAM 植物的 $\delta^{13}C$ 值为 -30‰ 到 -10‰(Smith & Epstein, 1971)。对于湖泊水生植物来说,挺水植物光合作用时一般直接利用大气中的 CO_2 进行光合作用,其 $\delta^{13}C$ 值(-30‰ 到 -24‰)与陆生 C3 植物相近;沉水植物则由于主要吸收水中重碳酸盐溶解释放出的 CO_2,所以 $\delta^{13}C$ 值相对偏正;而浮游生物如果吸收大气 CO_2,则具有同 C3 植物类似的 $\delta^{13}C$ 值,如果吸收水中重碳酸盐溶解释放出的 CO_2 则具有较高的 $\delta^{13}C$(沈吉等, 2010;吴健, 2010)。3) 有机质氮同位素($\delta^{15}N$)。$\delta^{15}N$ 也能反映出沉积物有机质来源,这是基于陆生和水生系统固氮的途径差异判断(Stuiver, 1975)。不同来源的有机质,$\delta^{15}N$ 存在明显的差异,一般来说,陆生 $\delta^{15}N$ 的平均值约为 2‰,藻类的 $\delta^{15}N$ 平均值约为 8‰,浮游生物的 $\delta^{15}N$ 相对于大型水生植物偏正(Emerson & Hedges, 1988; Lücke et al., 2003)。呼伦湖表层沉积物 TOC 与 TN 的回归分析表明两者高度线性相关,且截距接近于 0,表明表层沉积物 TN 主要来源于有机质,而粘土颗粒结合的铵态氮含量则可忽略不计(Schubert & Calvert,2001),因此,呼伦湖表层沉积物 TOC/TN 值可指示沉积物有机质的来源。呼伦湖表层沉积物 TOC/TN 比值变化范围为 6.24～8.83(图 4 - 3),平均值约为 7.88。同时,对呼伦湖 7 个岩芯表层沉积物的 $\delta^{13}C_{org}$ 研究表明,呼伦湖 $\delta^{13}C_{org}$ 变化范围为 $-27.69‰$ 到 $-27.13‰$,平均值为 $-27.34‰$,比湖周土壤、植被的 $\delta^{13}C_{org}$ 值(分别为 $-25.93‰$ 和 $-25.35‰$)均偏低。结合 TOC/TN 值及 $\delta^{13}C_{org}$ 来看,呼伦湖有机碳可能主要来源于湖泊浮游生物。

此外,我们先前在呼伦湖采集的岩芯(HL2011,采样点位置同 HL - 3)沉积物 $\delta^{15}N$ 研究表明,该岩芯表层沉积物 $\delta^{15}N$ 约为 7.37‰,接近于藻类 $\delta^{15}N$ 平均值,因此,呼伦湖沉积物有机碳可能主要来自于湖泊内源。

4.1.5.2 呼伦湖表层沉积物有机碳空间分布影响因素

沉积物中 TOC 含量取决于沉积物中有机质的输入量和沉积环境对有机质的保存能力(马龙和吴敬禄,2009)。先前研究表明,通常在小而浅的湖泊中陆源 TOC 对沉积物有机质的贡献较大,而大而深的湖泊中内源组分较大且主要来自浮游生物的贡献(Sifeddine et al.,2011;Shanahan et al.,2013)。呼伦湖的研究结果表明表层沉积物 TOC 主要来自内源浮游植物,和干旱区其他湖泊如博斯腾湖表层有机碳主要为内源的结论一致(Yu et al.,2015),但与青海湖沉积物有机碳主要来自于河流输入的结论相反(Xu et al.,2013)。

呼伦湖表层沉积物 TOC 总体表现为湖泊东部及东部偏北处较高而南部较低的分布特征,和宋文杰(2011)对呼伦湖表层沉积物研究得出的 TOC 由北东向南西逐渐降低的趋势一致,也和呼伦湖表层沉积物 TN、TP 空间分布相似(王凤娇,2010)。湖泊北部分布有小河口渔场及东河口渔场,同时还是新开河及乌尔逊河入口处,河流携带含氮磷等营养盐的生活污水和牲畜粪便入湖,导致该湖区营养盐较高,藻类大量繁殖,湖泊初级生产力增加,这可能是造成此处表层沉积物中 TOC 含量高的重要原因之一。

水深也是影响表层沉积物 TOC 分布的重要因素。一方面,不同水深湖区氧化还原环境有所差异,通常而言,深水区域由于大气复氧相对难以到达湖底,有机质难以分解,而浅水区域由于较强的氧化环境,有机质更容易被微生物降解,因此形成深水区为 TOC 高值区,浅水区为 TOC 低值区的空间分布特征。另一方面,风浪对底泥的扰动是大型浅水湖泊的重要特征,尤其是对于水深更浅的区域。风浪扰动不仅会对湖水中的物质组成有显著影响,同时还会造成底泥的不断再悬浮,因而导致更多的 TOC 被矿化分解,这可能是导致湖泊南部 TOC 含量较低的重要原因。

沉积有机碳的含量除了与水体生物生产力和陆源有机碳的输入有关外,还与沉积物粒度、水动力因素及水体溶解氧浓度等保存条件有关(Meyers, 2003; Sobek et al., 2005)。先前研究表明,通常较细的颗粒有利于有机质的吸附,使有机质在细颗粒物质中富集(Meyers, 2003)。但呼伦湖表层沉积物 TOC 含量与中值粒径、粘土、粉砂、砂的相关性分析表明,TOC 含量与沉积物粒度之间的相关性较弱,但这也不一定意味着呼伦湖粒度对表层沉积物 TOC 含量没有影响。比如,呼伦湖南部边缘地区 TOC 含量也相对较低(图 4 - 2),可能与该水域较强水动力条件下沉积较粗的颗粒物质有关。湖泊东部虽然沉积物粒径较粗,但可能叠加了其他因素(比如外源输入营养物质增加等)导致该湖区 TOC 含量较高。由此可见,呼伦湖表层沉积物 TOC 的空间分布并不是单纯由某种因素控制,而是多种因素共同作用的结果,若要详细区分某种因素的作用大小,还需今后更深入、细致的研究。

4.1.6 呼伦湖表层沉积物无机碳来源及其影响因素

4.1.6.1 呼伦湖表层沉积物无机碳来源

呼伦湖沉积物中的碳酸盐主要为方解石(吉磊等,1994)。湖泊沉积物中无机碳按其来源可以分为外源碳酸盐和自生碳酸盐。外源碳酸盐是指湖盆流域母岩风化产生、由地表径流搬运至湖泊水体的碳酸盐;湖泊自生碳酸盐主要包括湖水中无机化学沉淀产生的碳酸盐和生物壳体碳酸盐,以及少量沉积物埋藏后早期成岩作用产生的碳酸盐(陈敬安等,2002)。在湖泊中产生碳酸盐沉淀的必要条件是水体中碳酸盐含量的过饱和,而判断湖水中碳酸钙($CaCO_3$)是否饱和可通过比较湖水离子活度积(IAP)与平衡常数(Ksp)的大小来衡量,即利用饱和系数(IAP/Ksp)可判断湖水对碳酸钙的饱和性(陈敬安等,2002;朱正杰和陈敬安,2009)。先前研究表明,呼伦湖近几十年来 $CaCO_3$ 饱和系数均远大于 1(表 4 - 1),表明呼伦湖具备了自生碳酸盐沉淀的必要条件,即呼伦湖自生碳酸盐沉淀可能对 TIC 有重要影响。

表 4 - 1 呼伦湖湖水中 $CaCO_3$ 的饱和系数*

年份	pH	Ca^{2+} (mmol/L)	碱度(mmol/L)	IAP($\times 10^{-8}$)	饱和系数 (IAP/Ksp)
1963	8.5	1.78	9.28	4.65	9.71
1981	8.9	0.54	13.63	4.03	8.43
1991	8.71	0.66	12.04	3.62	7.56
2011	9.3	1.77	14.05	44.2	92.29

*数据引自孙园园(2012)。

研究表明,干旱—半干旱的气候条件能为自生碳酸盐的生成创造有利条件(曹建廷等,1999)。处于半干旱气候条件下的呼伦湖降雨量少而蒸发量大,地表径流相对不发达,导致入湖水量相对较少,因此外源碳酸盐的入湖量也相对较少。此外,从呼伦湖TIC 的空间分布来看,如果呼伦湖表层沉积物碳酸盐主要来自外源输入,即主要由南部的克鲁伦河、东部的乌尔逊河以及北部的新开河将流域碳酸盐带入湖泊,那么河口区的TIC 含量应该明显高于其他区域的 TIC 含量。然而,TIC 的空间分布特征(图 4 - 2)表明,呼伦湖表层沉积物 TIC 含量的高值区位于湖泊中心位置,尽管北部新开河入湖口处 TIC 含量相对较高,但湖泊南部克鲁伦河及东部乌尔逊河入湖口处 TIC 含量却表现为低值。最后,尽管呼伦湖每年入湖尘量较高(6.44×10^4 t)(韩向红和杨持,2002),但呼伦湖常年盛行西北风(年均风速 4.2 m/s),如果是由于大气降尘将外源 TIC 带入湖泊的话,呼伦湖 TIC 应该呈现从湖泊西北部向湖心、东南部逐渐递减的趋势,但这也与呼伦湖表层沉积物 TIC 的实际空间分布不符。因此,我们认为呼伦湖表层沉积物的TIC 应该主要是湖泊自生的。

4.1.6.2 呼伦湖表层沉积物无机碳空间分布影响因素

碳酸盐是沉积物中的碳组分之一,它的沉淀与溶解受到无机碳来源、湖泊水动力条件以及沉积物自身的理化性质等众多因素的控制(Kelts & Hsu, 1978;陈敬安等,2002;蓝江湖等,2013;于志同等,2015)。呼伦湖 TIC 含量总体上表现为湖泊北部明显高于南部的分布特征,可能与不同水域间温度、pH、盐度及湖泊营养水平等相关。

温度变化对碳酸钙的沉淀与溶解起着至关重要的作用。温度升高,碳酸钙易于沉淀,导致沉积物无机碳含量升高(陈敬安等,2002;Hren & Sheldon, 2012)。此外,温度升高,浮游植物生物量往往较高。一方面,当浮游植物生物量较高时,沉积物中来源于藻类等浮游生物残体的有机碳便能快速氧化分解,从而转变成 TIC,此外,部分藻类对水体中有机酸的吸收和重碳酸盐的利用,也会导致水体 pH 升高从而有利于碳酸盐沉淀(孙园园,2012);另一方面,当浮游植物生物量较高时,浮游植物的光合作用能大量吸收无机碳,转换成有机质,同时引起 CO_2 浓度的下降,使得水体中的无机碳浓度发生变化,进而影响表层沉积物中的 TIC 含量(Dittrich & Obst, 2004;Obst et al., 2009)。TIC 含量与 TOC/TN 值显著负相关($r=-0.596, P<0.05$),也表明水生生物的光合作用对呼伦湖表层沉积物 TIC 的分布具有影响,国内其他湖泊如云南程海(朱正杰和陈敬安,2009)及新疆博斯腾湖(于志同等,2015)的研究也均证实了这一点。

有研究表明,对于干旱—半干旱区的封闭湖泊,碳酸盐含量随着湖水盐度的升高其含量增加(卢凤艳和安芷生,2010;蓝江湖等,2013;于志同等,2015),尽管文中没有直接测定呼伦湖盐度的空间变化,但考虑到湖水含盐量与湖水水位呈负相关(赵慧颖等,2007),湖心水域由于其水深相对较深,矿化度也可能稍低,但该区域却是 TIC 含量的最高值,因此,我们认为矿化度可能不是影响呼伦湖表层沉积物 TIC 空间变化的主要因子。

此外,呼伦湖表层沉积物 TIC 与粒度之间的相关关系也较弱,但也不一定代表着沉积物粒径对 TIC 分布毫无影响。比如,湖泊南侧沉积物粒径较粗,其对应的 TIC 含量却相对较高(图 4-2),说明沉积物粒径所反映的水动力环境对 TIC 的分布仍然产生了一定的干扰。

4.1.7　沉积物质量评价

4.1.7.1　呼伦湖表层沉积物有机指数评价

目前国内外还缺乏统一的关于水域沉积物环境的评价方法与标准。由于近些年研究区域表层沉积物中有机质含量增加较快,我们采用有机指数对沉积物进行评价(隋桂荣,1996)。

有机指数通常用作水域沉积物环境状况的指标,沉积物中有机指数的计算方法是有机指数＝有机碳(％)×有机氮(％)。其中有机氮(％)＝95％×总氮(％)(李卫平,2015)。

上述计算公式中各物质质量分数的单位均为％,沉积物评价分级标准见表 4-2(吴芸,2007),呼伦湖层沉积物中有机指数和污染级别见表 4-3。研究结果表明,呼伦湖所有采样点有机污染均较为严重,污染等级均为Ⅳ,说明呼伦湖的有机污染严重。

表 4-2　水体沉积物有机指数评价分级标准*

有机指数	＜0.05	0.05～0.2	0.2～0.5	≥0.5
类型 等级	清洁 Ⅰ	较清洁 Ⅱ	尚清洁 Ⅲ	有机污染 Ⅳ

*数据引自吴芸(2007)。

表 4-3　呼伦湖表层沉积物有机污染评价

采样点	有机指数	污染等级
HL-1	0.777	Ⅳ
HL-2	1.819	Ⅳ
HL-3	0.772	Ⅳ
HL-4	0.932	Ⅳ
HL-5	1.503	Ⅳ
HL-6	1.586	Ⅳ

（续表）

采样点	有机指数	污染等级
HL-7	0.938	IV
HL-8	1.236	IV
HL-9	1.187	IV
HL-10	1.767	IV
HL-11	0.855	IV
HL-12	0.966	IV
HL-13	0.968	IV
HL-14	0.556	IV
HL-15	0.864	IV

4.1.7.2　沉积物中碳氮磷对底栖生物的生态毒性效应评价

表层沉积物与底栖生物关系密切,其沉积物质量对底栖生物生境有重要影响。沉积物中污染物超过一定含量将会对底栖生物产生毒性效应。加拿大安大略省环境和能源部按生态毒性效应制定的沉积物质量评价指南的评价标准分三级(表 4-4)(Mudroch et al., 1995),即(1) 安全级,此时在水生生物中未发现中毒效应;(2) 最低级,此时沉积物已受污染,但是多数底栖生物可以承受;(3) 严重级,此时底栖生物群落已遭受明显的损害。

表 4-4　加拿大安大略省环境和能源部制定的环境质量评价标准*

指标	安全	最低	严重
TN(mg/kg)	—	550	4 800
TOC(%)	—	1	10
TP(mg/kg)	—	600	2 000

* 数据引自 Mudroch et al. (1995)。

呼伦湖各采样点研究结果表明(表 4-5),呼伦湖表层沉积物中 TOC 及 TN 平均含量均高于最低级别生态毒效应标准值,且部分点位(HL-2、HL-5、HL-6 以及 HL-10)TN 含量高于严重级别生态毒效应标准值,表明 TOC 和 TN 对底栖生物的生态毒性效应已由最低级别向严重级过渡,甚至已经超出严重级别,对底栖生物群落产生较严重的生态毒性效应,对底栖生物群落及整个水生生态系统构成了严重的威胁。

呼伦湖表层沉积物的 TP 平均值约为 979.11 mg/kg,达到低级别生态毒效应标准。但由于呼伦湖沉积物磷的主导形态为碎屑钙磷和自生钙磷(王凤娇,2010),属惰性磷,不易释放到环境中来,所以呼伦湖沉积物中的磷污染相对较轻。

表 4-5　呼伦湖表层沉积物 TOC、TN、TP 的含量

采样点	TOC(%)	TN(mg/kg)	TP(mg/kg)
HL-1	2.38	3 440	—
HL-2	3.55	5 390	—
HL-3	2.23	3 650	902
HL-4	2.70	3 630	932
HL-5	3.16	5 010	—
HL-6	3.42	4 880	—
HL-7	2.49	3 970	1 053
HL-8	3.04	4 280	—
HL-9	2.78	4 490	1107
HL-10	3.54	5 260	—
HL-11	2.61	3 450	—
HL-12	2.77	3 670	978
HL-13	2.52	4 040	1 028
HL-14	2.08	2 810	852
HL-15	2.48	3 660	—

4.2　湖泊短柱沉积物碳氮磷变化

4.2.1　呼伦湖短柱沉积物样品的采集

2011 年 12 月,用重力采样器在呼伦湖 (49.126 9°N, 117.505 9°E)采集了一沉积物柱状样 HL2011 孔(岩芯长 74 cm)。2014 年 6 月,利用重力采样器在呼伦湖采集了 15 个柱状沉积物样品(原设计了 20 个采样点,其中有 5 个点位为砂质沉积物,未能成功钻取),采样点位置如图 4-4 所示。各采样点处湖泊基本参数如表 4-6 所示。采集岩芯长度为 12～74 cm。采样过程中,沉积物—水界面清澈透明,未受扰动。沉积物样品于室内以 1 cm 间隔分样,样品装入封口聚乙烯塑料袋后冷藏保存,回实验室于 4 ℃冷藏保存,用于样品测年及各理化指标分析。

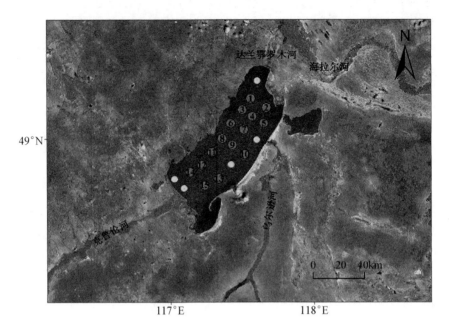

图 4-4 呼伦湖短柱岩芯采样点分布(图中的 3 号点即 HL2011
采样点位置,白色点代表砂质地区,未采到样)

表 4-6 呼伦湖 15 个采样点基本参数

采样点	经度 (°E)	纬度 (°N)	水深 (m)	Chl. a (μg/L)	岩芯长度 (cm)
HL-1	117.56	49.18	4.53	6.25	63
HL-2	117.67	49.14	4.57	6.25	19
HL-3	117.50	49.13	4.65	4.92	53
HL-4	117.57	49.10	4.51	—	51
HL-5	117.65	49.07	4.60	7.15	12
HL-6	117.42	49.07	4.65	7.73	53
HL-7	117.51	49.04	4.57	3.86	69
HL-8	117.36	49.00	4.49	4.92	68
HL-9	117.43	48.97	4.45	4.34	74
HL-10	117.52	48.93	4.45	5.72	20
HL-11	117.29	48.94	4.53	7.73	50
HL-12	117.22	48.88	4.30	7.12	18
HL-13	117.34	48.82	4.38	8.81	50
HL-14	117.14	48.85	4.26	8.81	38
HL-15	117.24	48.79	4.22	11.05	25

4.2.2　短柱样品年代测试

将测年样品低温(<40 ℃)烘干称重后,采用 γ 分析方法测试^{137}Cs 及^{210}Pb,分析仪器为美国 EG & G OrtecG 公司生产的高纯锗井探测仪、Ortec 919 型控制器和 IBM 微机组合构成的 16K 多道分析器所组成的 γ 分析系统。^{137}Cs 及^{226}Ra 标准样品由中国原子能研究所提供,^{210}Pb 标准样品由英国利物浦大学提供。用于年代分析的过剩^{210}Pb(^{210}Pb$_{ex}$)为^{210}Pb$_{tot}$与^{226}Ra 比活度的差值。根据 662 kev 处的特征峰作为^{137}Cs 的比活度。利用^{137}Cs 比活度随钻孔深度变化的峰值可以确定其特征年代,并与^{210}Pb 比活度随钻孔深度变化进行比对验证(Yao et al., 2009)。样品的年代测试在中国科学院南京地理与湖泊研究所湖泊与环境重点实验室进行。

4.2.3　短柱沉积物年代序列的建立

我们分别选取了 HL2011 孔及 HL‐9 进行了^{137}Cs 及^{210}Pb$_{ex}$测定,其对应结果如图 4‐5 所示。由图可知,两个岩芯^{137}Cs 均具有较为典型的活度峰值,并且^{210}Pb$_{ex}$活度随深度增加呈典型的指数衰减。这与众多深水湖中^{210}Pb 和^{137}Cs 分布特征一致(Last & Smol, 2001),表明呼伦湖近百年来沉积环境稳定,沉积物持续堆积。

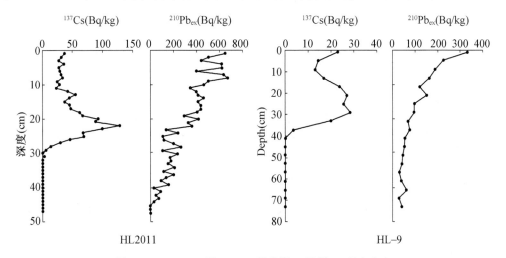

图 4‐5　HL2011 及 HL‐9 岩芯^{137}Cs 及^{210}Pb 垂直分布

我们分别采用 CRS 模式和混合模式对 HL2011 孔及 HL‐9 岩芯进行了年代估算(图 4‐6),结果表明,混合模式和 CRS 模式对两个岩芯年代的估算结果大致一致,但 CRS 模式估算的结果稍微偏低(特别是 HL‐9 岩芯),因此,我们最终采用混合模式估算的年代结果作为 HL 2011 及 HL‐9 岩芯的年代数据。

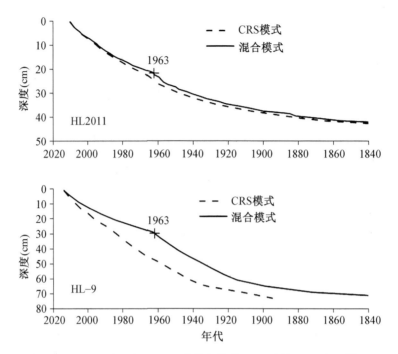

图 4‑6 呼伦湖 HL 2011 岩芯与 HL‑9 岩芯年代结果(图中的 1963 年为¹³⁷Cs 年代结果)

对于呼伦湖其他没有测定年代的岩芯,我们采用将 HL 2011 与 HL‑9 岩芯磁化率及烧失量的测量结果与其他各岩芯磁化率及烧失量的结果进行地层对比的方法(图4‑7,图4‑8),确定其他岩芯的年代,进而得到呼伦湖所有 15 个岩芯的年代及沉积速率(图4‑9)。

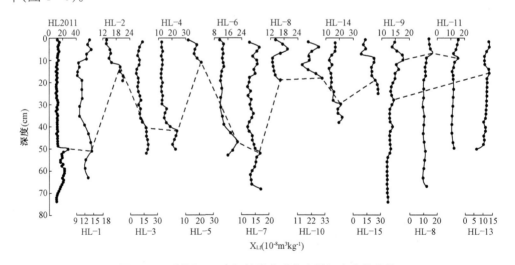

图 4‑7 呼伦湖 15 个短柱岩芯磁化率随深度变化趋势

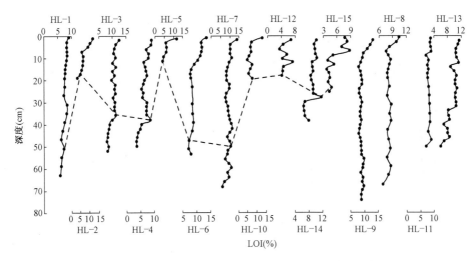

图 4 - 8　呼伦湖 15 个短柱岩芯烧失量随深度变化趋势

　　由图 4 - 9 可知,尽管不同岩芯间沉积速率大小存在不同,但近百年来的沉积速率变化趋势大致一致,即 1950 年之前沉积速率相对较慢,但呈缓慢增加的趋势,1950—1980 年沉积速率波动较大,但总体仍呈增加趋势,1980—2000 年沉积速率为快速上升期,2000 年之后沉积速率又稍有下降的趋势。从空间上来说,沉积速率最高的点为 HL - 13,平均沉积速率为 0.72 cm/a,最低的点为 HL - 6,平均沉积速率为0.07 cm/a。总体上来说,呼伦湖湖泊西部地区平均沉积速率要高于湖泊东部,这可能和东部地区的砂质沉积物有关。

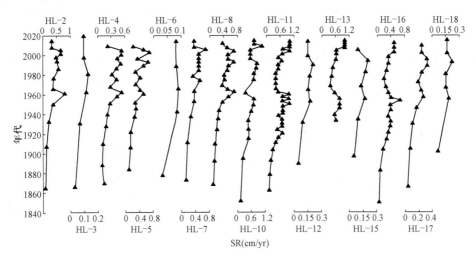

图 4 - 9　呼伦湖 15 个短柱岩芯沉积速率随时间变化

4.2.4 短柱沉积物碳氮磷变化特征

4.2.4.1 呼伦湖短柱沉积物有机碳的分布特征

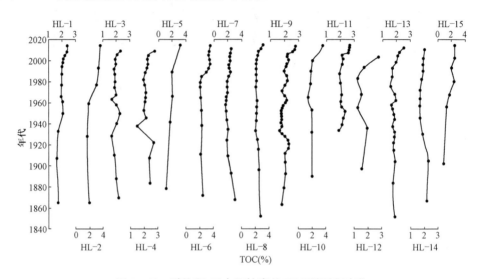

图 4-10 呼伦湖 15 个短柱岩芯 TOC 随时间变化

近百年来呼伦湖 15 个短柱岩芯 TOC 随时间变化趋势如图 4-10 所示。由图可知,近百年来各岩芯 TOC 含量总体上呈现增加趋势,但各阶段的具体变化趋势略有不同。20 世纪 10 年代之前,各岩芯 TOC 含量较低,且相对比较稳定,10—80 年代,TOC 含量开始逐步增加,但增加幅度相对较小,80 年代以来,TOC 含量增加趋势明显提高。从空间变化上来说,各岩芯 TOC 含量有所不同,且总体上表现为湖泊北部地区 TOC 含量高于湖泊南部地区的趋势。各岩芯近百年来的平均 TOC 含量最低值位于 HL-12 孔,为 1.67%,最高值位于 HL-6 孔,为 2.68%,其余各岩芯平均 TOC 含量差异并不特别显著。

4.2.4.2 呼伦湖短柱沉积物总氮的分布特征

TN 含量和 TOC 含量的垂向分布极为一致(图 4-11),同样表现为 20 世纪 10 年代之前稳定的低值,10—80 年代的缓慢增加以及 80 年代之后的快速增加。近百年来各岩芯 TN 平均含量的最低值和最高同样分别出现在 HL-12 孔和 HL-6 孔,其 TN 含量分别为 0.15% 和 0.34%,其余各岩芯 TN 平均含量差异不是很显著。

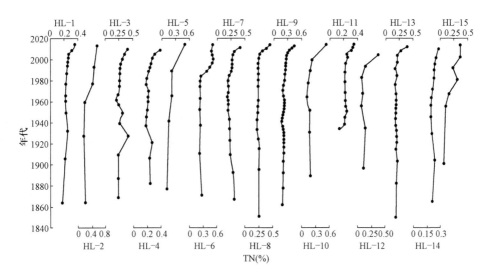

图 4 - 11 呼伦湖 15 个短柱岩芯 TN 随时间变化

4.2.4.3 呼伦湖短柱沉积物 TOC/TN 分布特征

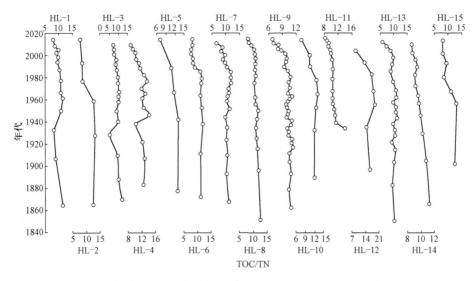

图 4 - 12 呼伦湖 15 个短柱岩芯 TOC/TN 值随时间变化

各岩芯 TOC/TN 比值和 TOC 及 TN 变化趋势略有不同(图 4 - 12)。总体上,20
世纪 10 年代之前各岩芯 TOC/TN 比值相对较高,10—80 年代各岩芯 TOC/TN 值波
动变化,但总体变化幅度不大,80 年代以来除 HL - 6 孔外各岩芯 TOC/TN 值均呈现
不同程度的下降。从各岩芯的对比来看,HL - 3 孔的平均 TOC/TN 值最低,为 8.8,
HL - 12 孔的平均 TOC/TN 值最高,为 15.1,其余各岩芯的平均 TOC/TN 值差异也不
是十分明显。

4.2.4.4　呼伦湖短柱沉积物 TIC 分布特征

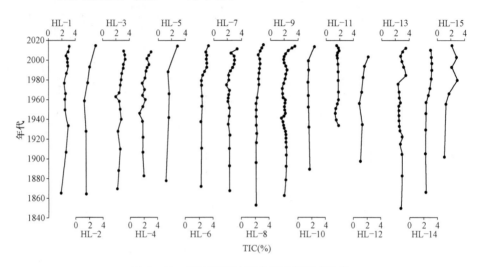

图 4-13　呼伦湖短柱岩芯 TIC 随时间变化

近百年来呼伦湖 15 个短柱岩芯 TIC 随时间变化趋势如图 4-13 所示。由图可知，近百年来各岩芯 TIC 含量总体上呈现增加趋势，只是各阶段的增加趋势略有不同。20 世纪 10 年代之前，各岩芯 TIC 含量较低，且相对比较稳定，10—80 年代，TIC 含量开始逐步增加，但增加幅度相对较小，80 年代以来，TIC 含量增加趋势明显提高。从空间变化上来说，各岩芯 TIC 含量有所不同，各岩芯近百年来的平均 TIC 含量最低值位于 HL-12 孔，为 1.41%，最高值位于 HL-13 孔，为 2.89%，且总体上呈现出湖泊西部地区 TIC 含量高于湖泊东部地区的趋势。

4.2.4.5　呼伦湖短柱沉积物总磷分布特征

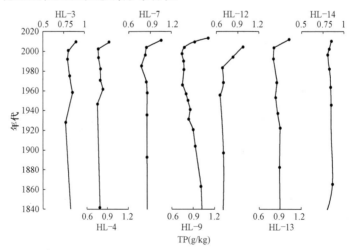

图 4-14　呼伦湖短柱岩芯 TP 随时间变化

以 HL‑3、HL‑4、HL‑7、HL‑9、HL‑12、HL‑13 及 HL‑14 岩芯为代表,测定了其沉积物中 TP 的含量,结果表明(图 4‑14),7 个岩芯 TP 含量随时间变化趋势基本一致,均表现为 20 世纪 80 年代之前相对稳定,80 年代之后呈现快速增加的趋势。同时,各岩芯 TP 含量平均值也存在一定差异,TP 含量平均值最高的为 HL‑13 岩芯(0.87 g/kg),最低的为 HL‑12 岩芯(0.77 g/kg),其余岩芯平均值差异不大。

4.2.4.6 近百年来呼伦湖碳埋藏速率

根据测得的各岩芯沉积速率(SR,cm/a)、TOC 含量(%)及干密度(DBD,g/cm³)数据,即可计算呼伦湖每个岩芯近百年来的平均有机碳埋藏速率[OCBR,g/(m² · a)]和无机碳埋藏速率[ICBR,g/(m² · a)],进而得到近百年来呼伦湖的平均有机碳和无机碳埋藏速率。同时,按照上述公式计算出近百年来呼伦湖的 OCBR 和 ICBR 后,乘以呼伦湖面积及沉积年代,即可得到近百年来呼伦湖的有机碳储量和无机碳储量。

研究结果表明,近百年来呼伦湖不同岩芯有机碳埋藏速率变化较大(图 4‑15),且总体上呈现增加趋势。1900 年之前有机碳埋藏速率较小,且变化不大,1900 年之后开始快速增加。15 个岩芯平均有机碳埋藏速率的变化范围为 7.65~83.24 g/(m² · a),最小值出现在 HL‑6 孔,最大值出现在 HL‑13 孔。根据 15 个岩芯的有机碳埋藏速率,进而得出近百年来呼伦湖全湖的平均有机碳埋藏速率约为 32.69 g/(m² · a)。相应地,近 150 年来呼伦湖的有机碳储量约为 9.99 Tg C。

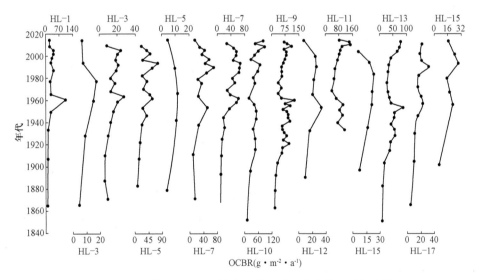

图 4‑15 呼伦湖 15 个短柱岩芯有机碳埋藏速率随时间变化

近百年来呼伦湖不同岩芯无机碳埋藏速率的变化趋势和有机碳埋藏速率变化趋势大致相同(图 4‑16)。近百年来呼伦湖各岩芯有机碳埋藏速率变化较大,且总体上呈现增加趋势。1900 年之前无机碳埋藏速率较小,且变化不大,1900 年之后开始快速增加。15 个岩芯平均无机碳埋藏速率的变化范围为 7.10~74.29 g/(m²·a),最小值出现在 HL-6 孔,最大值出现在 HL-11 孔。根据 15 个岩芯的无机碳埋藏速率,进而得出近百年来呼伦湖全湖的平均无机碳埋藏速率约为 36.15 g/(m²·a)。相应地,近 150 年来呼伦湖的无机碳储量约为 11.05 Tg C。因此,近 150 年以来呼伦湖总的碳储量约为 21.04 Tg C。

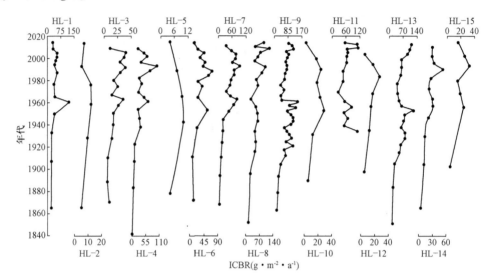

· 图 4-16　呼伦湖 15 个短柱岩芯无机碳埋藏速率随时间变化

4.2.5　近百年来呼伦湖有机碳来源

呼伦湖表层沉积物无机碳的分析表明呼伦湖碳酸盐主要为自生的,因此,在此我们主要讨论呼伦湖近百年来有机碳的来源变化。

对呼伦湖 15 个岩芯沉积物近百年来 TOC 与 TN 的回归分析表明两者具有很强的线性相关性,且截距接近于 0,说明沉积物 TN 主要来源于有机质,而粘土颗粒结合的铵态氮含量可忽略不计(Schubert & Calvert, 2001),因此近百年来呼伦湖沉积物 TOC/TN 值的变化可以大体判断有机质的来源是湖泊自生还是外源输入。呼伦湖 15 个沉积岩芯的平均 TOC/TN 值变化范围为 8.8~15.1,并且在近十几年来呈现逐渐下降的趋势(图 4-12),表明呼伦湖沉积物有机碳可能具有多源性,且近几十年来内源有机碳对总有机碳的贡献逐渐增加。

有机质在底泥中沉积后,其碳同位素组成变化很小,基本可以反映其来源物质的碳同位素组成。对呼伦湖 7 个短岩芯样品 $\delta^{13}C_{org}$ 进行分析(图 4-17),结果表明近百年来呼伦湖平均 $\delta^{13}C_{org}$ 变化范围为 -27.96‰至 -26.43‰,和湖周草地(-25.35‰)、土壤(-25.93‰)以及牲畜粪便(-26.13‰)的 $\delta^{13}C$ 相对较接近(Chen et al., 2012),说明呼伦湖有机质可能主要来源于流域侵蚀带来的陆源植物碎屑。

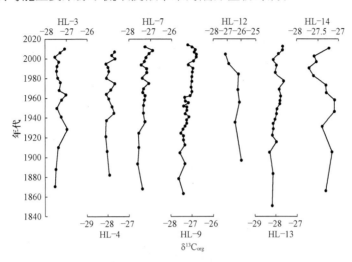

图 4 - 17　呼伦湖 7 个短柱岩芯有机质碳同位素比值随时间变化

为了定量计算陆源和内源有机质对近百年来呼伦湖有机碳的贡献,我们采用二元模式(the binary model)(钱君龙等, 1997)估算了近百年来呼伦湖沉积物外源和内源有机质的相对输入量。二元模式的计算公式为

$$C(i)=C_l(i)+C_u(i)$$

$$N(i)=N_l(i)+N_u(i)$$

$$R_l(i)=C_l(i)/N_l(i)$$

$$R_u(i)=C_u(i)/N_u(i)$$

其中,$C(i)$和$N(i)$为第 i 层沉积物样品中的 TOC 和 TN 含量,$C_l(i)$和$N_l(i)$分别为第 i 层沉积物样品中来自外源的 TOC 和 TN,$C_u(i)$和$N_u(i)$为第 i 层沉积物样品中来自内源的 TOC 和 TN,$R_l(i)$和$R_u(i)$分别为深度为 i 的沉积物中来自陆源和内源的碳氮比。由上述几个方程式可得:

$$N_l(i)=[C(i)-R_u(i)\times N(i)]/[R_l(i)-R_u(i)]$$

$$N_u(i)=[C(i)-R_l(i)\times N(i)]/[R_u(i)-R_l(i)]$$

$$C_l(i)=R_l(i)[C(i)-R_u(i)\times N(i)]/[R_l(i)-R_u(i)]$$

$$C_u(i)=R_u(i)[C(i)-R_l(i)\times N(i)]/[R_u(i)-R_l(i)]$$

因此,如果知道了 $R_l(i)$和$R_u(i)$的值,即可计算出不同深度沉积物内源和外源有机质所占的比例。零级近似可取 $R_l(i)=R_l$ 和 $R_u(i)=R_u$。根据呼伦湖沉积物不同岩芯 C/N 值变化,可赋予 R_l 和 R_u 对应的值,进而可得出不同时间段内源有机质和外源

有机质对沉积物有机质的贡献。

结果表明(图4-18),近百年来呼伦湖沉积物有机质主要来源于陆源有机质的输入,但水生物源的贡献总体呈增加趋势,并在进入21世纪之后占据优势,成为呼伦湖沉积物有机碳的主要来源。这一结果和Xie et al.(2015)同样采用二元模式方法得出的呼伦湖有机质主要来源于外源输入的结论一致,同时也和内蒙古地区岱海、达里诺尔等湖泊有机质主要来源于陆源植物碎屑的结论一致(Lü et al.,2008;Xie et al.,2015),但与干旱区其他湖泊如博斯腾湖(Yu et al.,2015)以及湿润区湖泊如长江中下游地区有机碳主要源于湖泊水生植物(Dong et al.,2012;Gui et al.,2013)的现象存在差异。

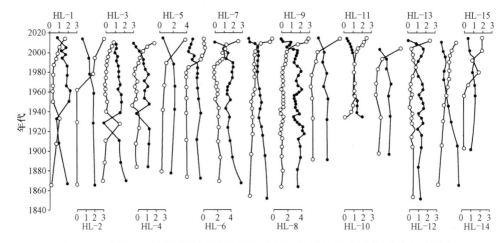

图4-18　近百年来呼伦湖沉积物陆源及内源有机质的相对贡献(实心圆点代表外源有机质输入量,空心圆点代表内源有机质的输入量)

先前研究表明,对于小而浅的湖泊,其有机碳往往主要来源于外源输入,对于大而深的湖泊来说,其有机质则以内源贡献为主(Sifeddine et al.,2011;Shanahan et al.,2013)。呼伦湖作为中国北方最大的浅水湖泊,近百年来沉积物中有机碳主要以外源为主,表明呼伦湖具有其自身独特性。Wen et al.(2010)通过呼伦湖沉积物孢粉分析表明近400年来呼伦湖气候总体以暖湿为主,湖区周围植被较发育,也证实了我们推断结果的合理性。

4.2.6　近百年来呼伦湖碳埋藏时空变化特征

4.2.6.1　有机碳埋藏时空变化特征

为从整体上分析近百年来呼伦湖有机碳埋藏速率随时间的具体变化趋势,本书采用局部加权回归散点平滑法(LOESS)得到呼伦湖近百年来有机碳及有机碳埋藏速率的总体变化趋势(图4-19)。结果表明,1850年以来,呼伦湖有机碳及其埋藏速率总体均呈现增加趋势,但具体变化时间并不一致。TOC含量在20世纪80年代之前变化不大,甚至略有下降,80 年代之后快速增加;有机碳埋藏速率在 50 年代前升高较快,50—80 年代基本保持不变,80 年代后又开始增加,但增加幅度不如 50 年代之前明显。这和先前研究揭示的 20 世纪以来全球很多湖泊沉积物中有机碳呈现快速增加(Heathcote & Downing, 2012; Anderson et al., 2014)的结果基本一致。

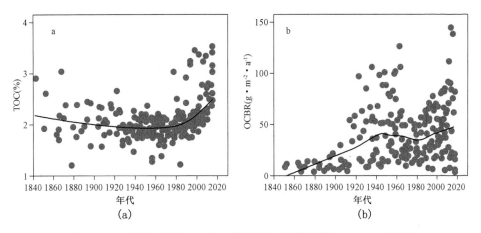

图 4 - 19 呼伦湖近百年来有机碳(a)及有机碳埋藏速率(b)变化趋势

近百年来呼伦湖有机碳埋藏速率空间分布如图 4 - 20 所示。由图可知,呼伦湖有机碳埋藏速率最高值出现在湖泊中部位置,同时湖泊北部偏西处有机碳埋藏速率

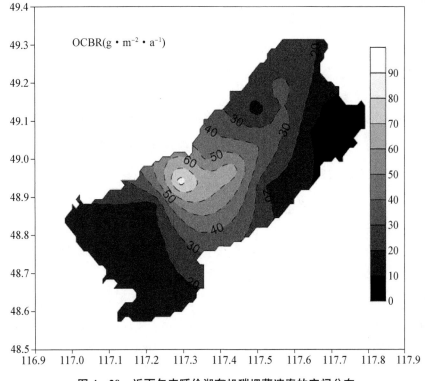

图 4 - 20 近百年来呼伦湖有机碳埋藏速率的空间分布

要高于南部偏东地区。比如,位于湖泊北部偏西位置的 HL-1、HL-4、HL-6、HL-7、HL-8、HL-9 以及 HL-11 的有机碳埋藏速率分别为 33.86、35.68、36.16、39.67、39.40、48.23 和 83.24 g/(m² · a),明显要高于南部偏东位置的 HL-2[10.33 g/(m² · a)]、HL-5[7.65 g/(m² · a)]和 HL-15[18.72 g/(m² · a)]。但湖泊南部的 HL-13 点有机碳埋藏速率相对偏高[42.67 g/(cm² · a)],这可能与该点较高的沉积速率相关。

对近百年来呼伦湖有机碳埋藏速率的进一步分析表明,较高的有机碳埋藏速率往往对应着较高的沉积速率,而与有机碳含量的变化关系并不十分密切。相关性分析也表明,呼伦湖有机碳埋藏速率与沉积速率呈显著正相关(r=0.885, P<0.01),而与有机碳含量相关性不十分显著(r=0.124, P>0.05)。因此,对于呼伦湖而言,沉积速率可能是导致有机碳埋藏速率空间差异的最主要因素,而有机碳含量的多少则起着次要作用。

呼伦湖有机碳埋藏速率所呈现的北部偏西处高于南部偏东处的趋势还可能与湖泊西北地区较强的土壤侵蚀有关。呼伦湖西北岸线长达 150 km,西北部为半干旱草原,植被覆盖度较低(约 40%),由于常年对地表的淋溶冲刷,有相当量的可溶性养分和颗粒物质可被冲入湖中,导致湖泊沉积速率升高及营养水平增加。同时,该地区主导风向为西北风(年均风速约为 4.2 m/s),每年入湖尘量可达 6.44×10⁴ t,其中降尘污染负荷总氮为 372 t/a,总磷为 201.6 t/a(韩向红和杨持,2002)。冰封期每年干草入湖 1 580 t,含氮量 21 t,含磷量 8.9 t;非冰封期则有 1 760 t 干草入湖,折算为入湖氮 23 t,入湖磷为 9.7 t(梁丽娥等,2016)。降尘及干草的入湖更进一步加剧了呼伦湖西北湖区的营养水平,导致内源有机碳含量的增加。再者,湖泊北部位置为新开河河流入湖处,并伴有渔业工作区(小河口渔场),大量生活污水以及牲畜粪便等随新开河输入湖泊,也会导致该湖区沉积物中有机质含量较高,进而导致较高的有机碳埋藏速率。

4.2.6.2 无机碳埋藏时空变化特征

为从整体上分析近百年来呼伦湖无机碳埋藏速率随时间的具体变化趋势,本章同样采用局部加权回归散点平滑法(LOESS)得到呼伦湖近百年来无机碳及无机机碳埋藏速率的总体变化趋势(图 4-21)。结果表明,1850 年以来,呼伦湖无机碳及其埋藏速率和有机碳及其埋藏速率变化趋势一致,均呈现增加趋势,且 1950 年之前增加速度明显要快于 1950 年之后。具体来说,1900 年以前,呼伦湖平均无机碳埋藏速率约为 10.40 g/(m² · a),1900—1950 年上升至 26.29 g/(m² · a),1950 年之后增加到 41.00 g/(m² · a)。1950 年以来的无机碳埋藏速率分别是 1900 年之前和 1900—1950 年的 3.94 和 1.56 倍。

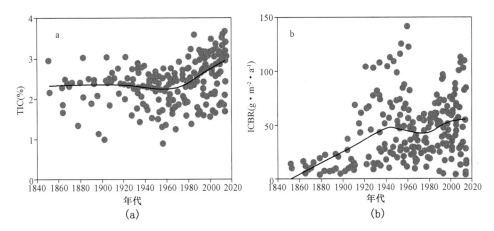

图 4 - 21 呼伦湖近百年来无机碳(a)及无机碳埋藏速率(b)变化趋势

近百年来呼伦湖无机碳埋藏速率空间分布如图 4 - 22 所示。由图可知,湖泊北部无机碳埋藏速率高于南部地区,同时无机碳埋藏速率最高值出现在湖泊中部,这可能与湖心区水动力条件相对稳定,有利于碳酸盐矿物的沉积有关。总体上,无机碳埋藏速率的这种空间分布和有机碳埋藏速率空间分布基本一致。

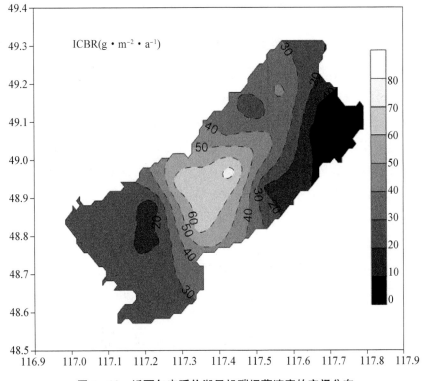

图 4 - 22 近百年来呼伦湖无机碳埋藏速率的空间分布

对近百年来呼伦湖无机碳埋藏速率的进一步分析表明,较高的无机碳埋藏速率往往对应着较高的沉积速率,而与无机碳含量的变化关系并不密切。相关性分析也表明,呼伦湖无机碳埋藏速率与沉积速率显著正相关($r=0.912$, $P<0.01$),而与无机碳含量相关性不十分显著($r=0.389$, $P>0.05$)。因此,对于呼伦湖而言,沉积速率可能是导致无机碳埋藏速率空间差异的最重要因素,而无机碳含量的多少则起着次要作用。

和有机碳埋藏速率空间差异性的原因相似,导致呼伦湖北部无机碳埋藏速率较高的一个原因可能是西北部地表淋溶冲刷及降尘等的输入较多,所以该湖区沉积速率及营养水平均较高,因此该湖区沉积物中来源于藻类等浮游生物残体的有机质能快速氧化分解为无机碳,进而增加沉积物中无机碳含量。

此外,呼伦湖沉积物中无机碳含量还与有机碳含量正相关($r=0.378$, $P<0.01$)。有机质含量高则意味着浮游植物繁育,同时以浮游植物为食的浮游动物旺盛,从而生物成因的无机碳固定量也就越多,导致沉积物中无机碳含量随有机碳含量的增高而增高。

4.2.7　近百年来呼伦湖碳埋藏演变的驱动因子

4.2.7.1　有机碳埋藏影响因子研究

近百年很多地区湖泊有机碳埋藏速率呈现增加的趋势(Downing et al., 2008; Dong et al., 2012; Heathcote & Downing, 2012; Xu et al., 2013; Anderson et al., 2014; Heathcote et al., 2015; Lan et al., 2015; Yu et al., 2015),这一趋势在呼伦湖中也表现得十分明显(图 4-15,图 4-19)。先前研究表明近百年来湖泊有机碳埋藏速率的增加主要归因为人类活动的影响(e. g., Anderson et al., 2014; Heathcote et al., 2015),或者气候变化和人类活动共同影响的结果(e. g., Lan et al., 2015; Yu et al., 2015)。为探讨影响近百年来呼伦湖沉积物有机碳埋藏的主要因子,我们分析了呼伦湖有机碳埋藏速率与湖泊及流域参数(湖区温度、降水、人口变化等)随时间的变化趋势(图 4-23),并对有机碳埋藏速率与各参数进行了相关分析(表4-7)。结果表明,总体上来说,近百年来各参数均呈现上升趋势,只是上升幅度及变化时间不尽一致。此外,呼伦湖有机碳埋藏速率和湖区年均降水量、年均温度均显著正相关,与湖泊水位呈负相关,而和湖区人口数量、耕地面积、牲畜量以及渔获量的相关性不显著。

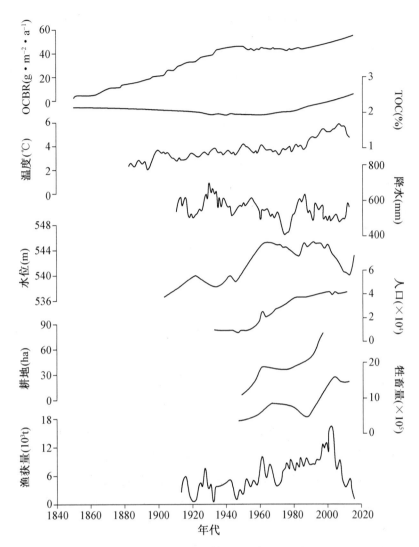

图 4-23 近百年来呼伦湖平均有机碳埋藏速率、TOC 与气象资料(湖区温度、降水)、水文数据(湖泊水位)及人类活动(人口、耕地、牲畜量及渔获量)随时间变化趋势[温度和降水数据由沈阳气象局提供,为五年滑动平均值;人口及牲畜量数据来自于《新巴尔虎左旗志》;耕地数据来自于包玉海等(1998);湖泊水位及渔获量数据由呼伦湖渔业公司提供]

表 4 - 7　呼伦湖有机碳埋藏速率与湖区各参数之间的相关性分析

参数	OCBR	
	r	P
降雨	0.190	0.011*
温度	0.314	0.003**
水位	−0.263	0.003**
人口	−0.700	0.428
耕地	−0.161	0.497
牲畜量	0.202	0.632
渔获量	−0.026	0.725

注：** 在 0.01 水平上(双侧)显著相关；* 在 0.05 水平上(双侧)显著相关。

　　尽管近几十年来呼伦湖地区人口数量呈增加趋势,但总人口数仍然较少。该地区人口密度不到 7 人/km²,且住宅区距呼伦湖均超过 8 km(数据源于呼伦贝尔市统计局:http://www.hlbrtj.gov.cn)。此外,尽管耕地面积在近几十年来也不断增加,但耕地和建筑用地所占面积仍较少,尚不足该地区面积的 1%。草地作为呼伦湖区最主要的土地利用方式,占陆地总面积的比例超过 86%,其平均放牧密度仅为 1.7 只/公顷(数据源于呼伦贝尔市统计局:http://www.hlbrtj.gov.cn),低于内蒙古地区的草地最大承载力(Hoffmann et al. , 2008)。鉴于呼伦湖地区较低的人口密度以及土地利用率,我们认为,尽管近年来因人类活动增加导致向湖泊排放的生活污水、牲畜粪便等增加,但总体而言近百年来人类活动对呼伦湖碳埋藏的影响仍相对有限。

　　呼伦湖有机碳埋藏速率与该区域降水的正相关性表明近百年来该地区降雨量可能是控制呼伦湖有机碳埋藏变化的重要因素。一般而言,随降雨量的增加,湖泊流域内土壤和植被的碳储量也会增加,进而导致随地表径流进入湖泊的溶解有机碳和颗粒有机碳增加(Post et al. , 1982;Hontoria et al. , 1999;Xiao, 1999;王绍强和刘纪远,2002;周涛等,2003),特别是对于以外源有机质输入为主的湖泊,降雨量对湖泊有机碳埋藏的影响更显著。对于呼伦湖而言,一方面降水量的增加加强了湖区及入湖河流汇水区的地表冲刷,进而可携带更多的枯腐植物、牲畜粪便等入湖;另一方面,降雨量增多会导致呼伦湖各入湖河流涨水,湖水溢出河床而淹没大量河漫滩,河水的浸泡使漫滩草甸和沼泽中溶出大量的有机质和氮、磷等营养物质,使得湖泊营养物质增加;此外,湖水的上涨也可能会淹没一些湖滩草地,从中也有大量营养物质溶入湖中,最终导致湖泊有机碳含量和埋藏速率的增加。Xu et al. (2006, 2013)及 Lan et al. (2015)对我国西北干旱区湖泊的研究结果也表明,湖泊沉积物有机碳埋藏速率随降雨量增加而升高,和本书的研究结果一致,暗示着湖区降雨量大小可能对湖泊有机碳埋藏起着重要的调节作用。

有机碳埋藏速率与温度的正相关性及两者随时间变化趋势的相对一致性表明温度可能是影响呼伦湖有机碳埋藏的重要因子。一般来讲,随温度增加,流域生态系统(包括植被和土壤)的净初级生产力也会增长,进而引起湖泊有机质来源的增加(Melillo et al.,2002;Zhang et al.,2013)。同时,大量观测资料表明,随温度升高,世界很多河流中的 DOC 含量也会增加(Freeman et al,2001;Worrall et al,2003;Monteith et al,2007;Evans et al,2012),因而随径流输入湖泊的有机碳也增加。此外,温度不仅对湖泊有机碳埋藏速率有着直接影响,同时还能通过影响其他因子影响湖泊有机碳的输入/输出等,进而对湖泊有机碳埋藏产生间接作用(Wright & Schindler,1995;Koinig et al.,1998)。比如,呼伦湖有机碳埋藏速率与湖水 TN 及 TP 浓度的正相关性(相关系数分别为 0.690 和 0.547,P<0.01)表明湖泊营养水平是影响呼伦湖有机碳埋藏的另一重要因素。但和其他由人类活动导致湖泊富营养化(如太湖)不同,气候暖干下湖水位下降导致湖水 TN 及 TP 的浓缩是造成呼伦湖富营养化的主要因素(Chuai et al.,2012)。当湖水位从 1974 年的 544.4 m 下降到 2009 年的 540.5 m 时,相应地湖水 TN 及 TP 浓度分别从 0.14 和 0.082 mg/L 上升至 3.10 和 0.418 mg/L(Chuai et al.,2012)。

先前一些研究认为温度升高有利于有机质的矿化分解,从而降低有机碳的埋藏速率(Gudasz et al.,2010;Cardoso et al.,2014)。但本研究表明温度与呼伦湖有机碳埋藏速率呈显著正相关关系,即升温有利于呼伦湖有机碳埋藏。温度对有机碳埋藏的促进作用在我国东部地区(Dong et al.,2012)、西北干旱区(Xu et al.,2013;Lan et al.,2015;Yu et al.,2015)以及国外很多湖泊中(Heathcote & Downing,2012)都有报道。因此,我们认为温度升高对这些有机碳埋藏的促进作用可能要大于由温度升高造成的有机质矿化分解带来的负反馈作用,即温度升高有利于湖泊沉积物有机碳埋藏速率的增加。过去几十年来,全球温度升高显著,特别是北半球高纬地区,升温现象比其他地区更加明显(IPCC,2013)。模型预测 21 世纪末中国温度将升高 1.78~5.78 ℃,其中增幅最大的为中国东北和青藏高原地区(Chen & Frauenfeld,2014)。因此,在未来升温条件下,呼伦湖沉积物中的碳储量可能会更进一步增加,呼伦湖可能会在区域碳循环中发挥更为重要的作用。

4.2.7.2 无机碳埋藏影响因子研究

和有机碳埋藏速率影响因子类似,本节分析了呼伦湖无机碳埋藏速率与湖泊及流域参数(湖区温度、降水、人口变化等)随时间的变化趋势(图 4-24),并对无

机碳埋藏速率与各参数进行了相关分析(表4-8)。结果表明,呼伦湖无机碳埋藏
速率和有机碳埋藏速率、湖区年均温度及湖水 TP 均显著正相关,与湖泊水位显著
负相关,而和湖区人口数量、耕地面积、牲畜量、渔获量以及湖水 TN 的相关性不
明显。

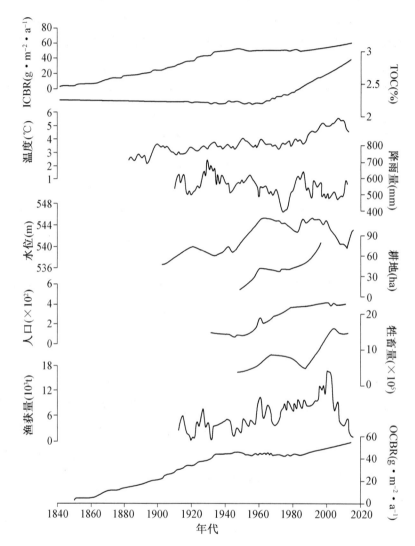

图4-24 近百年来呼伦湖平均无机碳埋藏速率、TIC 与气象资料(湖区温度、降水)、水文
数据(湖泊水位)及人类活动(人口、耕地、牲畜量及渔获量)随时间变化趋势(数据来源及
处理同图4-23)

表 4 - 8　呼伦湖无机碳埋藏速率与湖区各参数之间的相关性分析

Variables	ICBR	
	r	P
OCBR	0.929	0.000**
水位	−0.335	0.015*
降雨	0.078	0.28
温度	0.144	0.038*
人口	−0.018	0.841
耕地面积	−0.046	0.844
牲畜量	0.042	0.921
渔获量	0.009	0.904

注:** 在 0.01 水平上(双侧)显著相关;* 在 0.05 水平上(双侧)显著相关。

　　呼伦湖表层沉积物无机碳的研究表明呼伦湖无机碳主要来源于湖泊自生碳酸盐沉淀,而温度则是控制水体中产生碳酸盐沉淀的重要因素(Kelts & Hsu, 1978)。一方面,随水温升高,碳酸盐在水体中的溶解度减小,从而导致其过饱和条件的形成;另一方面,湖水温度的升高往往会引起浮游微生物数量增加,它们不但可直接形成湖水 $CaCO_3$ 过饱和的局部微环境,还可作为 $CaCO_3$ 沉淀的结晶核促使 $CaCO_3$ 快速沉淀;再者,温度高时湖水蒸发作用通常也增强,导致湖水中各种 Ca^{2+}、CO_3^{2-} 和 HCO_3^- 离子浓度随湖水浓缩而增大,进而形成过饱和的条件(陈敬安等,2002;蓝江湖等,2013)。此外,升温对呼伦湖无机碳埋藏的另一个重要影响在于温度的增加会导致流域化学风化加剧,促使流域更多的碳酸盐和硅酸盐风化吸收大气 CO_2,产生的无机碳随地表径流输入湖泊中,进而导致无机碳埋藏速率的增加。这些在国内的很多湖泊研究中已经被证实,比如 Shen et al. (2005)及 An et al. (2012)对青海湖的研究表明,在温度较高的全新世大暖期,沉积物碳酸盐含量显著高于末次冰期、冰消期和晚全新世;刘东生(2009)对新疆巴里坤湖沉积物的研究也表明,沉积物碳酸盐等盐类矿物含量的增加与该地区温度上升有关。

　　呼伦湖无机碳埋藏速率与水位呈现较好的负相关性,这可能和温度对湖泊水位的影响有关。温度升高时,湖泊蒸发作用增强,导致湖泊水位下降,湖水盐度增大,有利于碳酸盐的化学沉淀,进而可将更多的无机碳搬运至沉积物中。同时,对近百年来呼伦湖环境变化与 TIC 随时间变化的特征进一步分析还发现,当湖泊水位升高、水深增大时,湖泊离岸边距离变远,陆源碎屑物质向呼伦湖的输入逐渐减少,但呼伦湖沉积物中的无机碳含量却逐渐增加,这也从另外一个角度说明呼伦湖沉积物中的无机碳应该主要来源于湖泊自生碳酸盐沉淀,而非由流域侵蚀带来的。

近百年来呼伦湖无机碳埋藏速率与有机碳埋藏速率的高度相关性实际上反映的是湖泊 TIC 和 TOC 之间的正相关关系。这可能主要归因于温度变化及其引起的光合作用强度变化。温度升高除了能增加湖泊有机质含量,并有利于碳酸盐的沉淀外,另一个重要原因可能还与有机质的降解会对碳酸盐产生一定的溶蚀作用有关。通常藻类的死亡会导致湖水有机质的输送通量增大,有机质在湖泊底层水和沉积物中的降解会产生有机酸和 CO_2,从而降低湖泊底层水和沉积物孔隙水中的 pH 值,导致更多的 $CaCO_3$ 溶解(Dean, 1999)。Schelske & Hodeli(1991)对安大略湖及陈敬安等(2002)对程海的研究均表明沉积物 TIC 与 TOC 部分或者全部呈现较好的正相关关系,并且这种关系和湖泊温度变化有关。

4.3　湖泊长柱沉积物碳氮磷变化

4.3.1　呼伦湖长柱沉积物样品的采集

2016 年 3 月,在呼伦湖中心(49.13°N,117.51°E,即 HL2011 及 HL‐3 采样点)水深 6.4 m 处进行冰上钻探,获取一长度为 125 cm 的沉积岩芯(命名为 HL16,图 4‐25),岩芯带回实验室后进行对剖,进行了照相与岩性描述,并按照 1 cm 间距切分岩芯,得到 125 个湖泊沉积样品用于沉积物分析。

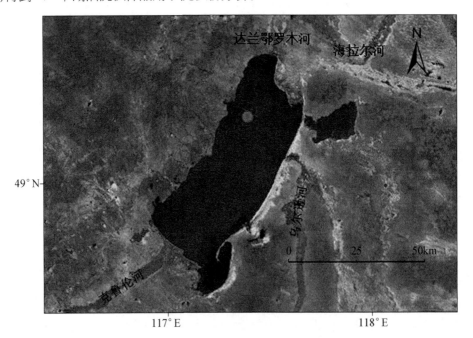

图 4‐25　呼伦湖 HL16 岩芯采样点位置

根据岩性变化将岩芯分为 3 段:上部(0～35 cm)为黑灰色淤泥质粉砂沉积,间或含少量粗砂;中间部分(35～91 cm)为黑灰色泥质粉砂沉积,沉积物颗粒相对较细,粗砂含量较少;底部(91～125 cm)为浅灰色砂质沉积物,颗粒相对较粗,见较多粗砂。

4.3.2 长柱样品年代测试

从 HL16 岩芯样品中,分别选取岩芯顶部(0～1 cm)、中部(50～51 cm)及底部(119～120 cm)共 3 个富含有机质的全岩样品,寄往美国 Beta 实验室进行 $AMS^{14}C$ 定年。测年所用 ^{14}C 半衰期为 5 568 年,B. P. 为距 1950 年的年代。同时所测定的全部 ^{14}C 年代通过 Calib 7. 10 校正软件中的 Intcal13 树轮校正曲线进行校正以获得日历年(单位为 cal. a B. P.)(Reimer et al. , 2013)。根据测年层位 2σ 误差范围内校正年龄的均值,线性内插计算得到钻孔岩芯样品的年龄。定年材料为样品中的有机碳,具体方法见 Nakamura 等(2000)的描述。

4.3.3 长柱沉积物年代序列建立

岩芯 0～1 cm、50～51 cm 及 119～120 cm 深度处样品的 $AMS^{14}C$ 年龄如表 4 - 9 所示。由于湖泊沉积物中全有机质来源较为复杂,易受到生物体利用无机碳所导致的"碳库效应"的影响而使测量年龄偏老,因此还必须进行"碳库"校正。呼伦湖岩芯顶部 0～1 cm 的测年结果约为 800 a,这一数据可以近似看作"碳库效应"对呼伦湖沉积物年龄的影响,假设在整个钻孔沉积中碳库效应的影响保持不变,我们首先将全部原始 $AMS^{14}C$ 年龄减去 800 年以消除"碳库效应"的影响,然后将得到的年龄进行校正以获得日历年。将我们的深度—年代结果与 Xiao 等(2009)在同一地点钻取的岩芯深度—年代结果进行比较,发现两个岩芯深度—年代模式相对一致(图 4 - 26),因此,我们认为 HL16 钻孔的年代结果较为可靠。HL16 钻孔的年龄—深度模型显示,钻孔沉积底部 125 cm 处样品的沉积年代可追溯至中全新世。

表 4 - 9 HL16 岩芯年代结果

实验室编号	样品深度(cm)	测年材料	$\delta^{13}C$(‰)	$AMS^{14}C$ 年代(a B. P.)	校正后的年代(2σ)(cal. a B. P.)
Beta - 437852	0～1	有机质	-27. 2	800±30	0～10
Beta - 437853	50～51	有机质	-27. 0	1 900±31	951～1 063
Beta - 437855	119～120	有机质	-26. 5	6 800±33	6 772～6 927

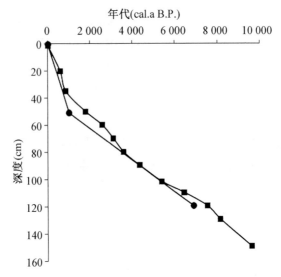

图 4‑26 HL16 岩芯年代—深度模式及与前人研究的比较[黑色圆点为本研究结果,
黑色方块为 Xiao 等(2009)的结果]

此外,我们曾于 2011 年 12 月在 HL16 岩芯钻取位置取得一短柱岩芯(HL2011 孔,岩芯长度 74 cm),并采用[210]Pb 及[137]Cs 测年方法对该短岩芯进行了定年,具体年代结果可参考桂智凡(2012)。将 HL16 岩芯 AMS[14]C 年代结果与 HL2011 孔的[210]Pb 及[137]Cs 年代结果进行对比,发现两者的年代结果差异较大。比如,HL2011 岩芯 42 cm 处的年代结果约为 1850 年,而 HL16 岩芯 42 cm 处的年代结果则约为 835 cal. a B. P. 。究其原因,我们猜测可能是由于 HL16 岩芯存在沉积不连续的现象。一方面,从呼伦湖全新世以来不同时段的沉积速率[因我们的年代数据较少,因此沉积速率的计算采用年代相近的 Xiao 等(2009)的年代数据]来看(图 4‑27),该岩芯顶部沉积速率较高,而底部较低。这可能是由于顶部保存条件较好,沉积速率高,下部沉积物存在多次侵蚀,仅有部分保存下来,造成该时期的沉积层较薄,因而沉积速率较低。

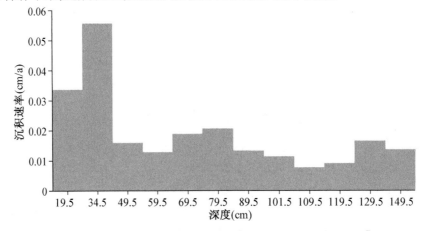

图 4‑27 HL06 岩芯沉积速率变化[数据源于 Xiao 等(2009)]

此外,呼伦湖作为地处西风与东亚季风交汇区的吞吐性湖泊,湖水较浅且湖区风浪较大(平均风速 4.2 m/s),很容易在风浪扰动下造成沉积物的侵蚀。同时,呼伦湖多年水量平衡关系研究表明,乌尔逊河多年平均径流量为 6.9 亿 m³,克鲁伦河多年平均径流量为 4.9 亿 m³,新开河出湖径流量为 1.75 亿 m³,受湖泊入湖及出湖径流影响,也有可能导致沉积物的侵蚀及搬运。最后,HL16 岩芯粒度结果(图 4-28)表明,沉积岩芯中出现多次粒径变大、颗粒变粗的现象,可能代表当时湖泊收缩、湖水较浅的时期(Xiao et al.,2009),在浅水强动力条件下,也有可能导致沉积物的冲刷侵蚀,最终造成沉积地层的缺失。

综上所述,呼伦湖 AMS^{14}C 年代与^{210}Pb 及^{137}Cs 年代结果存在不一致的原因可能与呼伦湖存在的沉积不连续有关。因此,本节所用年代均为 AMS^{14}C 测年结果,而暂不考虑^{210}Pb 及^{137}Cs 的年代结果。

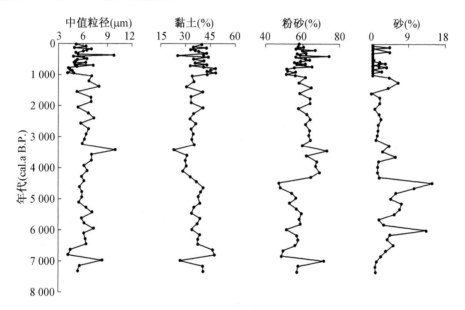

图 4-28　HL16 岩芯沉积物粒度变化特征

4.3.4　长柱沉积物碳氮磷变化特征

中全新世以来呼伦湖沉积物 TOC 含量差异显著(图 4-29),最小值为 0.85%,最大值为 3.14%,平均值为 1.71%。其中 125～75 cm(7 315～3 080 cal. a B. P.)TOC 呈现平稳增加的趋势,从 0.85% 增加至 1.97%;75～63 cm(3 080～2 065 cal. a B. P.)TOC 含量快速下降至 1.33%;63～35 cm(2 065～695 cal. a B. P.)TOC 含量开始增加至剖面最大值(3.14%);35～17 cm(695～335 cal. a B. P.)TOC 含量呈下降趋势;17 cm 以上(约为 335 cal. a B. P. 以来)TOC 含量逐渐增加。总体上来说,呼伦湖 TOC

含量呈现增加趋势。

中全新世以来 TIC 含量的最小值为 1.34%,最大值为 4.91%,平均值为 3.31%,约为 TOC 含量的 2 倍(图 4-29)。TIC 的变化趋势和 TOC 相似,但又略有不同。整体上来说,TIC 含量表现为缓慢增加、下降和大幅升高的趋势。岩芯 125~69 cm(7 315~2 570 cal. a B. P.) TIC 含量波动中略有增加,变化范围为 3.55%~4.91%;69~23 cm(2 570~460 cal. a B. P.)TIC 含量呈现明显下降趋势,变化范围为 1.33%~3.55%;23 cm 以上(约为 460 cal. a B. P. 以来)TIC 含量开始增加,至表层增加到 3.17%。

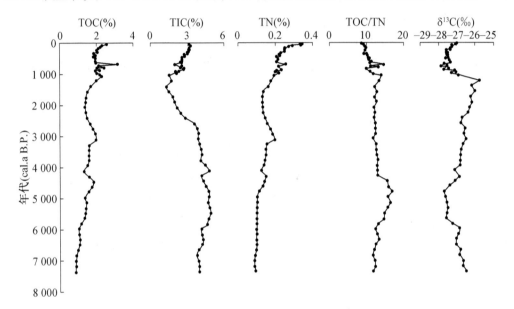

图 4-29　HL16 岩芯沉积物 TOC、TIC、TN、TOC/TN 及 $\delta^{13}C_{org}$ 变化特征

TN 含量变化趋势和 TOC 相近,中全新世以来总体上表现为增加趋势(图 4-29)。TN 含量变化范围为 0.081%~0.338%,平均值为 0.168%。125~89 cm(7 315~4 267 cal. a B. P.)TN 含量表现为平稳增加,从 0.084% 增加至 0.144%;89~77 cm(4 267~3 250 cal. a B. P.)TN 含量总体变化不明显,变化范围为 0.116%~0.148%;77~63 cm(3 250~2 065 cal. a B. P.)TN 含量总体呈下降趋势,从 0.193% 降至 0.129%;63 cm 以来(2 065 cal. a B. P. 以来),TN 含量呈现快速增加趋势,并达到整个剖面最高值 0.338%。

C/N 值变化范围为 8.8~17.3,平均值为 12.4(图 4-29)。其中 125~91 cm(7 315~4 435 cal. a B. P.)C/N 值较高,且呈现增加趋势,变化范围为 11.9~17.3;91~51 cm(4 435~1 050 cal. a B. P.)C/N 值相对较稳定,变化范围为 11.9~13.7;51~35 cm(1 050~695 cal. a B. P.)C/N 值呈现出波动增加的趋势,变化范围为 10.3~14.7;35 cm 以上(约为 695 cal. a B. P. 以来)C/N 值逐渐减小。

有机质 $\delta^{13}C_{org}$ 变化范围为 $-27.92‰$ 到 $-25.77‰$ (图 4-29)。其中,$125\sim91\ cm$ ($7\ 315\sim4\ 435\ cal.\ a\ B.\ P.$) $\delta^{13}C_{org}$ 存在显著的偏轻趋势,变化范围为 $-27.74‰$ 到 $-26.53‰$;$91\sim53\ cm$($4\ 435\sim1\ 220\ cal.\ a\ B.\ P.$)$\delta^{13}C_{org}$ 呈现偏重趋势,变化范围为 $-27.18‰$ 到 $-25.76‰$;$53\ cm$ 以上(约为 $1\ 220\ cal.\ a\ B.\ P.$ 以来)$\delta^{13}C_{org}$ 变化不大。

4.3.5　中全新世以来呼伦湖沉积物碳埋藏速率变化特征

中全新世以来呼伦湖有机碳埋藏速率变化范围为 $1.00\sim5.39\ g/(m^2\cdot a)$,平均值为 $2.06\ g/(m^2\cdot a)$ (图 4-30)。OCBR 变化特征和 TOC 变化趋势相近,整体上呈现增加趋势。具体来说,岩芯 $125\sim91\ cm$($7\ 315\sim4\ 435\ cal.\ a\ B.\ P.$)OCBR 表现为增加趋势,从 $1.00\ g/(m^2\cdot a)$ 增加至 $1.97\ g/(m^2\cdot a)$;$91\sim53\ cm$($4\ 435\sim1\ 220\ cal.\ a\ B.\ P.$)OCBR 也呈增加趋势,但变化幅度较小,变化范围为 $1.30\sim1.83\ g/(m^2\cdot a)$;$53\sim35\ cm$($1\ 220\sim696\ cal.\ a\ B.\ P.$)OCBR 呈现快速增加趋势,并达到整个剖面最大值 $[5.39\ g/(m^2\cdot a)]$;$35\sim17\ cm$($696\sim335\ cal.\ a\ B.\ P.$)OCBR 开始快速下降,并最终降至 $1.93\ g/(m^2\cdot a)$;$17\ cm$ 以上(约 $335\ cal.\ a\ B.\ P.$ 以来)OCBR 开始快速上升,并在岩芯顶部达到整个剖面的次高值 $[4.79\ g/(m^2\cdot a)]$。

中全新世以来呼伦湖无机碳埋藏速率变化范围为 $1.16\sim5.98\ g/(m^2\cdot a)$,平均值为 $3.84\ g/(m^2\cdot a)$(图 4-30),比有机碳埋藏速率略高。无机碳埋藏速率和 TIC 含量变化趋势相近,整体上呈现先增加后下降,继而又增加的趋势。

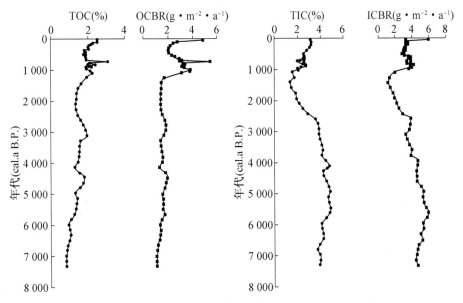

图 4-30　中全新世以来呼伦湖有机碳及无机碳埋藏速率随时间变化

此外,将中全新世以来呼伦湖有机碳埋藏速率及无机碳埋藏速率与呼伦湖面积及沉积年代相乘,可得中全新世以来呼伦湖有机碳储量为 35.25 Tg C(1 Tg＝10^{12} g)和 65.70 Tg C。因此,中全新世以来呼伦湖沉积物总的碳储量约 100.95 Tg C。其中,无机碳储量约是有机碳储量的 2 倍,进一步证明了在呼伦湖这样干旱—半干旱地区,无机碳储量也相当丰富,在今后研究中应引起足够重视。

4.3.6 中全新世以来呼伦湖有机碳来源

前已述及,呼伦湖 C/N 值变化范围为 8.8～17.3,均值为 12.4(图 4-29),表明呼伦湖沉积物中的内、外源有机质在沉积物有机质中各占有一定比例。岩芯 125～91 cm C/N 值相对较高,最小值为 11.9,最大值为 17.3,且该最大值也为整个岩芯的最高值,表明在 7 315～4 435 cal. a B. P. 时期呼伦湖陆源输入有机质含量相对较高;91～51 cm C/N 值变化幅度不大,最小值为 11.9,最大值为 13.7,表明在 4 435～1 050 cal. a B. P. 呼伦湖有机质中外源输入的比例较前期有所下降,内源有机碳含量增加;51 cm 以上 C/N 值波动减小,且基本均小于 11.0,表明 1 050 cal. a B. P. 以来湖泊内源有机质所占比例逐渐增加且最终占据优势。此外,研究还表明呼伦湖沉积物 C/N 值与湖区土壤 C/N 值(约为 15.12)(Chen et al.，2012)较为接近,因此,我们认为中全新世以来呼伦湖沉积物有机质可能主要来源于陆源物质。

同时,从呼伦湖有机质 δ^{13}C 变化范围来看(图 4-29),呼伦湖沉积物的有机质可能具有多源性。但呼伦湖有机质 δ^{13}C 值和湖周草地(-25.96‰)、土壤(-26.04‰)以及牲畜粪便(-26.13‰)的 δ^{13}C 均较接近(Chen et al.，2012),说明中全新世以来呼伦湖有机质可能主要以陆源输入为主。

为定量研究陆源及内源有机质对呼伦湖沉积物有机质的相对贡献,我们采用二元模式(the binary model)(钱君龙等,1997)估算了呼伦湖沉积物外源和内源有机质的相对输入量。研究结果表明(图 4-31),呼伦湖沉积物有机碳来源主要以外源为主,但近 1 000 cal. a B. P. 以来内源有机碳的比例开始增加。

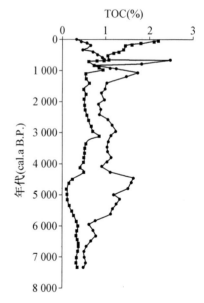

图 4-31 中全新世以来呼伦湖沉积物陆源及内源有机质的相对贡献(黑色圆点代表外源有机质输入量,黑色方块代表内源有机质的输入量)

4.3.7　中全新世以来呼伦湖碳埋藏影响因素分析

4.3.7.1　中全新世以来呼伦湖有机碳埋藏影响因素分析

前面已经提到,影响湖泊碳埋藏的因素很多,如湖泊自身特征(湖泊形状、面积、水深等)(Squires et al.,2006;Kastowski et al.,2011;Ferland et al.,2012)、湖区气候变化(温度、降水等)(Gudasz et al.,2010;Kastowski et al.,2011;Xu et al.,2013;Yu et al.,2015)、人类活动影响(人口数量、土地利用等)(Heathcote et al.,2012;Anderson et al.,2013;Brothers et al.,2013)等。对于中全新世以来呼伦湖沉积物有机碳埋藏的影响因素来说,考虑到人类活动在中全新世期间相对较弱,气候变化可能是控制呼伦湖碳埋藏的主要因子。因此,我们在此只考虑气候因素中的温度和降水对呼伦湖全新世以来有机碳埋藏的可能影响。

中全新世以来呼伦湖沉积物有机碳埋藏速率与根据孢粉恢复出的湖区最热月温度(T_W,℃)、最冷月温度(T_C,℃)、年平均温度(T_A,℃)及年均降水量(P_A,mm)(Wen et al.,2010)随时间变化趋势如图4-32所示。由图可知,中全新世以来呼伦湖湖区年均降水量与最冷月温度、年均温度变化趋势基本一致,而与最热月温度变化趋势不明显。

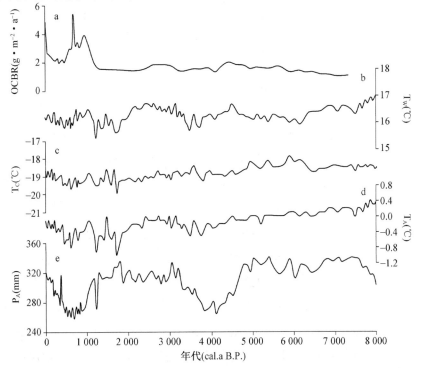

图 4-32　中全新世以来呼伦湖有机碳埋藏速率、孢粉恢复出的湖区最热月温度(T_W)、最冷月温度(T_C)、年平均温度(T_A)及年均降水量(P_A)随时间变化趋势(T_W、T_C、T_A及P_A数据来源于 Wen et al.,2010)

同时,有机碳埋藏速率与湖区最冷月温度、年均温度及年均降水量大体表现为反向变化的趋势,与最热月温度变化趋势不明显。

中全新世以来呼伦湖沉积物有机碳埋藏速率与根据孢粉恢复出的湖区气候数据相关性分析表明(表4-10),有机碳埋藏速率与湖区最冷月温度、年均温度及降水量均呈反相关性关系,即中全新世以来,呼伦湖有机碳埋藏速率随温度升高及降水量的增加而呈现下降的趋势。这和我们前面研究得出的近百年来呼伦湖有机碳埋藏速率与温度及降水均表现为正相关的结论相悖,表明在不同时间尺度上,气候条件对呼伦湖有机碳埋藏的影响可能是不同的。

表4-10 中全新世以来呼伦湖沉积物有机碳埋藏速率与湖区温度、降水之间的相关性分析(T_W、T_C、T_A 及 P_A 数据来源于 Wen et al.,2010)

	OCBR	T_W	T_C	T_A	P_A
OCBR	1	−0.181	−0.502**	−0.315*	−0.502**
T_W	−0.181	1	0.372*	0.735**	0.275
T_C	−0.502**	0.372*	1	0.821**	0.508**
T_A	−0.315*	0.735**	0.821**	1	0.545**
P_A	−0.502**	0.275	0.508**	0.545**	1

注:** 表示在 0.01 水平(双侧)上显著相关,* 表示在 0.05 水平(双侧)上显著相关。

有研究表明,随降水量增加,流域植被和土壤碳储量通常也会随之增加(Post et al.,1982;Bond et al.,1997;Hontoria et al.,1999),从而造成湖泊沉积物有机碳的潜在来源增加。另外,流域降水量的增加通常还会造成河流碳储量增加,从而将更多的河流碳通过地表径流输入湖泊(Andersson et al.,1991;Erlandsson et al.,2008;Lan et al.,2015),导致湖泊沉积速率及有机碳埋藏速率增加。对呼伦湖而言,该湖地处中温带半干旱区,降雨量较少,湖面降水对该湖的影响也相对较小。随着湖区降水量增加,湖泊水位升高,尽管通过径流输入湖泊的外源碳增加,但同时湖泊水位升高会导致有机碳在水体的滞留时间变长,进而导致有机碳在沉降至湖底前的矿化增加及碳埋藏的减少,这可能是呼伦湖有机碳埋藏速率与湖区降水量呈现出负相关的一个重要原因。此外,降水对呼伦湖有机碳埋藏的另外一个可能影响在于,当湖区降水量下降时,湖泊水位下降,导致湖滨、河流沿岸湿地面积扩大,在浅水强动力条件下,可将更多的湖周有机碳带入湖泊,进而导致呼伦湖外源有机碳输入增加及有机碳埋藏速率的增加。最后,中全新世以来呼伦湖区温度和降水变化呈现较好的正相关关系(r=0.434,P<0.01),即降水量较少的时期往往对应于温度较低的时期,而低温条件下更有利于有机碳的保存(Gudasz et al.,2010),这可能也是导致呼伦湖降水量与有机碳埋藏速率显著负相关

的重要原因。

值得注意的是,在岩芯顶部,呼伦湖有机碳埋藏速率表现为随降水量升高而呈增加的趋势,由于时间分辨率较低,我们很难给出准确的解释。我们初步推测这可能是因为岩芯顶部有机碳埋藏时间较短,部分有机碳尚未完全矿化分解,因而出现有机碳含量及有机碳埋藏速率较高的"假象"。不同来源的有机碳进入湖泊后不会立刻也不会全部沉降至沉积物,其中一部分在异养微生物的矿化分解下转化为 CO_2 和 CH_4 返回至大气圈,一部分随地表径流输出湖泊,一部分滞留在湖泊中,剩余的部分沉降至沉积物中。其中沉降到沉积物中的有机碳还会有一部分在微生物的作用下被矿化分解,以 CO_2 和 CH_4 的形式返回至水体或大气,最后未被矿化分解的部分才会被永久性埋藏。因此岩芯顶部的有机碳很可能有一部分是由于沉降或者埋藏时间较短,尚未完全矿化分解,因此出现顶部有机碳及其埋藏速率较高的现象。另一个可能的解释为近年来湖泊逐步富营养化,导致湖泊初级生产力较高,内源有机碳含量增加。

温度变化对湖泊碳埋藏的影响相对比较复杂。总体来说,主要表现在两个方面:第一,温度升高有利于湖泊藻类生长,从而促进湖泊初级生产力增加及自生碳埋藏增加(Dong et al., 2012;Heathcote & Downing, 2012;Xu et al., 2013)。同时,温度升高会使流域内植物生长季节变长,导致流域植被和土壤中的碳储量增加,进而导致进入湖泊的陆源有机碳潜在来源的增加(Dong et al., 2012;Heathcote & Downing, 2012;Xu et al., 2013)。第二,温度能够影响有机质的矿化速率,温度增高往往会导致有机碳矿化速率的增加,从而降低湖泊碳埋藏速率(Gudasz et al., 2010)。升温对湖泊碳埋藏起到促进或抑制作用,主要取决于升温所引起的碳来源增加与碳矿化增强两者之间的平衡。如果由温度升高引起的碳来源增加量超过碳的矿化量,则表现为温度对碳埋藏的促进作用,反之,则表现为抑制作用。中全新世以来呼伦湖年均温度变化幅度相对较小,有机碳埋藏与温度之间的反相关关系可能正是由于升温所导致的有机碳矿化量超过了有机碳输入的增加量。但这只是我们的一个初步推测,具体的内在机制仍待今后进一步深入的研究探讨。

4.3.7.2 中全新世以来呼伦湖无机碳埋藏影响因素分析

和有机碳埋藏速率影响因子分析类似,在此我们仅考虑温度和降水对中全新世以来呼伦湖无机碳埋藏速率的影响。

中全新世以来呼伦湖沉积物无机碳埋藏速率与根据孢粉恢复出的湖区最热月温度(T_W,℃)、最冷月温度(T_C,℃)、年平均温度(T_A,℃)及年均降水量(P_A,mm)(Wen et al., 2010)随时间变化趋势如图 4-33 所示。由图可知,中全新世以来呼伦湖无机碳埋藏速率与湖区最冷月温度、最热月温度及年均温度的变化趋势较为一致,和年均降水量变化趋势不明显。

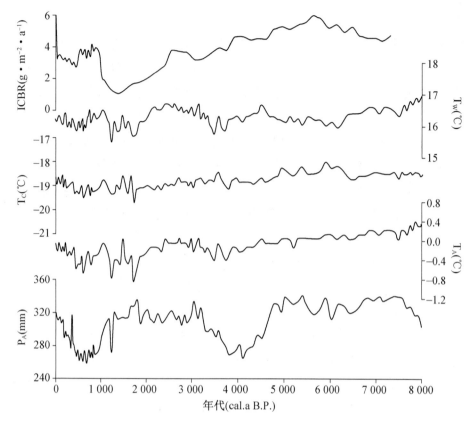

图 4 - 33　中全新世以来呼伦湖无机碳埋藏速率、湖区最热月温度(Tw)、最冷月温度(Tc)、年平均温度(TA)及年均降水量(PA)随时间变化趋势(Tw、Tc、TA 及 PA 数据来源于 Wen et al.，2010)

　　相关性分析表明(表 4 - 11)，无机碳埋藏速率与湖区最冷月温度、最热月温度及年均温度均呈正相关性关系，即中全新世以来，呼伦湖无机碳埋藏速率随温度升高而增加。但无机碳埋藏速率与年均降水的关系并不明显，这和我们前面研究得出的近百年来呼伦湖无机碳埋藏速率与温度正相关而与降水不相关的结论基本一致，表明在不同时间尺度上，气候条件对呼伦湖无机碳埋藏的影响可能相同。

表 4 - 11　中全新世以来呼伦湖沉积物无机碳埋藏速率与湖区温度、

降水之间的相关性分析(Tw、Tc、TA 及 PA 数据来源于 Wen et al.，2010)

	ICBR	Tw	Tc	TA	PA
ICBR	1	0.326*	0.734**	0.696**	0.244
Tw	0.326*	1	0.372*	0.735**	0.275
Tc	0.734**	0.372*	1	0.821**	0.508**
TA	0.696**	0.735**	0.821**	1	0.545**
PA	0.244	0.275	0.508**	0.545**	1

注：＊＊表示在 0.01 水平(双侧)上显著相关，＊表示在 0.05 水平(双侧)上显著相关。

　　呼伦湖表层沉积物研究已经表明无机碳主要源于湖泊自生碳酸盐。自生碳酸盐在天然水体中析出的必要条件是水体过饱和,而湖水物理化学条件的改变和生物因素(主要指藻类的光合作用)是引起水体过饱和的主控因子(陈敬安等,2002)。当湖区温度较高时,湖水蒸发作用增强,$CaCO_3$ 溶解度随温度升高而减小,导致 Ca^{2+}、CO_3^{2-} 及 HCO_3^- 的浓度因湖水蒸发浓缩而增大,引起湖水对 $CaCO_3$ 的过饱和度增大,进而造成 $CaCO_3$ 沉淀量的增加和沉积物 TIC 含量的增大。

　　近百年呼伦湖 TIC 与 TOC 的研究表明两者呈现高度正相关的关系,并且这可能与该时期温度及其引起的光合作用强度变化有关。中全新世以来呼伦湖沉积物 TIC 与 TOC 变化则呈现负相关性(r=−0.497, P<0.01),表明在长时间尺度上两者相互之间可能存在稀释作用或者有机质的溶蚀作用(陈敬安等,2002)。如果是因为有机质降解对碳酸盐产生了溶蚀作用,那么呼伦湖 TIC 的含量应该比 TOC 含量低,但这与事实上 TIC 含量较高的结果相悖。由此可见,中全新世以来呼伦湖沉积物 TIC 含量的变化可能不是由光合作用增强导致藻类生产力变化而引起的。换言之,温度可能是控制中全新世以来呼伦湖沉积物 TIC 变化的主控因子,而湖泊初级生产力的变化对湖水 $CaCO_3$ 沉淀的影响可能相对较小,这和在百年尺度上呼伦湖无机碳埋藏与湖泊初级生产力及 TOC 含量密切正相关的结论不尽一致,表明在不同时间尺度上,尽管气候条件对无机碳埋藏的影响结果相同,但其内在的具体机制并不完全一致,在今后的研究中应引起注意。

参考文献

An Z, Colman S M, Zhou W, et al. Interplay between the Westerlies and Asian monsoon recorded in Lake Qinghai sediments since 32 ka[J]. Scientific reports, 2012, 2: 619.

Anderson T, Nilsson Å, Jansson M. Coloured substances in Swedish lakes and rivers-temporal variation and regulating factors[M]. Berlin Heidelberg: Springer, 1991: 243 - 253.

Anderson NJ, Dietz RD, Engstrom DR. Land-use change, not climate, controls organic carbon burial in lakes[J]. Proceedings of the Royal Society of London B: Biological Sciences, 2013, 280(1769): 1 - 7.

Anderson NJ, Bennion H, Lotter AF. Lake eutrophication and its implications for organic carbon sequestration inEurope[J]. Global change biology, 2014, 20(9): 2741 - 2751.

Bond G, Showers W, Cheseby M, et al. A pervasive millennial-scale cycle in North Atlantic Holocene and glacialclimates[J]. Science, 1997, 278(5341): 1257 - 1266.

Brothers SM, Hilt S, Attermeyer K, et al. A regime shift from macrophyte to phytoplankton dominance enhances carbon burial in a shallow, eutrophic lake[J]. Ecosphere, 2013, 4(11): 1 - 17.

Cardoso SJ, Enrich-Prast A, Pace ML, et al. Do models of organic carbon mineralization extrapolate to warmer tropical sediments? [J]. Limnology and Oceanography, 2014, 59(1): 48 - 54.

Chen X, Chuai X, Yang L, et al. Climatic warming and overgrazing induced the high concentration of organic matter in Lake Hulun, a large shallow eutrophic steppe lake in northernChina[J]. Science of the Total Environment, 2012, 431: 332 - 338.

Chen L, Frauenfeld OW. Surface air temperature changes over the twentieth and twenty-first centuries in China simulated by 20 CMIP5models[J]. Journal of Climate, 2014, 27(11): 3920 - 3937.

Chuai X, Chen X, Yang L, et al. Effects of climatic changes and anthropogenic activities on lake eutrophication in differentecoregions [J]. International Journal of Environmental Science and Technology, 2012, 9(3): 503 - 514.

Dean WE, Gorham E. Magnitude and significance of carbon burial in lakes, reservoirs, andpeatlands[J]. Geology, 1998, 26(6): 535 - 538.

Dean WE. The carbon cycle and biogeochemical dynamics in lake sediments[J]. Journal of paleolimnology, 1999, 21(4): 375 - 393.

Dittrich M, Obst M. Are picoplankton responsible for calcite precipitation in lakes? [J]. AMBIO: A Journal of the Human Environment, 2004, 33(8): 559 - 564.

Dong XH, Anderson NJ, Yang XD, et al. Carbon burial by shallow lakes on the Yangtze floodplain and its relevance to regional carbon sequestration[J]. Global Change Biology, 2012, 18(7): 2205 - 2217.

Downing JA, Cole JJ, Middelburg JJ, et al. Sediment organic carbon burial in agriculturally eutrophic impoundments over the lastcentury[J]. Global Biogeochemical Cycles, 2008, 22(1).

Eksperiandova LP, Fedorov OI, Stepanenko NA. Estimation of metrological characteristics of the element analyzer EuroVector EA - 3000 and its potential in the single-reactor CHNSmode[J]. Microchemical journal, 2011, 99(2): 235 - 238.

Emerson S, Hedges JI. Processes controlling the organic carbon content of open oceansediments [J]. Paleoceanography, 1988, 3(5): 621 - 634.

Erlandsson M, Buffam I, FÖLSTER J, et al. Thirty - five years of synchrony in the organic matter concentrations of Swedish rivers explained by variation in flow and sulphate. Global Change Biology, 2008, 14(5): 1191 - 1198.

Evans CD, Jones TG, Burden A, et al. Acidity controls on dissolved organic carbon mobility in organicsoils [J]. Global Change Biology, 2012, 18(11): 3317 - 3331.

Ferland ME, Giorgio PA, Teodoru CR, et al. Long - term C accumulation and total C stocks in boreal lakes in northern Québec. Global Biogeochemical Cycles, 2012, 26(4): 1 - 10.

Freeman C, Evans CD, Monteith DT, et al. Export of organic carbon from peatsoils[J]. Nature, 2001, 412 (6849): 785.

Gudasz C, Bastviken D, Steger K, et al. Temperature-controlled organic carbon mineralization in lake sediments. Nature, 2010, 466(7305): 478 - 481.

Gui ZF, Xue B, Yao SC, et al. Organic carbon burial in lake sediments in the middle and lower reaches of the Yangtze River Basin, China[J]. Hydrobiologia, 2013, 710(1): 143 - 156.

Heathcote AJ, Downing JA. Impacts of eutrophication on carbon burial in freshwater lakes in an intensively agricultural landscape[J]. Ecosystems, 2012, 15(1): 60 - 70.

Heathcote AJ, Anderson NJ, Prairie YT, et al. Large increases in carbon burial in northern lakes during theAnthropocene[J]. Nature communications, 2015, 6.

Hecky RE, Campbell P, Hendzel LL. The stoichiometry of carbon, nitrogen, and phosphorus in particulate matter of lakes and oceans[J]. Limnology and Oceanography, 1993, 38(4): 709 – 724.

Hoffmann C, Funk R, Li Y, et al. Effect of grazing on wind driven carbon and nitrogen ratios in the grasslands of InnerMongolia[J]. Catena, 2008, 75(2): 182 – 190.

Hontoria C, Saa A, Rodríguez-Murillo JC. Relationships between soil organic carbon and site characteristics in peninsular Spain[J]. Soil Science Society of America Journal, 1999, 63(3): 614 – 621.

Hren MT, Sheldon ND. Temporal variations in lake water temperature: paleoenvironmental implications of lake carbonate $\delta^{18}O$ and temperature records[J]. Earth and Planetary Science Letters, 2012, 337: 77 – 84.

IPCC. Climate change 2013: The physical scientific basis. Contribution of Working Group I to the Fifth Assessment Report of the Intergovernmental[M]. Cambridge and New York: Cambridge University Press, 2013.

Kelts K, Hsü KJ. Freshwater carbonatesedimentation[M]//Lakes. Springer New York, 1978: 295 – 323.

Kastowski M, Hinderer M, Vecsei A. Long - term carbon burial in European lakes: Analysis and estimate [J]. Global Biogeochemical Cycles, 2011, 25(3): 1 – 12.

Koinig K A, Schmidt R, Sommaruga-Wögrath S, et al. Climate change as the primary cause for pH shifts in a high alpinelake[J]. Water, Air, & Soil Pollution, 1998, 104(1): 167 – 180.

Lan J, Xu H, Liu B, et al. A large carbon pool in lake sediments over the arid/semiarid region, NW China [J]. Chinese Journal of Geochemistry, 2015, 34(3): 289 – 298.

Last WM, Smol JP. Tracking Environmental Change Using Lake Sediments, Volume 1: Basin Analysis, Coring, and ChronologicalTechniques[M]. Kluwer Academic Publishers, 2001, 171 – 196.

Lü C, He J, Sun H, et al. Application of allochthonous organic carbon and phosphorus forms in the interpretation of past environmentalconditions[J]. Environmental Geology, 2008, 55(6): 1279 – 1289.

Lücke A, Schleser GH, Zolitschka B, et al. A Lateglacial and Holocene organic carbon isotope record of lacustrine palaeoproductivity and climatic change derived from varved lake sediments of Lake Holzmaar, Germany[J]. Quaternary Science Reviews, 2003, 22(5): 569 – 580.

Melillo JM, Steudler PA, Aber JD, et al. Soil warming and carbon-cycle feedbacks to the climatesystem[J]. Science, 2002, 298(5601): 2173 – 2176.

Meyers PA. Organic geochemical proxies of paleoceanographic, paleolimnologic, and paleoclimaticprocesses [J]. Organic geochemistry, 1997, 27(5): 213 – 250.

Meyers PA. Applications of organic geochemistry to paleolimnological reconstructions: a summary of examples from the Laurentian GreatLakes[J]. Organic geochemistry, 2003, 34(2): 261 – 289.

Monteith DT, Stoddard JL, Evans CD, et al. Dissolved organic carbon trends resulting from changes in atmospheric depositionchemistry[J]. Nature, 2007, 450(7169): 537.

Mudroch A, Azcue J M. Manual of aquatic sedimentsampling[M]. CRC Press, 1995.

Nakamura T, Niu E, Oda H, et al. The HVEE tandetron AMS system at Nagoya University[J]. Nuclear Instruments and Methods in Physics Research Section B: Beam Interactions with Materials and Atoms, 2000, 172(1): 52 - 57.

Obst M, Wehrli B, Dittrich M. CaCO$_3$ nucleation by cyanobacteria: laboratory evidence for a passive, surface - induced mechanism[J]. Geobiology, 2009, 7(3): 324 - 347.

Post WM, Emanuel WR, Zinke PJ, et al. Soil carbon pools and world life zones. Nature, 1982, 298(5870): 156 - 159.

Presley BJ, Taylor RJ, Boothe PN. Trace metal concentrations in sediments of the Eastern Mississippi Bight [J]. Marine environmental research, 1992, 33(4): 267 - 282.

Redfield AC. The influence of organisms on the composition ofseawater[J]. The sea, 1963, 2: 26 - 77.

Reimer PJ, Bard E, BaylissA, et al. IntCal13 and Marine13 radiocarbon age calibration curves 0~50,000 years cal BP. 2013[J]. University of Arizona, Radiocarbon, 2013, 55(4): 1869 - 1887.

Ruiz-Fernández AC, Hillaire-Marcel C, Ghaleb B, et al. Recent sedimentary history of anthropogenic impacts on the Culiacan River Estuary, northwestern Mexico: geochemical evidence from organic matter and nutrients[J]. Environmental Pollution, 2002, 118(3): 365 - 377.

Schelske CL, Hodeli DA. Recent changes in productivity and climate of Lake Ontario detected by isotopic analysis ofsediments[J]. Limnology and Oceanography, 1991, 36(5): 961 - 975.

Shanahan TM, McKay N, Overpeck JT, et al. Spatial and temporal variability in sedimentological and geochemical properties of sediments from an anoxic crater lake in West Africa: Implications for paleoenvironmental reconstructions [J]. Palaeogeography, Palaeoclimatology, Palaeoecology, 2013, 374: 96 - 109.

Sifeddine A, Meyers PA, Cordeiro RC, et al. Delivery and deposition of organic matter in surface sediments of Lagoa do Caçó (Brazil)[J]. Journal of Paleolimnology, 2011, 45(3): 385 - 396.

Schubert CJ, Calvert SE. Nitrogen and carbon isotopic composition of marine and terrestrial organic matter in Arctic Ocean sediments: implications for nutrient utilization and organic matter composition[J]. Deep Sea Research Part I: Oceanographic Research Papers, 2001, 48(3): 789 - 810.

Shen J, Liu XQ, Wang SM, et al. Palaeoclimatic changes in the Qinghai Lake area during the last 18, 000years[J]. Quaternary International, 2005, 136(1): 131 - 140.

Smith BN, Epstein S. Two categories of 13C/12C ratios for higherplants[J]. Plant physiology, 1971, 47 (3): 380 - 384.

Sobek S, Tranvik LJ, Cole JJ. Temperature independence of carbon dioxide supersaturation in globallakes [J]. Global Biogeochemical Cycles, 2005, 19(2), GB2003.

Squires MM, Mazzucchi D, Devito KJ. Carbon burial and infill rates in small Western Boreal lakes: physical factors affecting carbon storage. Canadian Journal of Fisheries and Aquatic Sciences, 2006, 63(4): 711 - 720.

Stuiver M. Climate versus changes in ^{13}C content of the organic component of lake sediments during the lateQuarternary[J]. Quaternary Research, 1975, 5(2): 251 - 262.

Wen RL, Xiao JL, Chang ZG, et al. Holocene precipitation and temperature variations in the East Asian monsoonal margin from pollen data from Hulun Lake in northeastern Inner Mongolia, China. Boreas, 2010, 39(2): 262-272.

Worrall F, Burt T, Shedden R. Long term records of riverine dissolved organi cmatter[J]. Biogeochemistry, 2003, 64(2): 165-178.

Wright R F, Schindler D W. Interaction of acid rain and global changes: effects on terrestrial and aquaticecosystems[J]. Water, Air, and Soil Pollution, 1995, 85(1): 89-99.

Xiao HL. CIimate Change in Relation to Soil Organic Matter [J]. Soil and Environmental Sciences, 1999, 4: 014.

Xiao JL, Chang ZG, Wen RL, et al. Holocene weak monsoon intervals indicated by low lake levels at Hulun Lake in the monsoonal margin region of northeastern Inner Mongolia, China[J]. The Holocene, 2009, 19(6): 899-908.

Xie Z, He J, Lü C, et al. Organic carbon fractions and estimation of organic carbon storage in the lake sediments in Inner Mongolia Plateau, China[J]. Environmental Earth Sciences, 2015, 73(5): 2169-2178.

Xu H, Ai L, Tan L, et al. Stable isotopes in bulk carbonates and organic matter in recent sediments of Lake Qinghai and their climatic implications[J]. Chemical Geology, 2006, 235(3): 262-275.

Xu H, Lan J, Liu B, et al. Modern carbon burial in Lake Qinghai,China[J]. Applied geochemistry, 2013, 39: 150-155.

Yao S, Xue B, Xia W, et al. Lead pollution recorded in sediments of three lakes located at the middle and lower Yangtze River basin,China[J]. Quaternary International, 2009, 208(1): 145-150.

Yu ZT, Wang XJ, Zhang EL, et al. Spatial distribution and sources of organic carbon in the surface sediment of Bosten Lake,China[J]. Biogeosciences, 2015, 12(22): 6605.

Zhang G, Zhang Y, Dong J, et al. Green-up dates in the Tibetan Plateau have continuously advanced from 1982 to 2011[J]. Proceedings of the National Academy of Sciences, 2013, 110(11): 4309-4314.

包玉海. 内蒙古耕地重心移动及其驱动因子分析[J]. 地理科学进展, 1998, 17(4): 49-56.

曹建廷, 徐爱霞. 内蒙岱海湖岩芯碳酸盐含量变化与气候环境演化[J]. 海洋湖沼通报, 1999(4): 21-26.

陈敬安. 湖泊现代沉积物碳环境记录研究[J]. 中国科学: D辑, 2002, 32(1): 73-80.

桂智凡. 近百年来中国东部地区湖泊沉积物碳埋藏研究[D]. 中国科学院南京地理与湖泊研究所, 2012.

韩向红, 杨持. 呼伦湖自净功能及其在区域环境保护中的作用分析[J]. 自然资源学报, 2002, 17(6): 684-690.

吉磊, 夏威岚, 项亮, 等. 内蒙古呼伦湖表层沉积物的矿物组成和沉积速率[J]. 湖泊科学, 1994, 6(3): 227-232.

钱君龙, 王苏民, 薛滨, 等. 湖泊沉积研究中的一种定量估算陆源有机碳的方法[J]. 科学通报, 1997, 42(15): 1655-1658.

蓝江湖, 徐海, 刘斌, 等. 湖泊沉积中碳酸盐, 有机质及其同位素的古气候意义[J]. 生态学杂志, 2013, 32(5): 1326-1334.

李卫平. 典型湖泊水环境污染与水文模拟研究[M]. 中国水利水电出版社, 2015.

梁丽娥,李畅游,史小红,等.2006—2015年内蒙古呼伦湖富营养化趋势及分析[J].湖泊科学,2016,28(6):
　　1265-1283.

刘东生.黄土与干旱环境[M].合肥:安徽科学技术出版社,2009.

卢凤艳,安芷生.青海湖表层沉积物介形虫丰度及其壳体氧同位素的气候环境意义[J].海洋地质与第四纪地
　　质,2010(5):119-128.

马龙,吴敬禄.安固里淖湖积物中总有机碳含量及其碳同位素的环境意义[J].自然资源学报,2009,24(6):
　　1099-1104.

沈吉,薛滨,吴敬禄,等.湖泊沉积与环境演化[M].北京:科学出版社.2010:128-131,220-221.

宋文杰,何江,高际玫,等.呼伦湖沉积物有机碳的分布特征[J].农业环境科学学报,2011,30(11):2336-
　　2340.

隋桂荣.太湖表层沉积物中OM,TN,TP的现状与评价[J].湖泊科学,1996,8(4):319-324.

孙园园.达里诺尔湖沉积物中无机碳的形态分布及对比研究[D].呼和浩特:内蒙古大学,2012.

王凤娇.呼伦湖氮磷的地球化学特征[D].内蒙古:内蒙古大学,2010:1-59.

王绍强,刘纪远.土壤碳蓄积量变化的影响因素研究现状[J].地球科学进展,2002,17(4):528-534.

吴健,沈吉.兴凯湖沉积物有机碳和氮及其稳定同位素反映的28kaBP以来区域古气候环境变化[J].沉积学
　　报,2010,28(2):365-372.

吴芸.平原河网区浅水湖泊氮污染特征研究[D].南京:河海大学,2007.

于志同,王秀君,赵成义,等.博斯腾湖表层沉积物无机碳及其稳定同位素空间异质性[J].湖泊科学,2015,27
　　(2):250-257.

赵慧颖,李成才,赵恒和,等.呼伦湖湿地气候变化及其对水环境的影响[J].冰川冻土,2007,5:795-801.

周涛,史培军,王绍强.气候变化及人类活动对中国土壤有机碳储量的影响[J].地理学报,2003,58(5):727-
　　734.

朱正杰,陈敬安.云南程海沉积物碳酸盐来源辨识[J].湖泊科学,2009,21(3):382-386.

第5章　湖泊沉积物底质金属分布特征

环境中金属主要天然来源是地壳物质。这些物质通过地球表面风化和侵蚀，或火山活动进入地球大气层。这两个来源占天然来源的80％，森林火灾和生物来源各占10％(Nriagu，1990)。环境中金属也有众多的人为排放来源，这些金属主要的人为来源是开采和冶炼。采矿以尾矿释放金属到水体环境，以富含金属的灰尘释放到大气，而冶炼中高温精炼过程导致释放金属到大气中。铅工业，大量释放Pb-Cu-Zn-Cd；Cu和Ni冶炼期间Co-Zn-Pb-Mn释放，Cu-Ni也释放；Zn工业中，相当大的Zn-Cd-Cu-Pb释放发生(Adriano，1986)。

铅、锌、镉、铬、铜、镍六种重金属中铬在地壳中浓度最高，主要是由于玄武岩和页岩中铬浓度非常高。地壳岩石中铬的平均浓度(72 ± 75 ppm)与世界土壤中铬浓度(73 ± 19 ppm)接近，也接近河流沉积物—河流颗粒—湖泊沉积物—浅海沉积物中铬的浓度(74 ± 22 ppm) (Callender，2003)。地壳岩石中铜含量(32 ± 34 ppm)，约相当于土壤平均(25 ± 4 ppm)铜含量；地壳岩石的镍含量(58 ± 53 ppm)大大高于世界土壤的平均镍含量(23 ± 3 ppm)。岩石圈中的铅的平均浓度是14 ppm，来源最丰富的金属矿物是方铅矿(PbS)，硫酸铅矿($PbSO_4$)，和白铅矿($PbCO_3$)。最重要的环境来源铅是汽油燃烧，Cu-Zn-Pb冶炼，蓄电池厂，污水污泥，煤燃烧，垃圾焚烧(Callender，2003)。岩石圈Zn含量平均为80 ppm。锌最丰富的来源是ZnS矿物闪锌矿和纤锌矿，和较小程度上的菱锌矿(碳酸锌)，硅锌矿(Zn_2SiO_4)，红锌矿(ZnO)(Reimann and de Caritat，1998)。有色金属的冶炼、化石燃料和城市废物的燃烧是空气锌污染主要的来源。

沉积物是湖泊、河流、湿地等水体污染物的主要蓄积场所，也是水体的潜在污染源。对于湖泊，重金属被湖泊水体中的悬浮物吸附并最终沉积到湖泊水体沉积物中，湖泊沉积物成为污染物质的"汇"。水—沉积物界面生物地球化学过程活跃，在适合的条件下，重金属等污染物又可重新进入上覆水体，导致水体"二次"污染。因而，湖泊水体沉积物中的重金属通常可被认为是湖泊水体污染的敏感指示剂。摸清湖泊沉积物底质的淤积及其污染蓄积现状并进行科学评估，是有效利用和保护湖泊资源、全面维护和保障湖泊生态系统健康和安全的迫切需求。因此，研究沉积物中重金属的含量及分布，确定主要污染物，对沉积物中重金属的环境风险性进行评价，对了解重金属对生态环境的影响具有重要的现实意义，同时可为水污染控制和水环境保护与修复提供科学依据。呼伦湖地处我国北方，目前重金属污染相对较低。在当前我国经济高速发展和强调环境保护的前提下,了解湖泊流域内金属污染物赋存与变化特征,有利于推进湖泊水系今后生态环境的持续健康发展政策的制定和实施。

5.1　湖泊表层沉积物金属分布

5.1.1　沉积物中重金属的含量及分布特征

于 2008—2014 年在呼伦湖不同部位运用重力采样器采集了沉积物表层样(0~2 cm)以及柱状样(采样点见图 5-1),进行了金属元素的测试,另外还针对有机碳、总氮、总磷、核素(^{210}Pb,^{137}Cs)等开展了分析。

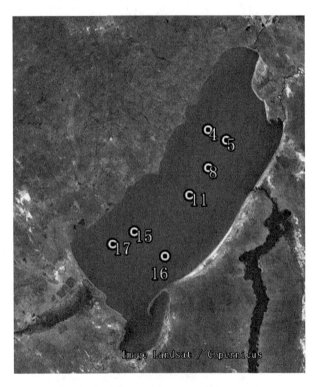

图 5-1　呼伦湖沉积物采集布点示意图

5.1.1.1　重金属含量的空间变异性

表 5-1 列出了呼伦湖沉积物中 7 种金属含量统计结果。整体上看,呼伦湖表层沉积物中 7 种重金属(包括类金属 As)的含量依次为 Zn>Cr>Cu、Pb>As>Cd>Hg。变异系数作为反映统计数据波动特征的参数,通过对某元素分布特征的描述可以从一定程度上反映其污染状况。从这 7 种重金属的变异系数来看,Cd 的空间变异系数最

大,为 10.82%,这是由 Cd 在 4、15,17 点的含量较低而其他采样点较高导致的;其次为 As。与张晓晶等(2010)获得的呼伦湖表层沉积物中 6 种重金属的含量依次为 Zn> Cr>Cu>Pb>As>Cd,以及 Cd 的空间变异系数最大的结果一致。但是张晓晶等获得的 Cd 的变异系数高达 68.30%,同时,As 和 Hg 的变异系数也比较大,分别为 57.84%、56.39%,Pb、Zn、Cu 和 Cr,变异系数也达到 30%~44%。刘桂霞的研究揭示,表层沉积物中 Cu、Pb、Zn、Cd 的含量范围分别为 2.590~38.801 mg/kg、6.582~ 23.580 mg/kg、9.779~110.167 mg/kg、0.017~0.408 mg/kg,平均值分别为 20.491 mg/kg、14.982 mg/kg、71.253 mg/kg 和 0.133 mg/kg,含量序列为 Zn>Cu>Pb> Cd。呼伦湖沉积物中 Cu、Pb、Zn、Cd 的变异系数分别是 34.82%、27.69%、36.27%、59.06%,表明空间异质性较为明显(刘桂霞,2011)。

表 5-1　呼伦湖表层沉积物中 7 种金属含量统计结果

(As、Cd、Pb、Cu、Zn、Cr 的单位 mg/kg, Hg 的单位 μg/kg)

	最小值	最大值	平均值	标准偏差	相对标准偏差(%)
As	10.25	12.36	10.89	0.80	7.30
Cd	0.16	0.21	0.19	0.02	10.82
Pb	18.72	21.50	20.30	0.88	4.36
Cu	19.54	21.87	20.61	0.86	4.18
Zn	77.08	90.62	85.37	4.12	4.82
Cr	39.89	46.70	43.38	2.20	5.07
Hg	46.24	55.02	51.21	3.16	6.18

从浓度上来看,本研究结果获得的 Pb、Zn、Cu 及 Cr、As 的均值与张晓晶等获得的结果接近,但 Hg、Cd 的均值与张晓晶等获得的结果差异较大。本研究结果获得的 Hg 和 Cd 均值分别为 51.21 μg/kg,19 μg/kg,是张晓晶等获得结果的 0.46 和 2.70 倍。本研究获得的 Zn、Cu 的均值与刘桂霞获得的结果接近,Pb 的均值稍高于刘桂霞获得的结果,Cd 的均值是刘桂霞获得结果的 1.43 倍。造成不同研究结果存在差异的一个可能是采样点的不同,二是本研究和刘桂霞的研究采集的表层 2 cm 样品用于分析,而张晓晶等采集的是表层 15 cm 样品用于分析。

由表 5-2 呼伦湖表层底泥中 7 种不同重金属含量之间的相关性分析结果表明,Pb 和 Cd 之间具有极显著的相关关系,Pb 和 Zn,Pb 和 Cr 之间具有显著的相关关系。这与张晓晶等获得的结果稍有不同,他们的相关分析结果表明 Cu、Zn、Cr 两两之间具有极显著的相关关系,As 和 Hg 也具有较显著的相关。而刘桂霞的金属相关分析结果表明,Cu 与 Zn、Zn 与 Cd 极显著正相关,Cu 与 Pb 呈显著正相关。不同研究者的相关性分析的结果存在差异,揭示利用一次采集数据分析金属来源时要倍加小心谨慎。

表5-2　呼伦湖表层沉积物中7种金属含量相关分析结果

	Cd	Pb	Cu	Zn	Cr	Hg
As	−0.09	0.04	0.48	0.11	−0.09	0.14
Cd		0.89**	0.29	0.71	0.79	−0.46
Pb			0.19	0.94*	0.58*	−0.61
Cu				0.10	0.04	−0.31
Zn					0.39	−0.61
Cr						−0.27

注:*($P<0.05$)显著相关,**($P<0.01$)极显著相关。(双尾检验)

刘桂霞在呼伦湖采集了36个点的表层样,本研究以及张晓晶等的采样点相对较少。因此刘桂霞的结果有可能更好地揭示重金属含量的空间变异性,她的结果显示Cu、Zn含量由北西湖区向南东湖区递减,Pb含量具有湖心区低湖滨区高的特征,Cd含量具有湖心高湖滨低的特点。刘桂霞认为湖心区Pb为低值区的原因可能与水流方向、水动力条件变化及沉积物矿物组成等因素有关;Cd在湖心区出现高值区,可能与湖水盐度有关。湖滨受入湖河流的影响,盐度相对较低,湖心盐度相对较高,有利于镉以碳酸盐形式沉淀。

总之,呼伦湖沉积物中的7种重金属的空间分异性相对较小,且除Cd外,其他6种重金属含量均低于我国《土壤环境质量标准》(GB 15618—1995)一级自然背景值限值(表5-3)。

表5-3　土壤环境质量标准值(GB 15618—1995)(mg/kg)

土壤pH	一级	二级			三级
	自然背景	<6.5	6.5~7.5	>7.5	>6.5
As	15	40	30	25	40
Cd	0.20	0.30	0.60	1.0	
Pb	35	250	300	350	500
Cu	35	50	100	100	400
Zn	100	200	250	300	500
Cr	90	150	200	250	300
Hg	0.15	0.30	0.50	1.0	1.5

5.1.1.2　表层沉积物重金属的富集

通过与未受污染的沉积物(如工业革命以前的)中相应元素的背景浓度比较,可以鉴别表层现代沉积物重金属富集程度,从而获取沉积物中重金属的自然和人为来源的相对贡献率。富集系数(EF)可以用来反映沉积物重金属污染程度。使用 Al(Fe,Ti等)元素作为粒度的代用指标对重金属进行标准化,以消除粒度的影响。计算公式如下:

$$EF = (Met/Al)_{样品} / (Met/Al)_{背景} \qquad (5-1)$$

公式(5-1)中,Met 是指重金属的浓度,$(Met)_{背景}$ 为环境背景值,通常可以工业革命前的沉积物的该金属含量作为参考,因为工业革命前可以认为是未受人为污染或者污染较少的。

当然也有不经过标准化来计算富集系数衡量单种重金属的富集程度的,富集系数可表示为

$$EF = (Met)_{样品} / (Met)_{背景} \qquad (5-2)$$

如张晓晶等(2010)在计算呼伦湖表层沉积物重金属的富集时,运用 5-2 式分别选用了 Lars Hakanson 提出的现代工业化前正常颗粒沉积物中重金属含量的最高背景值 w(Hg)、w(As)、w(Cu)、w(Zn)、w(Pb)、w(Cd)、w(Cr)分别为 0.25、15.00、30.00、80.00、25.00、0.50 和 60.00 mg/kg,来反映湖泊污染程度。另外张晓晶等还选用我国《土壤环境质量标准》(GB 15618—1995)的一级自然背景值为参比值,w(Hg)、w(As)、w(Cu)、w(Zn)、w(Pb)、w(Cd)、w(Cr)分别为 0.15、15.00、35.00、100.00、35.00、0.20 和 90.00 mg/kg(表 5-3)来反映呼伦湖的相对污染程度。

本节分别运用式(5-1)和(5-2)计算出各采样点重金属的富集系数。总体上,以工业革命前的沉积物的该金属含量作为参考,进行粒度校正,得到的富集程度最高(方法1)。以我国《土壤环境质量标准》一级自然背景值为参照的,未经粒度校正的,得到的富集程度最低(方法2)。工业革命前沉积物中重金属含量的最高背景值为参照的,未经粒度校正的(方法3),除了 Cd,其他元素的富集系数都高于或接近方法2的结果。方法1得到的 Zn、Cu 和 Cd 的富集程度最高,接近1,其次是 Pb、Cr。方法2得到的 Cd的富集程度最高,为 0.95,其次是 Zn、As,接着是 Pb、Cu,最低的是 Cr 和 Hg,分别是 0.48 和0.34。方法3得到的 Zn 富集程度最高,接近1,其次是 Pb、As、Cr、Cu、Cd 和 Hg 最低,分别是 0.38、0.20。经过对比发现,方法2和方法3的不同元素的富集系数存在较大差别,而方法1的不同元素的富集系数较为接近。由于方法1选用的是工业革命前的沉积物的该金属含量作为参考,并进行粒度校正,应该是更符合实际情况,结果相对合理。

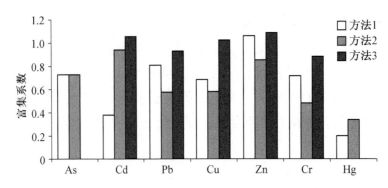

图 5-2　呼伦湖 7 个点表层样 As、Cd、Pb、Cu、Zn、Cr、Hg 均值获得的富集系数

(方法 1:以工业革命前沉积物的该金属含量作为参考,进行粒度校正,计算富集系数。方法 2:以我国《土壤环境质量标准》一级自然背景值为参照,未经粒度校正得到的富集系数。方法 3:工业革命前沉积物中重金属含量的最高背景值为参照,未经粒度校正的得到的富集系数)

5.1.2　表层沉积物中重金属的形态

都达古拉等(2015)分析了呼伦湖表层沉积物中重金属的形态。他们的研究发现,呼伦湖表层沉积物中 Cu、Pb 和 Zn 的主导形态均为残渣态(F_5),分别占总量的 69.44%、40.30% 和 73.95%;Cd 的主导形态则为铁锰氧化物结合态(F_3)、可交换态(F_1)和碳酸盐结合态(F_2),分别占总量的 36.29%、26.69% 和 20.96%。Cu 各形态含量及其占总量的百分比依次为 $F_5 >$ 有机硫化物结合态(F_4)$> F_3 > F_2 > F_1$,Zn 各形态含量及其占总量的百分比依次为 $F_5 > F_3 > F_4 > F_2 > F_1$,Pb 各形态含量及其占总量的百分比依次为 $F_5 > F_3 > F_2 > F_1 > F_4$,Cd 各形态含量及其占总量的百分比依次为 $F_3 > F_1 > F_2 > F_5 > F_4$。Cu、Zn 与 Pb、Cd 相比较,后者较前者有在 F_2 和 F_1 等次生相中富集的明显倾向。Cd 在次生相中分布的百分比明显比 Cu、Zn、Pb 偏高;相应地,Cu、Zn、Pb 等在原生相中分布的百分比较 Cd 高。由上述规律可知,Cd 在次生相中明显富集,并在 F_3、F_1 和 F_2 等次生相中均占有相当比例。此外,尽管 Pb 在次生相中富集的倾向不及 Cd 明显,但也在 F_3、F_2 和 F_1 等次生相中明显富集。因此,呼伦湖表层沉积物中,Cd、Pb 较 Cu、Zn 具有更大的潜在生态危害性。

5.1.3　重金属的潜在生态危害评价

20 世纪 80 年代中后期以来对沉积物质量基准的研究取得了有意义的进展,尤其近 10 多年来,随着沉积物中重金属污染问题的日益严重,在研究和制订沉积物质量基准方面取得了长足的进展。目前制订沉积物质量基准的方法很多,但对用于制订重金属沉积物质量基准的方法总结起来,只有两种制订方法占据着主导地位。一种是经验的方法,即基于生物效应数据库的响应型阈值法(生物效应数据库法);另一种是基于平衡分配模型的相平衡分配法。应用生物效应数据库法建立水体沉积物重金属质量基准的基本步骤包括沉积物生物效应数据库的建立,水体重金属沉积物质量基准的建立,即确定可能产生效应阈值(Threshold Effect Level, TEL)和必然产生效应阈值(Probable Effect Level, PEL)。如果沉积物中某一重金属浓度低于其 TEL 值,意味着负面生物效应几乎不会发生;高于其 PEL 值,意味着负面生物效应经常发生;如介于两者之间,则意味着负面生物效应偶尔发生(王立新和陈静生,2003)。

目前,由于我国尚没有有关湖泊沉积物重金属沉积物质量基准。采用加拿大环境部 EPA 的沉积物暂行标准规定,Pb 的 TEL 值为 35 mg/kg,PEL 值为 91 mg/kg;Cu 的 TEL 值为 36 mg/kg,PEL 值为 197 mg/kg;Zn 的 TEL 值为 123 mg/kg,PEL 值为 315 mg/kg;Hg 的 TEL 值为 170 ng/g,PEL 值为 490 ng/g;As 的 TEL 值为 5.9 mg/kg,PEL 值为 17.0 mg/kg;Cd 的 TEL 值为 0.60 mg/kg,PEL 值为 3.53 mg/kg;Cr 的 TEL 值为 37.3 mg/kg,PEL 值为 90 mg/kg。本次呼伦湖 7 个研究点表层样的 Cu、Pb、Zn、Hg、Cd 含量都低于 PEL,Cr 和 As 含量介于 PEL 和 TEL 之间。可见在呼伦湖金属污染造成的生态效应还不明显。

5.2　湖泊柱状沉积物金属变化

5.2.1　柱状沉积物重金属的垂向分布特征

5.2.1.1　Cu 的垂直分布特征

由图 5-3 可以看出,总体上,Cu 的含量随深度的变化较小,尤其是 HLH17 号点位。HLH16、HLH8 沉积物柱芯的最底部 Cu 含量稍低,其他层位 Cu 含量则接近。对于 HLH11、HLH15、HLH4、HLH5,Cu 含量存在小幅波动。

HLH11 的 Cu 含量的最大值为 24.81 mg/kg,最小值 16.39 mg/kg,平均值 21.03 mg/kg,相对变异系数 12.0%。相比其他点,HLH11 的 Cu 的变化较为明显,在最底部约 70 cm 以下 Cu 的含量最低,最高值出现在 21.5 cm 处。HLH15 的 Cu 含量的最大值为 19.89 mg/kg,最小值 14.41 mg/kg,平均值 17.16 mg/kg,相对变异系数 11.9%。

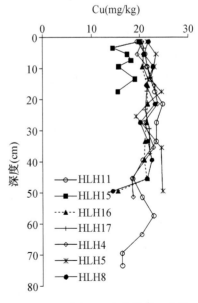

图 5-3　呼伦湖 7 个点柱状沉积物
Cu(mg/kg)的垂向变化

HLH15 的 Cu 含量的最小值也是所有点中最低的,HLH15 的 Cu 的最大值甚至低于 HLH17 的最低值。HLH16 的 Cu 含量的最大值为 21.68 mg/kg,最小值 15.52 mg/kg,平均值 20.58 mg/kg,相对变异系数 9.0%。该点除了最底部 49.5 cm 处 Cu 含量低至 15.52 mg/kg,其他层位的 Cu 含量非常接近。HLH17 的 Cu 含量的最大值为 22.13 mg/kg,最小值 20.49 mg/kg,平均值 21.27 mg/kg,相对变异系数 2.7%。该点的 Cu 含量的相对变异系数最低,平均值也是所有点里最高的。HLH4 的 Cu 含量的最大值为 23.74 mg/kg,出现在 21.5 cm,最小值 18.42 mg/kg,出现在 45.5 cm,平均值 21.05 mg/kg,相对变异系数 9.3%。HLH5 的 Cu 含量的最大值为 24.79 mg/kg,出现在 49.5 cm,最小值 19.23 mg/kg,出现在 25.5 cm,平均值 22.82 mg/kg,相对变异系数 8.0%。HLH8 的 Cu 含量的最大值为 23.21 mg/kg,最小值 14.45 mg/kg,出现在该柱状样的最深处,平均值 21.07 mg/kg,相对变异系数 11.9%。该点除了最底部 Cu 含量呈现最小值,其他层位的 Cu 含量非常接近。

5.2.1.2　Pb 的垂直分布特征

由图 5-4 可以看出,呼伦湖沉积物柱芯 Pb 的含量随深度的变化较小。HLH11 的 Pb 含量的最大值为 21.50 mg/kg,出现在最表层,最小值 18.10 mg/kg,平均值 19.12 mg/kg,相对变异系数 4.4%。HLH15 的 Pb 含量整个剖面变化小,最大值为 19.23 mg/kg,最小值 17.38 mg/kg,平均值 18.18 mg/kg,相对变异系数 3.7%,是所有采样点中相对变异系数最小的。HLH16 的 Pb 含量的最大值为 21.06 mg/kg,出现在 33.5 cm 处,最小值 15.46 mg/kg,出现在最底部,平均值 19.78 mg/kg,相对变异系数 7.9%,是所有采样点中相对变异系数最大的。但在 HLH16,除最底部外,其他层位的 Pb 含量非常接近。HLH17 的 Pb 含量的最大值为 22.32 mg/kg,

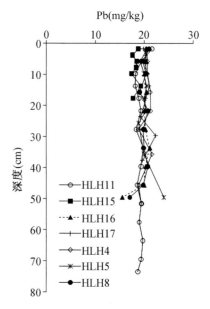

图 5-4　呼伦湖 7 个点柱状沉积物
Pb(mg/kg)的垂向变化

出现在 29.5 cm 的位置,最小值 19.19 mg/kg,平均值 20.32 mg/kg,相对变异系数 4.5%。HLH4 的 Pb 含量的最大值为 21.53 mg/kg,出现在 35.5 cm 的位置,最小值 18.80 mg/kg,平均值 20.27 mg/kg,相对变异系数 5.1%。HLH5 的 Pb 含量的最大值为 23.93 mg/kg,出现在最底部,这与其他点不一致,最小值 18.78 mg/kg,平均值 20.29 mg/kg,相对变异系数 7.3%。HLH8 的 Pb 含量的最大值为 20.94 mg/kg,最小

值 17.06 mg/kg,出现在岩芯的最底部,平均值 19.79 mg/kg,相对变异系数 5.7%。

5.2.1.3　Zn 的垂直分布特征

由图 5-5 可以看出,HLH11 剖面显示出底部～33.5 cm 的 Zn 含量相对稳定,从 33.5 cm～13.5 cm Zn 含量出现下降然后再升高。HLH11 剖面 Zn 含量的最大值为 90.62 mg/kg,出现在最表层,最小值 72.09 mg/kg,出现在 13.5 cm,平均值 81.27 mg/kg,相对变异系数 6.8%。HLH15 剖面显示出从底部到表层 Zn 含量增加的大概趋势。在 HLH15 点 Zn 含量最大值为 77.08 mg/kg,最小值 62.48 mg/kg,平均值 68.42 mg/kg,是所有采样点中平均值最低的,相对变异系数 7.5%,是所有采样点中相对变异系数最大的。在 HLH16 剖面,从底部到 33.5 cm,Zn 含量逐步增加,33.5 cm 到表层 Zn 含量相对稳定。在 HLH16 剖面 Zn 含量的最大值为 95.78 mg/kg,最小值 77.47 mg/kg,平均值 87.76 mg/kg,相对变异系数 5.5%。

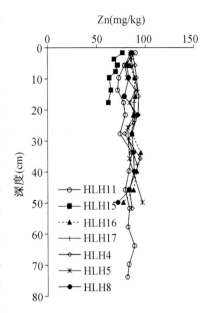

图 5-5　呼伦湖 7 个点柱状沉积物 Zn(mg/kg)的垂向变化

HLH17 的 Zn 含量的最大值为 92.60 mg/kg,最小值 83.68 mg/kg,平均值 88.34 mg/kg,相对变异系数 3.4%,是所有采样点中相对变异系数最小的。HLH4 的 Zn 含量的最大值为 95.19 mg/kg,最小值 79.35 mg/kg,平均值 88.98 mg/kg,是所有采样点中平均值最高的,相对变异系数 5.8%。HLH5 的 Zn 含量的最大值为 97.24 mg/kg,也是所有采样点中的最大值,最小值 79.77 mg/kg,平均值 86.13 mg/kg,相对变异系数 6.3%。HLH8 剖面 15.5 cm 至表层 Zn 含量呈现增加的趋势。HLH8 的 Zn 含量的最大值为 92.76 mg/kg,出现在 21.5 cm 处,最小值 72.15 mg/kg,平均值 84.41 mg/kg,相对变异系数 6.9%。

5.2.1.4　Cd 的垂直分布特征

呼伦湖沉积物 Cd(图 5-6)的含量随深度的变化较小。HLH11 的 Cd 含量的最大值出现在最表层,为 0.21 mg/kg,最小值 0.15 mg/kg,平均值 0.17 mg/kg,相对变异系数 9.6%。在所有点中,HLH15 的 Cd 含量相对要低,其最大值为 0.16 mg/kg,最小值 0.13 mg/kg,平均值 0.14 mg/kg,相对变异系数 9.2%。HLH16 的 Cd 含量的最大值出现在最表层为 0.20 mg/kg,最小值出现在最底部为 0.12 mg/kg,平均值 0.17 mg/kg,相对变异系数 11.5%。HLH17 的 Cd 含量的最大值为 0.19 mg/kg,最小值 0.15 mg/kg,平均值 0.17 mg/kg,相对变异系数 6.3％,是所有采样点中相对变异系数最小的。HLH4 的 Cd 含量的最大值为 0.19 mg/kg,最小值 0.15 mg/kg,平均值 0.17 mg/kg,相对变异系数 9.2％。HLH5 的 Cd 含量的最大值为 0.21 mg/kg,最小值出现在 25.5 cm,为 0.15 mg/kg,平均值 0.19 mg/kg,相对变异系数 9.6％。HLH8 的 Cd 含量的最大值为 0.21 mg/kg,最小值 0.12 mg/kg,平均值 0.18 mg/kg,相对变异系数 13.6％,是所有采样点中相对变异系数最大的。

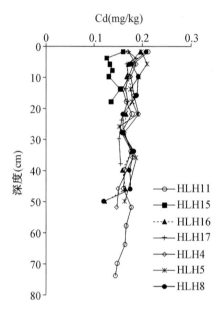

图 5-6 呼伦湖 7 个点柱状沉积物
Cd(mg/kg)的垂向变化

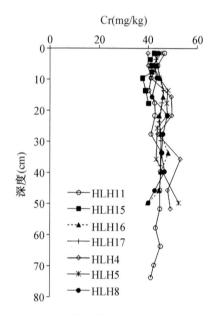

图 5-7 呼伦湖 7 个点柱状沉积物
Cr(mg/kg)的垂向变化

5.2.1.5 Cr 的垂直分布特征

由图 5-7 可以看出,HLH11 的 Cr 含量的最大值为 46.70 mg/kg,最小值 40.22 mg/kg,平均值 43.31 mg/kg,相对变异系数 4.5％。HLH15 的 Cr 含量的最大值为 42.32 mg/kg,最小值 37.69 mg/kg,也是所有点中的最小值,平均值 40.38 mg/kg,相对变异系数 4.0％。HLH16 底部～33.5 cm 的 Cr 含量呈现增加的趋势,Cr 含量的最大值 48.17 mg/kg,最小值 39.92 mg/kg,平均值 44.48 mg/kg,相对变异系数 4.8％。HLH17 的 Cr 含量的最大值为 46.25 mg/kg,最小值 42.53 mg/kg,平均值 44.51 mg/kg,相对变异系数 2.7％,是所有采样点中相对变异系数最小的。HLH4 剖面从整体来看,Cr 含量随着深度的减少而减少,其最大值为 53.17 mg/kg,最小值 39.89 mg/kg,平均值 46.05 mg/kg,相对变异系数 10.6％,是所有采样点中相对变异系数最大的。HLH5 的 Cr 含量的最大值出现在剖面的最底部为 52.52 mg/kg,最小值

41.92 mg/kg,平均值 46.03 mg/kg,相对变异系数 7.1%。HLH8 底部～39.5 cm 的 Cr 含量呈现增加的趋势,表层 15.5 cm 向上也保持增加的趋势。HLH8 最大值为 47.82 mg/kg,最小值 40.03 mg/kg,平均值 44.01 mg/kg,相对变异系数 5.6%。

5.2.1.6　As 的垂直分布特征

由图 5-8 可以看出,HLH11 表层 17.5 cm 向上 As 呈现减少的趋势。As 含量的最大值为 15.50 mg/kg,最小值 10.38 mg/kg,平均值 12.41 mg/kg,相对变异系数 11.4%,是所有采样点中相对变异系数最小的。HLH15 表层 13.5 cm 向上 As 含量大致显示出减少的趋势,As 含量的最大值为 15.54 mg/kg,最小值 8.65 mg/kg,也是所有点中的最小值,平均值 11.85 mg/kg,相对变异系数 18.9%,是所有采样点中相对变异系数最大的。HLH16 剖面 As 含量呈现波折型变化。As 含量的最大值为 14.78 mg/kg,最小值 10.25 mg/kg,平均值 21.11 mg/kg,相对变异系数 12.0%。HLH17 剖面 As 含量呈现随着深度减少先降低再保持稳定最后减少的变化。As 含量的最大值出现

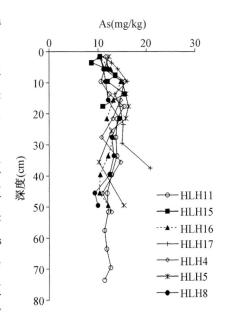

图 5-8　呼伦湖 7 个点柱状沉积物 As(mg/kg)的垂向变化

在剖面的最深处为 20.82 mg/kg,最小值 10.86 mg/kg,平均值 14.80 mg/kg,相对变异系数 18.4%。HLH4 剖面 As 含量呈现波折型变化。As 含量的最大值为 15.51 mg/kg,最小值 10.71 mg/kg,平均值 12.93 mg/kg,相对变异系数 13.5%。HLH56 剖面 As 含量在 20 cm 以下深度变化较大,表层 20 cm 内大致随着深度减少而减少。As 含量的最大值为 16.38 mg/kg,最小值 10.24 mg/kg,平均值 13.92 mg/kg,相对变异系数 16.2%。HLH8 剖面 As 含量最底部～21.5 cm 深度呈现增加趋势,20 cm～最顶部不断减少。最大值为 14.51 mg/kg,最小值 9.31 mg/kg,平均值 11.77 mg/kg,相对变异系数 13.7%。

5.2.1.7　Hg 的垂直分布特征

总体看来,呼伦湖沉积物 Hg(图 5-9)的含量随深度的减少呈现增加的趋势,并且剖面变化的幅度(倍数)要大于其他的金属(Cu、Pb、Zn、Cd、Cr、As)。

HLH11 剖面 45.5 cm 以下深度,Hg 含量相对稳定,45.5 cm 至 21.5 cmHg 含量不断增加,在 21.5 cm 内 Hg 含量相对稳定。Hg 含量的最大值出现在 5.5 cm 处,为

58.66 μg/kg,最小值 29.06 μg/kg,平均值 41.54 μg/kg,相对变异系数 22.7%。HLH15 剖面 9.5 cm 以下深度,Hg 含量相对稳定,9.5 cm 至最表层 Hg 含量不断增加,Hg 含量的最大值为 54.32 μg/kg,最小值 21.14 μg/kg,平均值 29.85 μg/kg,相对变异系数 40.0%,是所有采样点中相对变异系数最大的。HLH16 剖面 45.5～15.5 cm 的 Hg 含量相对稳定,9.5 cm 以内的 Hg 含量较高,最大值出现在 5.5 cm,为 87.69 μg/kg,也是所有点中的最大值,最小值出现在最底部,为 18.27 μg/kg,也是所有点中的最小值,平均值 50.74 μg/kg,相对变异系数 33.4%。HLH17 剖面是所有 7 个点中唯一的 Hg 含量随深度的减少呈现增加的趋势不够明显的。Hg 含量的最大值为 67.13 μg/kg,最小

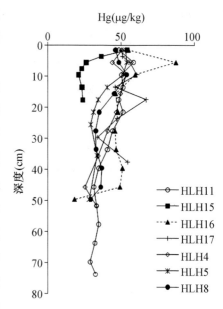

图 5-9 呼伦湖 7 个点柱状沉积物 Hg(μg/kg)的垂向变化

值 34.14 μg/kg,平均值 51.95 μg/kg,相对变异系数 18.1%,是所有采样点中相对变异系数最小的。HLH4 剖面 45.5～9.5 cm 的 Hg 含量不断增加。Hg 含量的最大值为 53.63 μg/kg,最小值 25.47 μg/kg,平均值 42.15 μg/kg,相对变异系数 22.2%。HLH5 剖面 Hg 含量的变化可以分为三段:底部～25.5 cm,相对稳定;25.5～9.5 cm 逐步增加;9.5 cm～最表层,相对稳定。Hg 含量的最大值为 53.89 μg/kg,最小值 28.17 μg/kg,平均值 39.50 μg/kg,相对变异系数 26.9%。HLH8 剖面 21.5 cm 以下深度除了最底部 Hg 含量相对稳定,21.5～9.5 cm 逐步增加然后开始降低。Hg 含量的最大值为 54.01 μg/kg,最小值 29.39 μg/kg,平均值 39.78 μg/kg,相对变异系数 20.5%。

5.2.2　柱状沉积物金属的来源分析

自 20 世纪 70 年代以来,基于特征值的主成分分析(PCA)和其他技术(如因子分析)已广泛应用于地质资料的分析。对于任何数据集,例如沉积物样品的元素浓度,通过欧氏距离可以衡量沉积物样品之间的差异。如果所有元素浓度都是独立变化(即它们不相关)的,那么就需要所有元素的浓度来描述样品的位置和相互关系。然而在实际情形下,沉积物不同元素之间有可能相互关联,在这样的情况下,就可以通过降维手段使用更少的组合变量(维)来表示。

笔者采用主成分分析技术对采集的呼伦湖沉积物分析所得原始数据包括常量元

素、有机碳、总碳、总氮、碳氮比、烧失量、重金属等进行归一化,得到原始数据矩阵,然后对相关矩阵的特征向量提取,取特征值大于 1,累积方差已达 86.29% 的前 5 个成分作为主成分,依次为 PC1、PC2、PC3、PC4(表 5 - 4、表 5 - 5)。发现,第 1 主成分 PC1 占方差的 47.06%,主要与钙、镁、汞、烧失量、碳酸盐、碳、氮正相关,与钾、钠、铝、碳氮比负相关,这组元素主要与湖泊内水体变化如盐碱化、富营养化,以及湖区周围的土壤侵蚀有关,而汞与沉积物中的有机物相结合,反映出汞与 TOC 的共变关系。第 2 主成分占方差的 20.94%,与铁、铅、锌、铬、粘土含量正相关,与钠负相关,反映出流域输入对这些元素的影响,受自然控制。第 3 主成分 PC3 主要与铜、镉相关,占方差的 10.80%。第 4 主成分 PC4 主要与砷和汞相关,占方差的 7.49%。第 3 主成分和第 4 主成分可能揭示了人为污染的影响。

表 5 - 4　前 4 个主成分的特征值、方差以及累积方差

主成分	特征值	方差/%	累计方差/%
PC1	9.88	47.06	47.06
PC2	4.40	20.94	68.00
PC3	2.27	10.80	78.80
PC4	1.57	7.49	86.29

表 5 - 5　不同测试项目的主成分分析结果

	主成分(PC1)	主成分(PC2)	主成分(PC3)	主成分(PC4)
K	−0.87			
Ca	0.86			
Na	−0.75	−0.61		
Mg	0.81			
Fe		0.90		
Al	−0.93			
As				0.82
Cd			0.73	
Pb		0.68		
Cu			0.75	
Zn		0.88		
Cr		0.87		
Hg	0.60			
LOI	0.89			
碳酸盐	0.87			

(续表)

	主成分(PC1)	主成分(PC2)	主成分(PC3)	主成分(PC4)
TC	0.97			
TN	0.90			
TOC	0.76			
TIC	0.91			
TOC/TN	−0.75			
粘土		0.72		

2005 年,Outridge et al. 发表了一篇国际文章,他们在极地湖泊的研究发现,汞浓度与硅藻总丰度密切相关。在过去 400 年,特别是在 20 世纪,当汞浓度增加了 2 倍,硅藻增加了 4 个数量级。自 1854 年以来,81% 的汞通量变化与硅藻和钙通量有关。并且他们在附近的另一个湖也发现了汞和硅藻之间的相似关系,证实了这种关系并不是特有的。因此,他们提出了一个假说:近代的汞增加可能是部分或完全由水柱中藻类生产力增加造成汞清除效率增加而导致的。此后 Outridge et al. (2007)进一步运用裂解技术支持了自己的假说。

图 5-10 显示,随着 TOC/TN 的减少 Hg 含量在增加,揭示随着藻类比例的增加,更多的 Hg 结合到呼伦湖沉积物中。但图 5-11 显示,Hg 含量与沉积物有机质之间没有显著的相关关系。这说明,在呼伦湖有机质的增加并没有导致明显的沉积物 Hg 含量的增加。结合 PCA 分析,可以认为在呼伦湖,一方面湖泊沉积物中 Hg 受到人为污染的影响,另一方面藻类的增殖进一步促使更多的 Hg 结合到湖泊沉积物中。

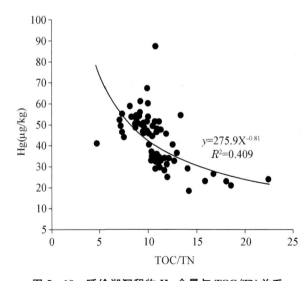

$$y = 275.9X^{-0.81}$$
$$R^2 = 0.409$$

图 5-10　呼伦湖沉积物 Hg 含量与 TOC/TN 关系

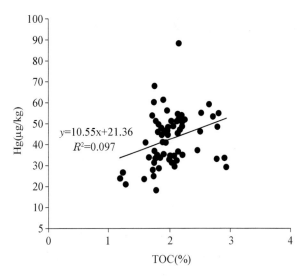

图 5 – 11 呼伦湖沉积物 Hg 含量与 TOC 关系

参考文献

Adriano, D. Trace elements in the terrestrial environment[M]. NY: Springer, 1986.

Callender, E. Heavy metals in the environment-historical trends[J]. Treatise on geochemistry, 2003, 9: 612.

Nriagu, J. O. Global metal pollution: poisoning the biosphere? [J] Environment: Science and Policy for Sustainable Development, 1990, 32(7): 7 - 33.

P. M. Outridge, G. A. Stern, P. B. Hamilton, J. B. Percival, R. McNeely, W. L. Lockhart. Trace metal profiles in the varved sediment of an Arctic lake[J]. Geochimica et Cosmochimica Acta, 2005, 69(20): 4881 - 4894.

P. M. Outridge, H. Sanei, G. A. Stern, P. B. Hamilton, F. Goodarzi. Evidence for Control of Mercury Accumulation Rates in Canadian High Arctic Lake Sediments by Variations of Aquatic Primary Productivity Environ[J]. Sci. Technol. , 2007, 41: 5259 - 5265.

Reimann and de Caritat, Chemical Elements in the Environment[J]. Berlin: Springer, 1998.

都达古拉,何江,吕昌伟,谢志磊,李云飞,丁涛. 呼伦湖水—沉积物系统中重金属的含量特征[J].农业环境科学学报,2015,34(1):118 - 123.

刘桂霞. 呼伦湖重金属的环境地球化学研究[D]. 内蒙古大学,2011.

王立新,陈静生. 建立水体沉积物重金属质量基准的方法研究进展[J].内蒙古大学学报(自然科学版),2003, 34(4):472 - 477.

张晓晶,李畅游,张生,史小红,李卫平. 呼伦湖沉积物重金属分布特征及生态风险评价[J].农业环境科学学报,2010,29(1):157 - 162.

第6章 湖泊鱼类资源变化

　　呼伦湖是中国第五大淡水湖,也是内蒙古第一大湖。湖泊渔业作为呼伦湖重要的功能之一,对我国北方淡水渔业的发展有着举足轻重的作用。呼伦湖自然资源丰富,发展渔业生产有着得天独厚的有利条件。以呼伦湖为主体的三湖(呼伦湖、贝尔湖、乌兰泡)和三河(克鲁伦河、乌尔逊河、达兰鄂罗木河)形成一个渔业生产的整体,成为供鱼类栖息、繁衍的天然有机水系(赵慧颖等,2008)。呼伦湖历史上曾有鱼类记录30种,主要有鲤、鲫、鲇、红鳍原鲌、狗鱼、雅罗鱼等经济鱼类。呼伦湖渔业在呼伦贝尔以及内蒙古的经济与社会生活中具有相当重要的作用,而呼伦湖渔业可持续发展的制约因素主要是呼伦湖富营养化迅速发展、渔业捕捞强度增加以及湖泊水文条件变化剧烈(金相灿,1995;白美兰等,2008)。近些年来,呼伦湖渔业捕捞强度不断增加,超过了渔业自然资源的再生量,从而造成湖泊渔业资源衰退。渔业资源的过度捕捞造成大中型鱼类数量减少,具有较强补偿调节能力的低龄小型鱼类迅速增加,鱼类群落结构朝着“小型化”和“优势种单一化”方向发展。20世纪90年代开始,由于附近农牧区域和城市的营养物质大量输入和积累,呼伦湖污染逐步加剧,富营养化程度不断加深,浮游植物生物量迅速增长,营养物质的增加改变了湖泊初级生产力和鱼类生物饵料基础,鱼类的食物组成、群落结构以及食物网关系发生重大变化(李宝林等,1999;李树国等,2008;李华等,2009)。同时,近年来呼伦湖流域的气候和水文条件变化剧烈,连年干旱造成湖泊水位下降,水域面积和蓄水量不断减少,乌尔逊河、克鲁伦河等河流的产卵场干涸断流,对呼伦湖鱼类产卵及繁殖产生重要影响。

　　鲹条是呼伦湖鱼类中种群生物量最大的种类。据呼伦湖渔业公司的捕捞统计资料分析,1948—2013年的65年间,鲹条捕捞量显现出两个明显的阶段特征,1948—1986年,鲹条产量比重相对稳定变动在60%以下,1987—2013年,鲹条捕捞产量急剧上升,产量比重达到90%左右。根据对呼伦湖水环境指标的监测分析,呼伦湖水体富营养化自20世纪90年代中后期日趋严重,水体TN、TP、COD等含量不断提升。鲹条种群则随着呼伦湖水体富营养化程度的不断提高其产量迅速增长,显示出鲹条次级生产力增长与呼伦湖水体富营养化初级生产力同步增长的特征。鲹条是浮游生物食性鱼类,主食浮游动物和藻类,呼伦湖水体富营养化提高了湖泊初级生产力,浮游生物数量不断增长,浮游生物食性鱼类饵料基础随之改变,为鲹条生长提供了充足的饵料。目前鲹条产量在呼伦湖总渔获物量中占90%以上,其对浮游动物的摄食减缓了浮游动物对浮游植物的滤食压力,可能会造成浮游植物的生物量和初级生产力不断上升,浮游动物的生态作用受到限制。鳘条为代表的鱼类资源小型化趋势的加剧,也会影响以浮游生物为食物的其他鱼类以及其捕食鱼类的种群数量,其种群资源的变化对湖泊整个生态系统结构将产生影响。同时由于渔业与渔业管理的滞后,呼伦湖渔业捕捞时间长、酷捕性渔具较多,渔业资源的过度捕捞造成大中型鱼类数量下降,鱼类群落结构"小型化"和"优势种单一化",生物多样性下降。由此看出,目前呼伦湖鳘条单种群极高的渔获量以及失衡的鱼类群落结构是对水体逐步富营养以及湖泊环境因子变化的响应,也是鳘条与其他鱼类种群相互影响以及人类强烈活动造成的后果。

　　现在世界范围内也普遍出现了优质高营养层次鱼类资源相继衰退,而低营养层次的小型中上层鱼类资源逐渐增多的趋势。因此,针对呼伦湖目前的渔业资源现状,开展渔业资源小型化的演变机制研究,探讨更加完善的渔业管理措施来调控鳘条种群数量,进而优化呼伦湖鱼类群落结构以及提高渔业资源产值,是湖泊渔业与环境科学迫切需要研究解决的问题。许多渔业生态学家已经意识到,传统的渔业管理模式已不再适用,而基于鱼类群落结构和生态系统的管理模式则是未来渔业科学研究的发展方向。由于鱼类在湖泊生态系统中处于一个非常关键的承上启下的地位,它与其他生物之间通过食物网密切相关,而各生物种群的生存状况将影响整个生态系统的功能与稳定。为完成由传统的渔业管理向基于生态系统的管理模式的转变,必须加大对湖泊鱼类群落结构特征以及生态系统结构与功能的研究力度。鱼类群落是指生活在特定时间、特定水域中具有相互联系的鱼类集合体,开展鱼类群落水平上的研究是引入基于湖泊生态系统管理策略的前期理论准备和必需环节。鱼类群落结构的变化不仅可能导致渔业功能的退化,其相关过程的变化更是湖泊生态系统灾变的主要驱动因子之一,也是湖泊管理与生态系统恢复的关键。

　　呼伦湖生物资源及鱼类群落的系统研究开始于 1984 年,内容主要集中在鱼类种属的记录、鱼类区系的演化以及捕捞工具、渔获物产量等方面。近年来,对呼伦湖鱼类群落结构和多样性的实际调查较少,主要以呼伦湖渔业公司的渔业生产数据记录为主,而优势种鱼类食性、繁殖生物学以及生物多样性等相关方面的研究较少。综上所述,鱼类群落及渔业资源管理研究已逐渐受到国内外学者的关注,但呼伦湖仍缺乏系统和详细的鱼类动态监测,对于鱼类群落结构组成及其变化的机理探讨很少,相关的群落生态学特征和基于生态系统的渔业管理策略也是目前迫切需要研究的内容。因此,针对目前呼伦湖渔业资源小型化趋势加剧以及鳘条种群的迅速增长,对呼伦湖鱼类群落结构失衡以及渔业资源衰退机制开展系统的分析研究和实验,是指导目前呼伦湖鳘条种群巨大生物量的资源利用和调控措施的基础。

　　本项研究将以呼伦湖鱼类群落为研究对象,系统调查呼伦湖鱼类生物饵料资源结

构,并通过拖网对鱼类群落结构及多样性的空间分布特征展开研究,同时收集整理呼伦
湖历年渔业资源统计数据,分析呼伦湖渔业资源的现状特征与历史发展趋势,结合水体
富营养化不同历史阶段水质指标及生物饵料资源结构的分析,初步阐明呼伦湖渔业资
源小型化演变趋势对湖泊环境以及捕捞等人类活动的响应机制,为实施"封湖休渔"、
"增殖放流"等渔业综合管理措施与恢复湖泊生态环境提供参考依据。

6.1 研究方法

呼伦湖面积广阔,不同湖区间的环境特征及水系分布差别明显。乌尔逊河、克鲁伦
河是呼伦湖的主要补给水源,新开河是吞吐性河流,这三条河流分别从呼伦湖的南部、
东部和北部汇入。三河的水量、营养盐等污染物输入负荷等存在差别,而这也将影响呼
伦湖各湖区的水质、生物资源及鱼类群落组成。同时,呼伦湖东西湖区间的底质、水深
等也存在差别,其中东部湖岸较低,部分地区已沼泽化,且有挺水与沉水植物分布,湖底
多为细沙砾层;西部湖岸陡峭,湖区较深,湖底多为泥质土层,这些差异也将影响水生生
物的分布。

2014 年 12 月至 2015 年 1 月,在呼伦湖东部和西部湖区共设置调查点位 12 个(图
6-1),采用机引冰下大拉网(网长 800 m,网目 3~8 cm)对鱼类群落结构进行水平拖网
调查,并在全湖范围内收集渔民渔获物以增加物种数。采集的鱼类标本现场鉴定种类,
进行体长、体重等生物学测量,并记录数量、采集地等相关数据。采集到的鱼类用 10%

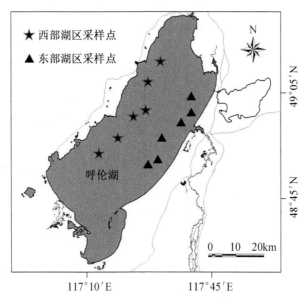

图 6-1 呼伦湖鱼类调查点位分布

甲醛溶液固定,鱼类鉴定依据最新文献进行(陈宜瑜,1998;解玉浩,2007),并参考鱼类专家的鉴定意见。

相对重要性指数:Pinkas 的相对重要性指数(IRI)被采用来研究生物群落优势种的成分(Pinkas, 1971):

$$IRI = (N\% + W\%) \times F\% \tag{6-1}$$

式中,$N\%$ 为某一种类的数量占总数量的百分比;$W\%$ 为某一种类的质量占总质量的百分比;$F\%$ 为某一种类出现的站数占调查总站数的百分比。

渔产潜力:渔产潜力根据 2014 年呼伦湖的饵料生物调查结果进行估算,计算公式如下:

$$F = W \cdot (P/B) \cdot T/f \tag{6-2}$$

式中:F 为渔产力(t/km^2);W 为饵料生物量(t/km^2);P/B 为饵料生物的年生产量与生物量之比;T 为鱼类对该饵料的利用率;f 为饵料系数。

生物多样性:生物群落多样性分析的计算公式如下(Krebs, 1989):

Margalef 物种丰富度指数(D):

$$D = (S-1)/\ln N \tag{6-3}$$

Shannon-Wiener 多样性指数(H'):

$$H' = -\sum_{i=1}^{S} P_i \times \ln P_i \tag{6-4}$$

Pielou 均匀度指数(J'):

$$J' = H'/\ln S \tag{6-5}$$

式中,S 为种类数;N 为总数量;P_i 为 i 种生物所占的比例。

参照环境保护部发布《近岸海域环境监测规范》(HJ442—2008)中的生物多样性指数评价标准和《海水增养殖区监测技术规程》生物多样性指数评价标准,评价生境质量等级,多样性指数分级评价标准见表 6-1。

表 6-1 多样性指数分级评价标准

指数范围	级别	评价状态	生境质量等级
$H' > 3$	丰富	物种种类丰富,个体分布均匀	优
$2 < H' \leq 3$	较丰富	物种丰富度较高,个体分布比较均匀	良好
$1 < H' \leq 2$	一般	物种丰富度较低,个体分布比较均匀	一般
$0 < H' \leq 1$	贫乏	物种丰富度低,个体分布不均匀	差
$H' = 0$	极贫乏	物种单一,多样性基本丧失	极差

6.2 呼伦湖鱼类群落结构

6.2.1 鱼类种类及区系组成

本次调查在呼伦湖地区共采集到鱼类 21 种,隶属 4 目 6 科 21 属(表 6-2)。其中鲤形目(17 种)种类最多,占调查物种总数的 81.0%;其次是鲑形目(2 种),其他 2 目各 1 种。在科的水平上,鲤科(15 种)种类最多,占总数的 71.4%;鳅科 2 种,其他 4 科各 1 种。呼伦湖东部湖区、西部湖区分别采集到鱼类 20 和 14 种(表 6-2),且各湖区均以鲤形目鱼类为主,分别占总数的 80.0%~85.7%,其他目的种类数较少。

呼伦湖鱼类按其起源分布和生态特征可分为 5 个区系复合体:红鳍原鲌(*Cultrichthys erythropterus*)、贝氏鰲(*Hemiculter bleekeri*)及引入的鲢(*Hypophthalmichthys molitrix*)、鳙(*Aristichthys nobilis*)等属于中国平原区系复合体(9 种,42.9%);黑斑狗鱼(*Esox reicherti*)、瓦氏雅罗鱼(*Leuciscus waleckii waleckii*)、银鲫(*Carassius auratus gibelio*)等属于北方平原区系复合体(5 种,23.8%);鲤(*Cyprinus carpio*)、鲇(*Silurus asotus*)等属于晚第三纪早期区系复合体(5 种,23.8%);哲罗鲑(*Hucho taimen*)和江鳕(*Lota lota*)分别属于北方山地区系复合体和北极淡水区系复合体(各 1 种,4.8%)。呼伦湖鱼类种类虽较少,但区系组成却较为复杂,其中北方平原区系、北方山地区系和北极淡水区系的鱼类(共 7 种),体现了北方区的鱼类区系组成特征。

表 6-2 呼伦湖鱼类种类组成

种类	生态类型	历史记录种	2014—2015 年	
			西部湖区	东部湖区
鲑科 Salmonidae				
哲罗鲑 *Hucho taimen*	M, P	△		+
细鳞鲑 *Brachymystax lenok*	M, P	△		
狗鱼科 Esocidae				
黑斑狗鱼 *Esox reicherti*	S, P	△	+	+
银鱼科 Salangidae				
大银鱼 *Protosalanx hyalocranius*	S, P	△		
鲤科 Cyprinidae				
瓦氏雅罗鱼 *Leuciscus waleckii waleckii*	S, O	△	+	+
草鱼 *Ctenopharyngodon idella*	S, G	△		

(续表)

种类	生态类型	历史记录种	2014—2015 年	
			西部湖区	东部湖区
拟赤梢鱼 *Pseudaspius leptocephalus*	S, P	△		+
贝氏鳘 *Hemiculter bleekeri*	S, SF	△	+	+
团头鲂 *Megalobrama amblycephala*	S,G	△		
红鳍原鲌 *Cultrichthys erythropterus*	S, P	△	+	+
蒙古鲌 *Culter mongolicus mongolicus*	S, P	△	+	+
细鳞鲴 *Xenocypris microlepis*	S,G	△		
鲢 *Hypophthalmichthys molitrix*	M, SF	△	+	+
鳙 *Aristichthys nobilis*	M, SF	△	+	+
唇鲴 *Hemibarbus labeo*	S, DF	△	+	+
花鲴 *Hemibarbus maculatus*	S, DF	△		
犬首鮈 *Gobio cynocephalus*	S, DF	△		
细体鮈 *Gobio tenuicorpus*	S, DF	△		
兴凯颌须鮈 *Gnathopogon chankaensis*	S, DF	△		
条纹似白鮈 *Paraleucogobio strigatus*	S, DF	△		
蛇鮈 *Saurogobio dabryi*	S, DF	△		+
突吻鮈 *Rostrogobio amurensis*	S, O	△	+	
东北鳈 *Sarcocheilichthys lacustris*	S, O	△	+	+
麦穗鱼 *Pseudorasbora parva*	S, O	△	+	+
黑龙江鳑鲏 *Rhodeus sericeus*	S, O	△		
大鳍鱊 *Acheilognathus macropterus*	S, O	△		+
银鲫 *Carassius auratus gibelio*	S, O	△	+	+
鲤 *Cyprinus carpio*	S, O	△	+	+
鳅科 *Cobitidae*				
黑龙江泥鳅 *Misgurnus mohoity*	S, DF	△		+
黑龙江花鳅 *Cobitis lutheri*	S, DF	△		+
鲇科 *Siluridae*				
鲇 *Silurus asotus*	S, P	△	+	+
鳕科 *Gadidae*				
江鳕 *Lota lota*	M, P	△		+
塘鳢科 *Eleotridae*				
葛氏鲈塘鳢 *Perccottus glehni*	S, P	△		

注:M:洄游性鱼类;S:定居性鱼类;P:鱼食性;O:杂食性;DF:底栖食性;SF:浮游食性;G:草食性。

△:历史记录种(严志德,1985;张志波,1998).

2014—2015年本研究在呼伦湖区域共捕获鱼类6科21种,而黑龙江水产研究所和内蒙古自治区渔业区划办公室在1973年和1981—1982年的调查中合计采集到鱼类30种(严志德,1985)。20世纪90年代,呼伦湖渔业公司组织多次鱼类资源调查,并根据以往文献记载,整理记录出呼伦湖鱼类种类共有33种(张志波,1998)。

与前几次调查结果相比,呼伦湖鱼类的物种数量减少,鱼类种类组成发生明显变化。首先,一些珍稀的洄游性鱼类减少或消失,如细鳞鲑(*Brachymystax lenok*)在本次调查中未采集到,而哲罗鲑、江鳕的数量也极少,且可能为贝尔湖洄游至呼伦湖越冬的种群。这些珍稀鱼类种类的下降与呼伦湖近年来河道堵塞、水位下降以及捕捞强度加大密切相关(赵慧颖等,2008)。其次,近年来呼伦湖的鱼类人工增殖放流工作有所减少,其中大银鱼(*Protosalanx hyalocranius*)、草鱼(*Ctenopharyngodon idella*)、团头鲂(*Megalobrama amblycephala*)和细鳞鲴(*Xenocypris microlepis*)等移入种,因无资源补充而消失(缪丽梅,2014)。再次,渔业资源的过度捕捞,也导致一些具有地域性经济价值的鱼类,如花鳕(*Hemibarbus maculates*)和犬首鉤(*Gobio cynocephalus*)等的资源量大幅下降,进而在此次调查中均未采集到,虽然与调查频度和广度有关,但说明其种群数量上呈现减少、衰退的趋势。

呼伦湖鱼类种类组成分布也与湖泊不同区域间的环境特征差异相关。例如东部湖岸平缓,部分浅水区域为鱼类优良的产卵场所,而从东部注入呼伦湖的乌尔逊河则贯通了贝尔湖、乌兰泡和呼伦湖,有利于鱼类的洄游、迁移和繁殖,这些因素均一定程度上增加了东部湖区的鱼类种类数量(严志德,1985)。不同湖区鱼类的种类组成差异一定程度上反映出鱼类群落结构与湖泊环境特征相适应的特点。

6.2.2 鱼类生态类型

呼伦湖鱼类按其栖息环境和洄游方式可分为3种生态类型(表6-2,图6-2)。冷水溪流性鱼类:共有哲罗鲑和江鳕2种,占呼伦湖鱼类物种总数的9.5%;江湖半洄游性鱼类:共有鲢、鳙2种,占总数的9.5%,但这些鱼类主要为人工增殖放流的移入种;湖泊定居性鱼类:共有17种鱼类,占总数的81.0%,这些鱼均能在湖区水域内繁殖后代,在呼伦湖及其附属水体中占绝对优势。

按栖息层的垂直分布范围划分,中下层和底栖性鱼类最多,均占总数的38.1%,中上层鱼类数量最少,仅占总数的23.8%。按产卵类型划分为沉性卵、漂流性卵和黏性卵3类,种类比例黏性卵(57.1%)>漂流性卵(28.6%)>沉性卵(14.3%)(图6-2)。

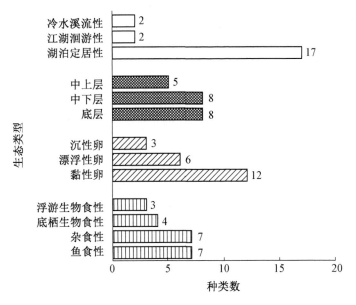

图 6‑2　呼伦湖鱼类生态类型

按食性类型可将呼伦湖鱼类划分为鱼食性、杂食性、底栖生物食性和浮游生物食性 4 类(表 6‑1,图 6‑2)。黑斑狗鱼、红鳍原鲌等凶猛鱼类以鱼、虾为主要食物,为典型的鱼食性鱼类,占总数的 33.3%;鲤、银鲫等鱼类对动植物食物都能吞食,为杂食性鱼类,占总数的 33.3%;唇䱻(*Hemibarbus labeo*)、蛇䱗(*Saurogobio dabryi*)等则以栖息于湖底表面或沉积物中的生物为食,为底栖食性鱼类,占 19.0%;贝氏䱗等浮游食性鱼类则占 14.3%。其中呼伦湖不同湖区的鱼类生态类型组成亦存在差异,东部湖区鱼食性和底栖食性鱼类的种类数和比例均高于西部湖区。

6.2.3　重要经济种类鱼类的形态特征

对本次调查渔获个体的生态特征进行了测定,常见鱼类种类中,鲢、鳙和鲇的个体较大,平均体重分别为 1 300 g、965 g 和 667 g,但 3 种鱼类渔获物量仅占总量的 1.1%。黑斑狗鱼、鲤、红鳍原鲌、银鲫等体重介于 107～358 g,这几种中型鱼类的比重约占总量的 15.5%。贝氏䱗和瓦氏雅罗鱼则为小型鱼类,平均体重分别为 14 g 和 28 g,这些小型鱼类的重量百分比占渔获物总量的 83.4%,且平均体重均小于 30 g(表 6‑3、表 6‑4)。

表 6‑3　呼伦湖主要鱼类的体长和体重分布

种类	*IRI*	体长范围(cm)	体重范围(g)	平均体长(cm)	平均体重(g)
贝氏䱗	18 054.6	9.5～15.7	9～19	12.5	14
红鳍原鲌	601.9	13.7～31.0	19～275	21.8	107

(续表)

种类	IRI	体长范围(cm)	体重范围(g)	平均体长(cm)	平均体重(g)
鲤	857.7	21.3~36.2	122~624	28.1	337
银鲫	219.4	15.0~25.6	61~283	17.8	116
瓦氏雅罗鱼	127.7	11~20.5	11~82	14.0	28
鳙	49.2	34.6~50.2	542~1 960	40.8	965
鲇	31.4	38.2~47.0	455~854	42.7	667
黑斑狗鱼	23.3	31.3~45.9	176~546	38.6	358
鲢	26.1	41.9~45.8	798~1 310	45.4	1 300

6.2.4 鱼类优势种组成

按照 IRI 值的大小对所捕获鱼类进行排序,排在前 10 位的种类及其资源指数均列于表 6-4。全湖区域内的优势种鱼类为贝氏䰲、鲤、红鳍原鲌、银鲫和瓦氏雅罗鱼共5 种(IRI>100),而这几种鱼在东部、西部湖区的优势度存在一定差别,其中红鳍原鲌在东部湖区优势程度明显,而鲤在西部湖区分布优势明显。呼伦湖鱼类优势种中,贝氏䰲的 IRI 值最高,明显大于其他优势种,其质量百分比占总鱼类的 82.5%;除了贝氏䰲和瓦氏雅罗鱼外,优势种中的其他种类均为大中型鱼类,但这些大中型鱼类的质量百分比总和仅为 16.6%(表 6-4)。

本次调查显示,呼伦湖的优势种鱼类以贝氏䰲这种经济价值不高且体型较小的种类为主,所获渔获物的平均个体质量仅为 14.0 g;而贝氏䰲在全湖区域内的尾数比及质量比分别为 98.1%和 82.5%,其数量和生物量均占绝对优势。根据历史渔业资料分析,20 世纪七八十年代呼伦湖中鲤、红鳍原鲌、银鲫、鲇等大中型经济鱼类的生物量比例约占 30%,而至 2000—2014 年,大中型鱼类比例下降至 4.5%。此外,优质鱼类的个体也呈现小型化趋势,1981 年呼伦湖鲤 350~750 g 个体占其总数的 78.8%(严志德,1985),而本次调查中采集到的鲤个体的平均体重仅为 337 g。由此可见,呼伦湖鱼类主要优势种由大中型鱼类逐渐衰退到小型鱼类,渔业资源质量呈下滑趋势。

表 6-4 呼伦湖不同湖区的鱼类优势种组成 *

种类	全湖			东部湖区			西部湖区		
	N%	W%	IRI	N%	W%	IRI	N%	W%	IRI
贝氏䰲	98.1	82.5	18 054.6	98.2	86.8	18 502.2	97.9	78.2	17 607.0
鲤	0.4	8.2	857.7	0.2	4.7	496.8	0.6	11.6	1 218.6
红鳍原鲌	0.8	5.2	601.9	0.8	5.3	605.1	0.8	5.2	598.7

(续表)

种类	全湖			东部湖区			西部湖区		
	N%	W%	IRI	N%	W%	IRI	N%	W%	IRI
银鲫	0.3	1.9	219.4	0.2	1.5	174.2	0.3	2.3	264.5
瓦氏雅罗鱼	0.4	0.9	127.7	0.5	1.0	146.8	0.4	0.7	108.6
鳙	0.0	0.5	49.2	0.0	0.2	21.3	0.0	0.8	77.1
鲇	0.0	0.3	31.4	0.0	0.2	19.2	0.0	0.4	43.5
黑斑狗鱼	0.0	0.2	23.3	0.0	0.1	13.8	0.0	0.3	32.9
鲢	0.0	0.3	26.1	0.0	0.1	11.5	0.0	0.4	40.8
东北黑鳍鳈	0.0	0.0	1.1	0.0	0.0	2.1			
唇䱻							0.0	0.0	1.9

* 表中仅列出了各湖区 IRI 值在前 10 位的鱼类种类;N% 为某一种类的尾数占总尾数的百分比,W% 为某一种类的质量占总质量的百分比。

6.2.5　鱼类生物多样性

呼伦湖鱼类群落的物种丰富度(D)、多样性指数(H')和均匀度(J')总体偏低且东西部湖区间存在差异(图 6-3)。呼伦湖水域的 12 个调查样方中,D 的变动幅度较大,在 0.67~1.75,平均值为 1.21。H' 和 J' 均用生物量和个体数量两种方法计算,H'_N、H'_W 的变动范围分别为 0.08~0.21 和 0.48~1.07,J'_N、J'_W 的变动范围分别为0.03~0.08 和 0.16~0.36。对 2 个湖区的生物多样性指标进行单因子方差分析,其中仅均匀度指数 J'_W 间呈显著性差异(P<0.05)。

除物种丰富度指数 D 外,不同湖区的生物多样性指数 H' 和 J' 的平均值均表现为西部湖区高于东部湖区(图 6-3),这可能与西部湖区水体较深,底栖动物生物量相对较高,由此导致鲤、银鲫等中下层大型鱼类数量较多相关(表 6-4)。

与渔业资源变化趋势相一致,由于鱼类种类数下降和优势种小型化加剧,呼伦湖鱼类群落的多样性指数H'_W在各湖区均表现偏低(0.58~0.82),且低于多样性指数的一般范围(1.5~3.5)(Magurran,1988)。目前国内湖泊普遍出现优质高营养层次鱼类资源相继衰退,而低营养层次的小型中上层鱼类资源逐渐增加的趋势(刘其根等,2005)。与其中一些出现鱼类小型化趋势的大型湖泊相比,呼伦湖鱼类群落的多样性指数 H'_W(0.71)高于太湖(0.46)(毛志刚等,2011),但低于博斯腾湖(1.14)(陈朋等,2014)。多样性指数的差异可能与各湖泊优势种鱼类的大小相关,其中 IRI 值前 5 位的鱼类中,太湖仅鳙为大中型鱼类,而呼伦湖仅贝氏鳘和瓦氏雅罗鱼为小型鱼类,博斯腾湖仅池沼公鱼(*Hypomesus olidus*)为小型鱼类,优势种中大型鱼类比重的增加有利于生物多样性的提高。

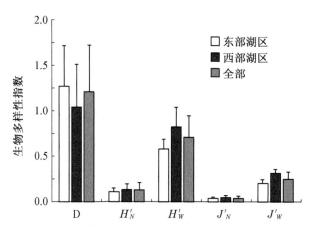

图 6-3　呼伦湖不同湖区的鱼类生物多样性指数

在鱼类生物多样性研究中，Margalef、Shannon-Wiener 和 Pielou 等多样性指数通常以渔获物数量为计算基础，但 Wilhm(Wilhm, 1968)的研究表明，当群体中个体差异较大时，用生物量代替数量来表示生物多样性更能接近种类间能量的分布。本研究中呼伦湖鱼类群落基于个体数量的多样性指数 H'_N 明显低于基于生物量的多样性指数 H'_W，太湖等其他一些湖泊中的研究也存在一致的结论，而造成这种差异的主要原因是呼伦湖鱼类群落中小型鱼类占据了绝对优势，以贝氏䱗为代表的这种状况典型地反映了呼伦湖鱼类"优势种单一化"和"小型化"的发展方向。

6.3　呼伦湖渔业资源衰退机制研究

整理收集呼伦湖历年渔业资源统计数据，布设网簖、拖网等渔具定点调查呼伦湖渔获物组成，分析呼伦湖渔业资源的现状特征与历史发展趋势；同时，结合不同历史时期湖泊水位、水质及生物饵料资源结构的分析，研究呼伦湖渔业资源小型化演变趋势对湖泊环境以及捕捞等人类活动的响应机制；在此基础上，综合实施呼伦湖"封湖休渔"、"增殖放流"等渔业调控措施并对调控效应进行评估，最终提出一套规范有效的渔业资源及湖泊生态环境综合管理措施与建议。

6.3.1　鱼类捕捞产量变化特征

呼伦湖历年的渔获物统计结果如图 6-4 所示，1950—2013 年的 64 年间，呼伦湖鱼类捕捞产量的发展趋势大致可分为波动、增长和下降 3 个阶段。波动阶段：1950—1972 年的 23 年间捕捞产量分布范围为 2 967～9 193 t，年均捕捞产量 5 210 t；增长阶段：1973—2003 年的 31 年间捕捞产量从 6 910 t 逐步上升至 15 908 t，平均每年增长

290.3 t,其中 2002 年的单位水域产量达到最高值,为 67.9 kg/hm²;下降阶段:2004—2013 年的 10 年间捕捞产量迅速下降,其中 2013 年的捕捞量仅为 2002 年的 17.8%。

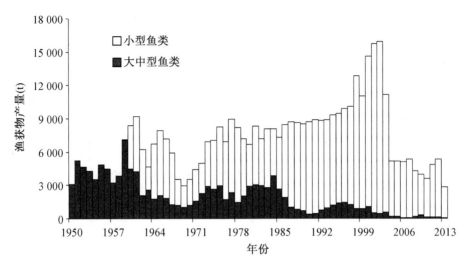

图 6-4　呼伦湖自然渔业产量变动趋势

6.3.2　渔业资源结构演变趋势

呼伦湖不同年份的自然渔业结构如表 6-5,表 6-6 所示(不含白虾),20 世纪七八十年代呼伦湖的渔业单位产量虽相对较低,但鲤、银鲫、鲌鱼等大中型鱼类的比例占 28.7%～31.9%,渔业结构相对合理。90 年代渔业单位产量最高,达到 38.9 kg/hm²,但大中型优质鱼类的比例下降至 10.5%。而 2000—2013 年间的渔业单位产量仅为 22.9 kg/hm²,大中型鱼类比例更是下降至 4.5%。

与之相对,图 6-4 和表 6-5 均显示呼伦湖渔获物组成中,小型浮游食性鱼类贝氏鳘的产量有较大幅度上升,所占比例从 20 世纪七八十年代的 68.1%～71.0% 增至目前的 95.3%,成为呼伦湖鱼类群落中的绝对优势种,以贝氏鳘为代表的这种状况典型地反映了呼伦湖鱼类"优势种单一化"和"小型化"的发展方向。

表 6-5　呼伦湖不同年代的渔获物产量(年均值,t)

年份	1970—1979	1980—1989	1990—1999	2000—2013
渔获物总产量	6 618	7 890	9 117	5 361
均产量(kg/hm²)	28.2	33.7	38.9	22.9
贝氏鳘	4 508	5 604	8 108	5 109
鲤	910	1 172	387	143

（续表）

年份	1970—1979	1980—1989	1990—1999	2000—2013
鲌鱼	738	782	347	84
银鲫	312	83	19	13
雅罗鱼	0	21	48	9
鲇	138	183	207	2
大中型鱼类	2 111	2 265	961	242
小型鱼类	4 508	5 625	8 156	5 118

表 6-6 呼伦湖不同年代的渔获物组成比例(年均值)

年份	1970—1979	1980—1989	1990—1999	2000—2013
贝氏鳘	68.1%	71.0%	88.9%	95.3%
鲤	13.8%	14.9%	4.2%	2.7%
鲌鱼	11.2%	9.9%	3.8%	1.56%
银鲫	4.7%	1.1%	0.2%	0.2%
雅罗鱼	0.0%	0.3%	0.5%	0.2%
鲇	2.1%	2.3%	2.3%	0.04%
大中型鱼类	31.9%	28.7%	10.5%	4.5%
小型鱼类	68.1%	71.3%	89.5%	95.5%

6.3.3 渔业资源衰退机制分析

捕捞是生物多样性下降和渔业资源衰退的主要影响因素。呼伦湖渔业生产分为冰下捕捞和明水期捕捞两个生产期,渔具包括冰下大拉网、明水大拉网、白鱼网、兜网、挂网、虾网等(张志波等,1998),各渔具网目不一(2～8 cm),基本将大小鱼类全部捕获,可见呼伦湖目前的捕捞工具对鱼类规格几乎没有选择性,整体捕捞强度过大对鱼类资源组成产生较大影响。通常情况下,大个体的鱼类受捕捞的影响明显大于小个体的鱼类,而贝氏鳘等小型鱼类较之大中型鱼类具有较强的补偿调节能力。Pauly 等(Pauly,1998)也曾提出,在捕捞的影响下,高营养级的捕食者(一般为个体较大、生命周期较长的种类)持续减少,并导致渔获物的组成向个体较小、营养层次较低、经济价值不高的种类转变。而这种影响又通过一些生态学过程进一步放大,例如大中型肉食性鱼类种群的衰退降低了其对小型鱼类种群的捕食与调控作用,最终对群落结构产生影响。呼伦湖的渔获物总产量也与捕捞强度密切相关,例如 1973 年渔业生产实现机械化后,捕捞产量开始呈现逐年增长趋势;而 2003 年为了降低呼伦湖捕捞强度,冰下大拉网数量从

17 合减至 13 合,2004 年又减至 7 合,捕捞产量也随之明显下降(图 6-4)。

其次,湖泊水质与生物饵料资源变化也是影响鱼类群落组成的因素之一。鱼类为湖泊生态系统食物链结构的顶级消费者,湖泊渔业与其营养物质水平、生物群落结构等密切相关并相互影响(孙刚等,1999)。呼伦湖自 20 世纪 80 年代末期就已进入富营养化状态,其营养物质主要来自草原面源污染(金相灿,1995),近年来随着营养盐的不断累积,呼伦湖水体的总氮、总磷浓度分别从 1987 年的 1.98 mg/L 和 0.13 mg/L 上升至 2009 年的 4.57 mg/L 和 0.37 mg/L(金相灿,1995;王俊等,2011)。草原型污染的特殊性表现为水体营养盐丰富,通常会造成藻类等浮游植物的迅速增长和湖泊初级生产力的提高,从而导致鱼类群落的生物饵料基础发生改变(毛志刚,2011)。例如,呼伦湖浮游植物的生物量从 1987 年的 8.07 mg/L 上升至 2009 年的 12.60 mg/L,增长 56%(金相灿,1995;王俊等,2011)。而贝氏鳌的主要食物为藻类等浮游生物,因此呼伦湖的水体富营养化间接为贝氏鳌提供了丰富的食物饵料,有利于其种群的迅速增长。与之相对,水质下降及富营养化加剧也会带来严重的生态后果,如氨氮浓度过高、藻类毒素的毒害作用、溶解氧降低等,影响鱼类的繁殖与生长,造成种类数减少及多样性下降(Tammi, 1999)。

再次,气候水文条件的改变也能引起鱼类资源的变动。例如气候暖干化、水位下降、入湖径流补水量减少等均可能对鱼类种群数量及分布产生重要影响(赵慧颖等,2008)。近年来,呼伦湖地区气候变化呈现出气温升高、降水减少、蒸发量增大的暖干化趋势,这些因子的综合作用,导致湖水水域面积萎缩、水位大幅度下降(赵慧颖等,2008)(图 6-5)。其中自 1999 年以来,呼伦湖水位已持续下降了 4.99 m,至 2012 年达到最低水平(水位 539.8 m)。水位下降一方面导致湖泊面积及蓄水量迅速减少,尤其是冬季结冰后,冰下水深仅 1~2 m,鱼类因缺氧大量死亡;另一方面水位下降造成沿湖岸边

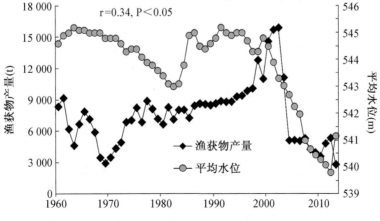

图 6-5　呼伦湖渔获物产量与水位的关系(1960—2013 年)

分布的鱼类产卵场干涸,鱼类的产卵繁殖受到影响(张志波等,1998)。而 2001—2013 年呼伦湖渔获物产量与水位的相关性分析表明,水位与渔获物总产量及贝氏鳘产量均呈显著正向相关,表明水位是影响渔业资源产量的重要因素(图 6 - 6)。

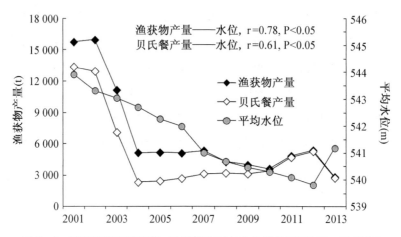

图 6 - 6　呼伦湖渔获物产量、贝氏鳘产量与水位的关系(2001—2013 年)

　　综上,呼伦湖鱼类群落生物多样性降低及鱼类小型化趋势加剧,很大程度上应该是捕捞因素和自然环境因素共同作用的结果。针对呼伦湖渔业发展存在的问题,如何控制渔业资源衰退趋势,并在考虑保护湖泊环境的前提下进行渔业资源结构调整优化,是目前迫切需要解决的问题。因此,在本研究的基础上,后期需进一步在鱼类资源保护、增殖放流、捕捞强度控制及相关部门企业的管理机制改革等方面开展研究,提出和制定一系列渔业资源小型化的控制对策,完成由传统的渔业管理向基于生态系统的管理模式的转变,以实现呼伦湖渔业的有序管理和可持续发展。

6.4　呼伦湖渔业资源小型化对策与可持续管理

　　我国内陆水体的战略目标是:保护水质,兼顾渔业,适度开发,持续利用。资源开发必须"适度",对于渔业而言,应该做到捕捞不影响鱼类群落和种群结构的稳定,人工放流不影响生态系统的稳定。传统的湖泊渔业,无论是对鱼类资源的捕捞,还是开展鱼类的增殖放流,通常都以追求渔业自身的经济效益为主要目标。因此传统湖泊渔业的这种由渔业自身利益驱动的发展模式由于缺少对生态系统影响的足够和及时考量,往往会造成对水环境或湖泊生态系统的不利影响,从而也常常造成湖泊渔业发展与湖泊水环境保护之间的矛盾对立。

　　为调和湖泊渔业发展与水环境保护的矛盾,"以渔改水"的生态渔业概念被提出。保水生态渔业是以对生态环境的保护与改善、恢复为基础,变渔业的常规发展为持续发展,把环境保护和渔业经济活动紧密结合起来,环境与发展相协调。具体来说,就是重视鱼类在湖泊生态系统中的作用,以鱼类的下行控制效应和生物资源结构为主要依据,通过鲢、鳙等滤食性鱼类及碎屑食性、凶猛肉食性鱼类的放流,调整和优化鱼类群落结构,加速或改变湖泊内营养物质的循环,最终促使渔产潜力得到充分利用,水体环境得到净化、湖泊生态系统恢复稳定。

湖泊渔业是呼伦湖生态功能的重要方面,从湖泊水域环境保护角度看,呼伦湖渔业功能的发挥关键还在于与其他功能的协调,并保护和促进其他功能的发挥。随着地区经济的持续高速发展,湖泊环境健康日显重要,而湖泊的渔业将退至次要地位。因此,针对目前呼伦湖渔业资源出现的问题进行渔业产业结构调整优化时,必须首先考虑调整措施对环境的影响,在保水的前提下发展适度的渔业捕捞及大水面鱼类放流。近年来由于人类活动对呼伦湖渔业资源掠夺式的捕捞,湖泊生物资源遭到破坏,湖泊水环境质量不断下降,进而影响到呼伦湖渔业资源的可持续利用及渔业潜力的发挥。湖泊渔业作为呼伦湖最重要的功能之一,为保护湖泊水环境,对呼伦湖渔业存在的问题进行了总结,提出了基于生态系统调控的呼伦湖保水渔业的发展对策以及渔业资源小型化的应对措施,从而为呼伦湖渔业资源的有序调控和管理以及湖泊生态环境的恢复提供科学依据。

6.4.1 呼伦湖渔业发展存在的问题

呼伦湖渔业在呼伦湖的经济与社会生活中具有相当重要的作用,而呼伦湖渔业可持续发展的制约因素是呼伦湖富营养化迅速发展以及渔业捕捞强度剧增。前文的分析中可以看出,由于渔业与环境政策的相对滞后,呼伦湖渔业捕捞时间长、酷捕性渔具较多,呼伦湖捕捞强度已大大超过渔业自然资源的再生量,从而使渔业资源严重衰退。渔业资源的过度捕捞造成大中型鱼类数量下降,具有较强补偿调节能力的低龄小型鱼类迅速增加,鱼类群落结构朝着"小型化"和"优势种单一化"方向发展。

20 世纪 80 年代后期,呼伦湖污染加剧,富营养化程度不断加深,营养物质的增加改变了湖泊初级生产力和鱼类生物饵料基础,鱼类的食物组成、群落结构以及食物网关系发生重大变化。而蓝藻水华的频繁爆发也对鱼类的生长、产卵繁殖和捕食等产生影响,可能造成鱼类群落结构不合理以及优质渔业资源的减少,影响呼伦湖渔业的可持续发展。同时,鱼类通过摄食、消化等活动可能对生态系统中其他生物资源的结构以及营养物质的迁移转化等产生负面影响,进而破坏湖泊环境和生态系统的稳定。

综上所述,呼伦湖渔业资源面临的主要问题是鱼类资源小型化和单一化衰退趋势加剧,渔业发展与湖泊水体环境保护产生冲突。针对呼伦湖渔业发展存在的问题,如何控制鱼类资源的小型化衰退趋势,并在保水的前提下进行渔业资源结构调整优化,是目前迫切需要解决的问题。呼伦湖渔业管理也采取了多种养护措施,如伏季休渔、禁渔区设立、网具管制等。这在一定程度上缓解了呼伦湖渔业资源衰退危机,促进了资源的恢复和发展。然而,上述管理政策较为粗放,科学性和针对性不强,同时缺乏呼伦湖鱼类资源及生态系统结构的相关基础研究,未能给实际生产提供先进合理的理论支持。

现在世界范围内普遍出现了优质高营养层次鱼类资源相继衰退,而低营养层次的小型中上层鱼类资源逐渐增加的趋势。许多渔业生态学家已经意识到,传统的渔业管理模式已不再适用,而基于鱼类群落结构和生态系统的管理模式则是未来渔业科学研究的发展方向。因此,本研究将在上文鱼类群落结构和渔业资源进行分析的基础上,探讨"以渔改水"的生态渔业措施与湖泊环境的协调发展,并提出渔业资源小型化的控制对策,完成由传统的渔业管理向基于生态系统的管理模式的转变,为呼伦湖渔业的有序管理和可持续发展提供科学依据。

6.4.2 呼伦湖鱼类种群结构的优化调整

呼伦湖水体环境的主要问题是鱼类资源小型化和单一化衰退趋势加剧,渔业发展与湖泊水体环境保护产生冲突。合理调整呼伦湖鱼类种群结构,是控制鱼类资源小型化趋势和实现渔业可持续发展的基础,而放流鱼类种群结构的合理配置和重要鱼类资源的繁殖保护是稳定呼伦湖渔产量的重要措施。针对呼伦湖渔业发展存在的问题,本书提出可基于对呼伦湖生物资源结构及渔产潜力的研究,制定和完善适合呼伦湖水环境特征的鱼类增殖放流模式,包括鱼类增殖放流的种类结构、放流地点选择和管理等具体措施,强化湖泊生态系统中鱼类的下行控制效应,通过鲢、鳙等滤食性鱼类及凶猛肉食性鱼类的放流,调整和优化鱼类群落结构,加速并改变湖泊内营养物质的循环,最终促使渔产潜力得到充分利用,水体环境得到净化,湖泊生态系统得到恢复。基于生物群落结构优化调整理论实施的呼伦湖渔业资源小型化对策具体包括以下几个方面。

(1) 渔产潜力估算

鱼类群落的生物量及生产量与湖泊水体的生产力大小、饵料资源的丰度密切相关。水域饵料的渔产潜力取决于饵料生物的生物量,因而,对不同饵料的生物资源分别进行估算,所有估算结果的总和为该水域的渔产潜力。渔产潜力估算的实质是研究水体中不同营养级生物通过能量转化和利用后最终可形成鱼产品的最大量,其对于合理开发利用湖泊等水体的天然饵料资源具有十分重要的意义。

浮游植物是初级生产力的主要贡献者,因而对鱼类的生产潜力起到关键的作用。根据浮游植物的调查结果,呼伦湖 2014 年浮游植物的平均生物量为 8.74 mg/L,湖泊面积以 1 868 km² 计(2014 年水位 541.8 m),平均水深 4.0 m,那么浮游植物的现存量为 65 320.6 t。P/B 系数以 60 计算,饵料系数为 40,利用率为 20%,则该水体以浮游植物为食的渔产潜力为 19 596.2 t,即 10.49 t/km²(表 6 - 7)。呼伦湖水域 2014 年浮游动物的平均生物量为 0.70 mg/L,P/B 系数以 30 计算,饵料系数为 10,利用率为 30%,则浮游动物食性的渔产潜力为 4 689.0 t,即 2.51 t/km²。呼伦湖底栖动物的生物量为 1.74 g/m²,计算结果显示底栖动物食性的渔产潜力为 325.7 t,即 0.17 t/km²。呼伦湖水生植物的分布面积极少,基本可以忽略,且呼伦湖草食性鱼类数量也很少。碎屑和细菌对鱼的供饵能力也相当可观,其生产量常可接近或超过浮游植物的生产量,国内通常将碎屑和细菌的可供渔产力按浮游生物的 50% 计算,因此,呼伦湖碎屑和细菌的渔产潜力为 12 142.6 t,即 6.50 t/km²。综上饵料生物的估算,2014 年呼伦湖的渔产潜力为 19.68 t/km²,如果水体面积按 1 868 km² 计,其年渔产潜力可达 36 753 t。

呼伦湖水域 2014 年的渔产潜力估算结果为 36 753 t,而 2013 年渔业捕捞资源量的渔获物统计数据为 2 838 t,即使产量最高的 2002 年,其捕捞产量也仅为 15 908 t,可见呼伦湖渔业产量仍具有较高的提升潜力。呼伦湖浮游食性鱼类(包括浮游植物食性和浮游动物食物鱼类)的渔产潜力为 24 285 t,远高于目前贝氏𫚒等浮游生物食性鱼类的捕捞产量(近 5 年平均年产量约为 4 000 t),因此可大量增殖放流鲢、鳙等浮游食性鱼类,充分利用呼伦湖的浮游动植物资源。同时,呼伦湖贝氏𫚒等小型鱼类资源丰富,可大量增殖放流翘嘴鲌、红鳍原鲌等肉食性鱼类的数量,将低质渔业资源转化为高质渔业资源。呼伦湖底栖生物资源不是十分丰富,底栖动物食性的渔产潜力仅为 326 t。目前,呼伦湖能利用摇蚊、水丝蚓的底栖食性鱼类如鲤、银鲫、瓦市雅罗鱼等,其平均年产量约 100 t。考虑到底栖动物资源及其生物多样性的保护,不宜过多增殖底栖动物食性鱼类的数量,以保护好呼伦湖现有鲤、鲫种群为主要工作。此外,由于呼伦湖水位下降,沉水植物在呼伦湖基本消失,因此草食性鱼类的放流需要控制,而呼伦湖目前渔获物组成中也几乎无草食性鱼类。

表 6 - 7　2014 年呼伦湖生物饵料资源及渔产潜力估算

类别	浮游植物 (mg/L)	浮游动物 (mg/L)	底栖动物 (g/m²)	水生高等植物 (g/m²)
年均生物量	8.74	0.70	1.74	0
P/B 系数	60	30	15	1.2
利用率 T	20%	30%	40%	30%
饵料系数 f	40	10	15	120
饵料生物量 W(t/km²)	34.97	2.79	1.74	0
单位渔产力 F(t/km²)	10.49	2.51	0.17	0
渔产力(t)	19 596.2	4 689.0	325.7	0

综上所述,呼伦湖的饵料生物资源未得到充分合理利用,特别是浮游生物食性鱼类的渔产潜力巨大,呼伦湖渔业资源结构尚具有较大的调整空间。同时,从保水渔业的角度看,目前加大鲢、鳙等控藻鱼类以及翘嘴鲌等肉食性鱼类的放流量,一方面可以促进水体营养物质的循环,实现富营养化水体的生态系统的自我调控和完善;另一方面可提高渔业产量和产值,实现营养物质以渔产品的形式的输出,这是呼伦湖水环境改善及渔业持续发展非常重要的步骤和措施。

(2) 鱼类放流种类的选择

呼伦湖曾有记录 33 种鱼,据近年调查已不足 20 种。理论上湖中原有鱼类的生态位大量空缺,为放流鱼类提供良好的生态条件。

呼伦湖鱼类的放流补给,首先要坚持原有鱼类区系作为放流对象,例如翘嘴鲌、鲤、银鲫等本地种。这些鱼类的人工繁育技术已较为成熟,且镜泊湖、兴凯湖等周边湖泊也进行了大规模的增殖放流工作。其次,可将呼伦湖曾成功放流过的鱼类作为放流对象,例如鲢、鳙、团头鲂、大银鱼和细鳞鲴等,其中鲢、鳙和大银鱼在东北多个大型湖泊中均有长期的增殖放流经验。

呼伦湖不同食性鱼类的渔产潜力是鱼类种群结构调整的重要参考标准。从上文的分析中可以看出,呼伦湖的饵料生物资源未得到充分合理利用,特别是浮游食性鱼类的渔产潜力巨大,呼伦湖渔业资源结构尚具有较大的调整空间。因此,呼伦湖鱼类资源的增殖应加强鲢、鳙等浮游食性鱼类的种群数量,这些鱼类一方面将呼伦湖水体中的生物资源充分利用,另一方面也提供了经济价值较高的优质渔业资源。

渔业资源结构的调整也要考虑不同鱼类的种间关系。鱼类种群之间都存在特定的相互关系,随着外部环境条件和群落内环境的改变,鱼类种群的数量和种群特征也会发生变动。因此,为控制呼伦湖贝氏鰲等小型鱼类的种群规模,可以通过增加与之存在种间竞争关系和捕食作用的鱼类种群数量实现,例如增加肉食性鱼类翘嘴鲌和浮游食性鱼类鲢、鳙、银鱼等,分别作为捕食者和竞争者来调控小型鱼类种群数量,鱼类种群结构的调整和鱼类放流种类的选择也须以此为主要依据。

(3) 食性相似鱼类种群的保护与增殖

① 增加鲢、鳙等滤食性控藻鱼类的放流数量与比例

由于控制陆源营养盐输入的成本过高、操作性不强,在水华暴发的短期治理结束后,很难维持水体中的营养盐浓度水平,从而导致水华的反复发作。基于此,国外学者根据鱼类的"下行效应"首先提出了经典生物操纵理论的概念,即通过放养食鱼性鱼类以消除捕食浮游生物的鱼类,或捕除湖中食浮游生物的鱼类,借此壮大浮游动物种群,然后依靠浮游动物来遏制藻类。然而,刘建康等则提出了通过放养滤食性鱼类鲢、鳙来控制蓝藻的非经典生物操纵技术,认为我国湖泊中危害性最大的是微囊藻水华,而浮游

动物根本不能摄食这种水华。从渔业角度来讲,鱼类食性的分析结果表明太湖蓝藻水华暴发时,蓝藻为鲢、鳙的主要食物,占其食物体积可到达 90% 以上。国内研究者谢平等通过围隔实验和在东湖的实践也表明,滤食性鱼类鲢、鳙对蓝藻水华有强烈的控制作用,通过"非经典生物操作"可以有效控制湖泊藻类生物量。因此,理论和实践结果表明,在呼伦湖实行合理放养鲢、鳙的措施对控制夏季蓝藻水华具有一定的积极意义。

增殖放流鲢、鳙这些大型经济鱼类也是现有条件下防止鱼类小型化和优化渔业结构的重要对策之一。呼伦湖自 20 世纪 80 年代就开始了鲢、鳙的人工放流增殖实验,但多年养殖效果不显著的主要原因是放流鱼类的规格问题。呼伦湖彼时肉食性鱼类较多,而放流的苗种则以夏花为主,且小网目渔具的捕捞损失也不少,因此总体的放流增殖效果不佳。近年来,增殖放流中提高了鲢、鳙的放流规格,且肉食性鱼类的减少也有利于增加鲢、鳙的成活率,放流鱼种至第二年冬捕时个体重量可达到 1 kg 左右。但目前鲢鳙的放流数量及其产量占渔获物的比重均较低,其对增加大中型鱼类比例及优化渔业资源结构的作用还不明显。

呼伦湖浮游食性鱼类(包括浮游植物食性和浮游动物食物鱼类)的渔产潜力为 24 285 t,远高于目前贝氏鳘等浮游生物食性鱼类的捕捞产量(近 5 年平均年产量约为 4 000 t),因此可大量增殖放流鲢、鳙等浮游食性鱼类,充分利用呼伦湖的浮游动植物资源。同时,东北其他主要湖泊,例如查干湖、镜泊湖、兴凯湖等,均进行了大规模的鲢、鳙增殖放流,且取得较好的经济效益。太湖增殖放流的渔业数据显示,通过统计各年份鲢、鳙的放流量及当年捕捞量估算当年的增重率,鲢增重率变幅为 13.3～23.2 倍,平均为 17.5 倍;鳙增重率变幅为 9.0～15.9 倍,平均为 12.7 倍。呼伦湖纬度高、气温低,其鲢、鳙的增重率相对较低,因此取太湖平均值的 1/2,增重率约为 6～8。如以鲢、鳙年产量 1 000 t 为目标,需投入苗种 125～160 t,据此建议呼伦湖渔业公司在新的放流计划中,大量增加放流鲢、鳙的数量,争取鲢鳙苗种放流达到 100～150 t,即 200 万～300 万尾。

② 增加高经济价值浮游食性鱼类银鱼的放流数量

银鱼是我国最早出口创汇的水产品之一,呼伦湖曾于 1997 年从哲里木盟、天津、河南等地引进大银鱼受精卵,并在其附属水泡乌兰布冷进行了增殖放流实验,结果显示大银鱼可以在该水域成活、生长和繁殖。但近年来,随着呼伦湖水位持续下降,乌兰布冷水域失去了银鱼越冬的能力,因此,经过乌兰布冷的银鱼移植实验可以证明大银鱼能在呼伦湖进行增殖放流。

银鱼的增殖放流除了获得较高的经济效益外,也能一定程度上改善呼伦湖渔业资源结构。银鱼主要摄食浮游动物,生活环境与贝氏鳘基本相同,两者在食物上存在竞争关系。通过增殖放流银鱼卵,有利于银鱼种群数量的增长,从而与贝氏鳘展开相似食性鱼类生态位的竞争,一定程度上抑制贝氏鳘种群的扩展。

呼伦湖银鱼要达到一定产量水平,需要大力增加银鱼受精卵的人工放流数量,并做好冬季成熟种群的繁殖区保护,在湖中预留足够的繁殖群体,才能保证银鱼次年的产量。根据太湖银鱼卵的放流经验,2011—2014 年其银鱼卵放流数量分别为 0.79 亿、0.48 亿、1.50 亿和 0.69 亿粒。在原有种群基础及此措施下,2011—2014 年银鱼的年均产量达到 1 518 t。因此,呼伦湖可在今后的放流工作中,加强银鱼卵的放流工作(银鱼卵放流数量达到 5 000 万粒),使银鱼种群在呼伦湖达到较高水平,以提高呼伦湖优质鱼类的捕捞产值。

6.4.3 凶猛性肉食鱼类资源的保护与增殖

目前呼伦湖鱼类优势种群主要以低价值的贝氏鳘为主体,其主要以浮游动物为食,经典生物操纵理论认为这种渔业结构不利于蓝藻水华频发的富营养化水体。基于鱼类的"下行效应",经典生物操纵理论指出,放养食鱼性鱼类以消除捕食浮游生物的鱼类,借此壮大浮游动物种群,然后依靠浮游动物来遏制藻类。因此,从改善水环境的上行效应出发,呼伦湖需要通过加强繁殖保护和人工放流措施,不断恢复和增强凶猛性鱼类种群,将低值、丰富的小型鱼类和虾类资源转化,在调控渔业结构和水质、提高湖泊生态系统的生物多样性的同时,实现食物链的优化和渔产品附加值的提高。

呼伦湖肉食性鱼类目前主要为红鳍原鲌和翘嘴鲌,鲌鱼是中上层肉食性鱼类,以捕食小型鱼类为主,是一种持续摄食性很强的鱼类,即使在生殖季节和冬季仍具有较高的摄食强度。鲌鱼可以通过捕食作用有效地控制贝氏鳘等小型鱼类的种群数量,这一现象表明肉食性鱼类在呼伦湖鱼类种群结构调控中能起到至关重要的作用。呼伦湖除鲌鱼外,也存在诸多其他种类的肉食性鱼类,例如黑斑狗鱼、鲇等,只是由于捕捞强度过大,这些鱼类种群资源不断减少。黑斑狗鱼、鲇等也是呼伦湖具有较高经济价值的鱼类,其多栖息于中下层水域,主要捕食底层小型鱼类及虾。鲌鱼与这两种肉食性鱼类,其生活水域与摄食对象均有较明显的区别,在空间或营养生态位上存在一定的分化,能利用不同水层和生境中低值的小型鱼类和虾类资源。因此,增加鲌鱼等肉食性鱼类可以有效控制湖鲚等小型鱼类的种群数量;同时,不同生活习性的肉食性鱼类也能更充分地利用湖泊渔业资源。

凶猛性肉食鱼类资源的增殖措施包括:1) 增设保护鲌鱼、黑斑狗鱼、鲇等鱼类产卵场的禁渔区,保证鱼类正常的繁殖产卵。2) 在鲌鱼、黑斑狗鱼近岸产卵期间,集中管理力量加强巡视,防止电捕等非法捕捞对亲本产卵造成危害。3) 实施半人工增殖。鲌鱼繁殖盛期为 6 月中旬至 7 月中旬,但每年 5 月下旬大龄鲌鱼即达到性成熟。呼伦湖渔业公司可在 5 月下旬捕捞一定数量的大龄鲌鱼亲体,人工注射适量的 LRH 释放激素,使鲌鱼亲体提前 15～20 天繁殖,利于种群的扩大。4) 实施人工放流,进行翘嘴鲌的冬片和夏花鱼种放流。东北的镜泊湖、兴凯湖等主要湖泊也进行了翘嘴鲌、蒙古鲌的增殖放流,且效果显著。目前呼伦湖小型鱼类资源丰富,为提高肉食性鱼类的放流数量提供了较好的饵料基础,根据太湖鲌鱼的增殖放流经验,呼伦湖的鲌鱼放流数量可每年投入苗种 50 万～100 万尾。

6.4.4 底栖生物食性鱼类的保护与增殖

呼伦湖底栖生物资源不是十分丰富,底栖动物食性的渔产潜力仅为 326 t;但呼伦湖碎屑和细菌的渔产潜力达到 12 143 t,其也可作为底栖生物食性鱼类的部分饵料。目前,呼伦湖能利用摇蚊、水丝蚓的底栖食性鱼类如鲤、银鲫、瓦市雅罗鱼等,其平均年产量约 100 t,与根据底栖生物及碎屑资源估算的渔产潜力尚具一定差距。

但底栖动物具有重要的生态功能,其不仅是鱼类重要的饵料,而且在物质循环和能量流动等方面也发挥着重要作用。多数底栖动物长期生活在底泥中,具有区域性强,迁移能力弱等特点,对于环境污染及变化通常少有回避能力,其群落的破坏和重建需要相对较长的时间。由于鲤、银鲫均对底栖动物摄食强度较大,而底栖动物对改善水质等具有重要作用。因此,从保护呼伦湖水体环境及生态系统稳定的角度出发,维持呼伦湖底栖层生物种群结构和资源数量成为呼伦湖生物资源保护的主要方面。

在此前提下,根据底栖生物与碎屑的渔产潜力,并结合二十年来鲤、银鲫、瓦市雅罗鱼等底栖鱼类的产量(最高产量合计约为 700 t),设定底栖食性鱼类的年产量以 500 t 为宜,一方面最大限度地利用了呼伦湖的底栖生物资源,另一方面也维持了底栖动物的群落结构和资源数量。鲤、银鲫、瓦市雅罗鱼等均为湖区定居性鱼类,具有一定的自繁殖量能力,因此建议这些底栖食性鱼类的种群增长主要以种质资源保护为主,通过繁殖场的设置及人工鱼巢的构建来加强亲本鱼类的繁殖及种群数量的扩大。

6.4.5 冬季冰封溶解氧含量与鱼类增殖关系

呼伦湖冬季冰期一般从 11 月至 4 月,平均结冰天数约为 180 天。结冰期间,水体的溶解氧补充困难,可能会引起鱼类缺氧现象。鱼类与溶解氧关系的研究显示:如果水中氧气保持充足,而二氧化碳达到 80 mg/L 的浓度时,鱼类出现呼吸困难的表现;超过 100 mg/L 时,便可能发生昏迷或仰卧的现象;超过 200 mg/L 时就要引起死亡。如果二氧化碳不超过 30 mg/L,则鱼类可以继续呼吸,直至氧气低于 1 mg/L 的浓度时才会发生昏迷或死亡现象。一般水体溶解氧浓度大于 5 mg/L,鱼类即可正常活动。

近期其他相关文献的调查结果显示,呼伦湖冬季的溶解氧含量均值为 11.94 mg/L 或 12.06 mg/L(王俊等,2011),远高于鱼类最低需氧量要求。目前,呼伦湖渔获物产量约为 3 000 吨,而增殖放流鱼类的产量预计 1 000~1 500 吨。与呼伦湖纬度和水深很相近的查干湖,其每年放流鱼苗已达到 200 万尾,产量约 2 000 吨,但其面积仅为呼伦湖的 1/6,且未出现大量鱼类缺氧现象。因此,呼伦湖冬季的水体溶解氧含量应基本可以满足自然种群与增值种群的耗氧需求。此外需注意的是,鱼类喜集群,局部种群数量过大也可能造成该水域局部缺氧,今后的工作中应加强呼伦湖水体的溶解氧含量监测,开展呼伦湖不同水域的溶解氧浓度空间分布特征研究。

综上所述,呼伦湖鱼类的放流增殖是控制鱼类小型化和优化渔业资源结构的重要途径,但渔业的增殖必须以保护湖泊水体环境为前提。放流鱼类种群结构的合理配置和重要鱼类资源的繁殖保护是发展生态渔业的有效措施,对渔业资源深层次合理开发利用,不仅能够改善生态环境,维护资源系统的生态平衡,还可以提高湖泊生物资源的利用率,并取得较好的经济效益和社会效益。我国内陆水体的战略目标是:保护水质,兼顾渔业,适度开发,持续利用。新时期湖泊渔业发展提出了"以渔保水"的理念,其核心仍然是强调渔业的功能,将渔业的经济活动与水环境保护协调发展,实现湖泊渔业对环境的保护、改善、修复。其理论基础是以鱼类的下行控制效应和湖泊生物资源结构合理配置为主要依据,通过鲢、鳙等滤食性鱼类及凶猛肉食性鱼类的放流,调整和优化鱼类群落结构,加速和改变湖泊内营养物质的循环,最终促使渔产潜力得到充分利用,水体环境得到改善,湖泊生态系统得到恢复和稳定。因此,以湖泊渔业"生态功能"为目标的呼伦湖鱼类人工增殖放流模式是呼伦湖渔业可持续发展的关键,也是实现我国内陆水体的战略目标的有效途径。

6.5 呼伦湖渔业资源的政策性管理

6.5.1 封湖禁渔制度的建立与完善

湖泊自然捕捞渔业资源的保护,关键在于鱼种放流量和成活率、捕捞强度的控制和湖区适当的捕捞时间。呼伦湖封湖禁渔制度经过数十年的发展,基本达到制度化和规范化。目前呼伦湖捕捞生产以冰下大拉网为主,明水大拉网、明水小白鱼网及网箱次之。呼伦湖渔业生产分两个时期,冬季为冰下捕捞生产,夏季为明水捕捞生产。冰下捕捞自 12 月中上旬开始,至翌年 3 月中旬结束,生产期约为 3 个月;主要生产工具为冰下大拉网和冰下捕虾大拉网。而明水生产主要集中在 7—9 月,主要网具为明水大拉网、白鱼网、网箱、虾笼等,可见在每年不同时期内呼伦湖作业渔具有所差异。呼伦湖渔业捕捞工具经过不断的发展,目前总的趋势是向经久耐用、灵活机动的方向发展,而且捕捞强度普遍增大。从历年捕捞的渔获物分析结果看出,主要鱼类的捕捞产量及规格差异显著。可见,在一定时期和一定区域保护特定对象群体的繁殖,受精卵的孵化,仔、稚鱼的成长以及繁殖亲体的肥育越冬等,使水体维持一定程度的渔业资源补充量,是保证湖泊渔业持续发展的重要措施。

(1) 取缔落后的渔具渔法,严格控制捕捞强度

过度捕捞是导致呼伦湖渔业资源小型化的直接原因之一,严格控制捕捞强度是实现呼伦湖渔业生态和资源保护的前提。目前呼伦湖捕捞量最大的渔具是冰下大拉网,其渔获物量所占比重最高。

冰下大拉网是一种大型捕捞渔具,其网长 800 m,网目 3～8 cm,捕捞范围广,强度大,可以捕获呼伦湖大部分渔业资源,但其相对较小的网目能将大小鱼类一网打尽,尤其是经济鱼类的仔稚鱼遭到严重破坏,对渔业资源杀伤力巨大。冰下大拉网以小个体的贝氏䱗为主要捕获对象,基本充为罐头鱼或饲料鱼进入市场,经济价值极低,是对渔业资源的一种浪费。

目前呼伦湖捕捞的实际状况是捕捞个体偏小,小型鱼类比例过高,因此,严格控制呼伦湖渔业工具是将过高的捕捞强度降下来的关键。鱼种放流和成鱼捕获有一个适宜的捕捞规格问题,它涉及渔业经济效益和渔业生态效益的有机统一。根据生态学和经济学最佳原则,放养鱼类最佳捕捞规格应该是在该规格起捕后出售价值与成本加开支相等的那个节点上。放养鱼类的最小捕捞规格是随着鱼类放养总成本的增加而增高,随着放养鱼种成活率提高而降低的参数。理论上,鱼类最小捕捞规格并非最佳规格,以经济学角度看,前者只能收支平衡,后者则代表最高产值利润。拖网起捕的鱼类中,要根据鱼类捕捞时可达到商品鱼标准而确定拖网的网目大小。网目大小与起捕鱼的最大周长相关,因各种鱼的体型不同,网目大小确定应根据主要渔获鱼类规格而定。因此,建议考虑禁止在呼伦湖中使用小网目的冰下大拉网及冰下多囊式捕虾网,而改为使用大网目的大拉网作为捕捞渔具,一方面可以保护渔业资源免受破坏,另一方面也有利于渔业资源更有效的利用以及经济利益的合理分配。目前,呼伦湖渔业公司已进行了机引大网目冰下大拉网的实验,网目 6～8 cm,渔获物以大中型鱼类为主,贝氏䱗及其他经济鱼类的仔稚鱼基本无捕获,有效避免了捕捞对渔业资源的破坏。此外,建议取消 7—9 月的明水期捕捞作业,因该时段是大量仔稚鱼孵出后的成长阶段,明水大拉网、白鱼网、网箔、虾笼等渔具的网目也相对较小,易对仔稚鱼造成伤害。

控制呼伦湖捕捞强度还可以通过以下一些措施进行强化:1) 控制呼伦湖捕捞网具的数量,取消小网目渔具和酷捕型渔具,严厉打击非法捕鱼、过度捕捞等有害行为;2) 进行渔业政策指导和教育,提高周边群众素质,自觉抵制酷捕型渔具与非法捕捞,积极参与渔业资源的保护与合理分配;3) 改变传统捕捞方式,发展适应资源变化的多种

作业方式,根据不同鱼类的生长繁殖特性制定合理的捕捞区域与网目大小;4) 提供政策优惠与扶持,鼓励渔民转产转业,加强渔业休闲、旅游、餐饮等服务业的建设,减少渔业捕捞人员的同时也能够提高渔民收入水平。

(2) 合理调整开捕时间

合理调整开捕时间,是实现渔业资源有效利用的关键。呼伦湖渔业公司规定每年6 月 1 日至 7 月 20 日的 50 天为禁渔期。从目前的水体环境条件和鱼类资源现状看,建议呼伦湖将开捕时间调整为 12 月 15 日—3 月 15 日,其余时间均为禁捕期,这些调整在湖泊生态学上有重要实践意义。北方气温较低,夏季高温季节是鱼类最适宜的生长期,因此从湖泊鱼类有效生长的角度,将夏季的明水期取消,仅进行冬季的冰下捕捞,有利于充分利用自然资源。

根据太湖等湖泊的渔业捕捞数据统计,鱼类捕捞产量主要集中在开捕前期,后期的产量远小于开捕时的产量,湖泊渔业产量不完全决定于捕捞时间而是依赖于湖中资源量。因此,将禁渔期从 50 天延长至 9 个月,无论对放流鱼类的生长,自然鱼类的增殖,以及提高鱼货质量和降低渔民劳动强度等考虑,都是有利的。

从渔业保水角度看,夏季也是呼伦湖蓝藻水华易爆发的时期,浮游食性鱼类的生长可以继续摄食大量藻类,能有效去除更多的来年水华种源,起到鱼类控藻和渔业保水的生态效果。因此,综合目前呼伦湖的渔业资源特点、鱼类生长特征及捕捞时间与渔获量的关系,建议延长呼伦湖渔业的休渔时间,每年控制捕捞时间在 3 个月,禁渔期自 3 月16 日至 12 月 14 日。

(3) 部分封湖休渔

休渔措施是根据渔业资源的修身养息规律和开发利用状况,划定一定范围的禁渔区、保护区、休渔区,规定禁渔期、休渔期,确定禁止使用的渔具渔法的一系列措施和规章制度的总称。休渔措施是一种为缓解过高捕捞强度对渔业资源造成的巨大压力,遏制渔业资源衰退势头,组织实施的保护渔业资源的一种制度。实践证明,休渔措施可以有效保护主要经济鱼类的亲体和幼鱼资源以及鱼类产卵场,使实施水域的渔业资源得到休养生息,具有明显的生态效益,是一种有效的恢复或增加渔业资源种群数量和资源量的方法。此外,渔业捕捞在休渔期间也节约了生产成本,休渔结束后渔获物产量增加、质量提高;而休渔措施也具有操作简单、执行成本低的优点,渔业管理部门更容易采用这种管理方法。

基于湖泊水环境保护和鱼类资源养护的要求,近年来呼伦湖相关主管部门及生产企业调整和加强了呼伦湖鱼类资源保护和调整的具体措施与力度。内蒙古自治区政府2013 年 18 次常务会议决定呼伦湖从 2014 年起实施为期 5 年的部分休渔措施,呼伦贝尔市委召开书记办公会议专题研究呼伦湖生态综合治理工作,按照会议安排部署,呼伦贝尔市农牧业局在市政府的领导下,制定了《呼伦湖 2014—2018 年部分休渔实施方案》。呼伦贝尔市政府于 2014 年 4 月 11 日发布了《关于呼伦湖实施部分休渔的通告》,从 2014 年 4 月 11 日到 2018 年 12 月 31 日,呼伦湖自然保护区核心区及乌尔逊河、克鲁伦河、乌兰泡湿地等鱼类产卵场地和洄游河道的天然水域常年禁渔,完全禁止渔猎行为;自然保护区常年禁渔区以外的水域全部被划为非常年禁渔区,每年 5 月 1 日到 7 月 31 日为完全禁渔期,其余时间可以限量捕捞,每年捕捞总量为 1 000 吨。在完全禁渔区和禁渔期,所有的捕捞作业人员、船只、网具必须全部撤出作业区。同时,对于完全依赖呼伦湖天然鱼虾资源组织生产的呼伦湖渔业公司,国家将在接下来的 5 年里,每年补贴 1 200 万元,用于支持企业转产和人员安置。

但国内外相关研究对休渔措施取得的效果也存在争议,一部分学者认为从资源管理的角度来说,休渔措施对保护和恢复鱼类资源,只能是治标不治本。在没有严格控制住捕捞强度的前提下实施的休渔制度,对保护和恢复渔业资源难以产生实质效应。此外,休渔措施的具体实施方法,包括休渔时间、休渔区域及休渔效果评估的准确性等,均需要进一步规范化、合理化与科学化。因此,休渔措施的科学实施也是一项非常复杂的系统工程。在呼伦湖封湖休渔工作持续开展的同时,可以发现目前封湖休渔工作在实践中仍存在一些比较突出的问题:1) 缺乏鱼类资源衰退机制的系统研究。对鱼类基础生物学及生态学习性认识不够,对湖泊环境变化及人类活动与渔业资源下降的相关性认识不够,缺乏对渔业资源群体衰退深层原因的认识。2) 封湖休渔效果的监测与评估工作欠缺。封湖休渔效果的评估是制定与调整休渔措施的主要依据,认识不足会造成休渔措施缺乏合理性和科学性。3) 休渔政策的配套管理措施及后续调整工作不足。仅凭单一的封湖休渔无法实现鱼类资源结构的优化调整和渔业的可持续发展,需要结合增殖放流以及捕捞强度的管理等政策制度,共同确保封湖休渔切实发挥其应有的功效;同时,需要通过效果评估与模型预测等,预先准备好下一步休渔措施的调整、制定与实施工作。

因此,针对呼伦湖封湖休渔工作存在的这些问题,今后工作应从呼伦湖不同历史时期的水文、水质及生物资源数据的整理收集入手,分析渔业资源小型化衰退趋势对湖泊环境变化以及捕捞等人类活动的响应机制;开展呼伦湖封湖休渔期间湖区水质及水生生物组成特征的调查分析,比较休渔政策实施前后鱼类群落结构及其生物饵料资源的变化特征,并对封湖休渔期间允许生产的渔获物组成及其经济社会效应进行分析评估;在此基础上,构建呼伦湖水文及生态系统变化模型,模拟预测呼伦湖未来的水文与渔业资源变化特征,并以此指导封湖休渔政策的调整及后续措施的实施,最终促进呼伦湖渔业的健康可持续发展。

6.5.2 种质资源保护区的设置

呼伦湖水域广阔,但目前水草分布稀少,严重影响了呼伦湖原有鱼类种类,例如翘嘴鲌、鲤、银鲫的自然繁殖。1999年水位开始下降前,呼伦湖仍处于较高水位,其东南部湖湾内水生植物分布面积较广,是鱼类进行自然繁育的优良场所;但随着呼伦湖水位的不断下降,该湖区面积萎缩,水深下降,水生植物大面积消亡,逐渐失去其作为鱼类产卵场的作用。但2013年以来,呼伦湖水位开始回升,该湖区的水生植物将逐步恢复,因此建议将呼伦湖东南角水域(乌都鲁—克鲁伦河口)申报设置为水产种质资源保护区,以有效保护翘嘴鲌、鲤、银鲫等能在呼伦湖自行繁育的鱼类种群资源。水产种质资源保护区依照农业部的《水产种质资源保护区管理暂行办法》进行管理。

在设置水产种质资源保护区的基础上,进一步采取增加鱼类产卵场所的工作。一方面,在种质资源保护区内恢复浅水湖区的水生植物群落,通过人工移植水草逐步展开水生植物的生态修复工作,将该水域构建成鱼类的索饵场、育肥场和繁殖场;另一方面,开展人工鱼巢的构建工作,在呼伦湖及入湖河道适合鱼类产卵繁殖的水域,利用树根、树枝、禾草、渔网等材料搭建人工鱼巢,改善鲤鲫、鲌类等产粘性卵鱼类的产卵环境,将有利于呼伦湖重要经济鱼类资源的增殖保护。

6.5.3 增殖放流操作规程的制定

为提高呼伦湖人工增殖放流的效果,按照《中国水生生物资源养护纲要》、《水生生物增殖放流管理规定》的要求,对鱼种的品种选择、质量控制、数量计划、准确验收、社会监督等全过程实施规范化操作,规范水生生物增殖放流活动,科学养护水生生物资源,维护生物多样性和水域生态安全。

(1)制订呼伦湖渔业资源增殖放流实施方案

按照《水生生物增殖放流管理规定》的基本原则、实施方法以及资金管理要求,在总结呼伦湖以往渔业资源增殖放流经验的基础上,结合呼伦湖目前的渔业资源现状、渔产潜力及种群优化调整对策等,并加入呼伦湖放鱼节等丰富渔业资源增殖放流措施的新形式,着手制订《呼伦湖渔业资源增殖放流实施方案》,以指导和规范呼伦湖今后的鱼类增殖放流工作。

(2)召开呼伦湖渔业资源增殖放流评审会

为使实施方案更加科学合理,成立放流技术委员会,专家组成员组织召开《呼伦湖渔业资源增殖放流实施方案》评审会,审议听取呼伦湖渔业资源增殖放流实施方案、管理措施及放鱼节活动安排的汇报,进一步合理调优、科学规范增殖放流实施方案中的品种结构、数量规格、放鱼地点等,使得方案符合呼伦湖实际情况,能够实现以鱼增效、以鱼治水的目标。

（3）签订苗种购销合同

通过召开鱼种供货会议，经过招标确定鱼种供货单位，签订苗种购销合同，合同中写明供货品种、时间、地点、规格、数量等信息，明确双方的责任和义务，规范苗种的采购程序。

（4）全程监督鱼种放流过程

在呼伦湖鱼种放流过程中进一步建立健全放流工作的监督和管理制度，坚持"四公开、三监督"，即打样、司秤、划码、价格四公开，纪检监察、渔民代表、行风监督员三监督。制定详细的鱼种验收、打样、司秤操作规程并严格按照规程操作。

综上所述，为实现呼伦湖渔业资源的有序调控和管理，在总结呼伦湖渔业资源现状、问题及对策的基础上，初步提出一个较完整的呼伦湖渔业资源小型化对策与可持续管理模式：全面增加鲢鳙等控藻鱼类的放流数量，加强翘嘴鲌等凶猛性肉食鱼类资源的增殖保护与种群结构调整，并注重高经济价值鱼类的放流与生物多样性保护。同时，对增殖放流操作过程进行规范，保障增殖放流的实施效果；建立水产种质资源保护区，优化渔具渔法，调控捕捞强度与开捕时间，加强渔政执法工作，最终通过完善呼伦湖鱼类人工增殖放流的管理，实现呼伦湖渔业的"生态保水"功能与可持续发展。

参考文献

Krebs CJ. Ecological Methodology[M]. New York：Harper Collins Publishers，1989：328-368.

Magurran AE. Ecological Diversity and Its Measurement[M]. New Jersey：Princeton University Press，1988：7-45.

Pauly D，Christensen V，Dalsgaard J，et al. Fishing down marine food webs[J]. Science，1998，279(6)：860-863.

Pinkas L，Oliphant MS，Iverson ILK. Food habits of albacore，bluefin tuna，and bonito in California waters [J]. California Department of Fish and Game Fish Bulletin，1971，152：1-105.

Tammi J，Lappalainen A，Mannio J，et al. Effects of eutrophication on fish and fisheries in Finnish lakes：a survey based on random sampling[J]. Fisheries Management and Ecology，1999，6：173-186.

Wilhm JL. Use of biomass units in Shannon's formula[J]. Ecology，1968，49：153-156.

白美兰，郝润全，沈建国. 近 46a 气候变化对呼伦湖区域生态环境的影响[J]. 中国沙漠，2008，28(1)：101-107.

陈朋，马燕武，谢春刚，等. 博斯腾湖鱼类群落结构的初步研究[J]. 淡水渔业，2014，44(2)：36-42.

陈宜瑜. 中国动物志·硬骨鱼纲·鲤形目(中卷)[M]. 北京：科学出版社，1998：1-531.

金相灿. 中国湖泊环境(第二册)[M]. 北京：海洋出版社，1995：457-495.

李宝林，赵贵民，张路增，等. 呼伦湖移植大银鱼初报[J]. 淡水渔业，1999，29(12)：23-24.

李华，夏春丽，李树国，等. 内蒙古呼伦湖红鳍鲌的营养成分分析及营养评价[J]. 营养学报，2009，31(3)：

285 - 288.

李树国,张全诚,高庆全,等.呼伦湖蒙古油餐繁殖生物学的研究[J].淡水渔业,2008,38(5):51-54.

缪丽梅,张笑晨,张利,等.呼伦湖渔业资源调查评估及生态修复技术[J].内蒙古农业大学学报(自然科学版),2014,35(4):1-9.

刘其根,沈建忠,陈马康,等.天然经济鱼类小型化问题的研究进展[J].上海水产大学学报,2005,14(1):79-83.

毛志刚,谷孝鸿,曾庆飞,等.太湖鱼类群落结构及多样性研究[J].生态学杂志,2011,30(12):2836-2842.

孙刚,盛连喜,冯江,等.中国湖泊渔业与富营养化的关系[J].东北师大学报自然科学版,1999,(1):74-78.

王俊,冯伟业,张利,等.呼伦湖水质和生物资源量监测及评价[J].水生态学杂志,2011,32(5):64-68.

解玉浩.东北地区淡水鱼类[M].沈阳:辽宁科学技术出版社,2007:1-483.

严志德.达赉湖—莫力庙水库渔业资源调查论文集[M].呼和浩特:内蒙古人民出版社,1985:1-127.

张志波,姜凤元.呼伦湖志(续志一)[M].海拉尔:内蒙古文化出版社,1998:24-26.

赵慧颖,乌力吉,郝文俊.气候变化对呼伦湖湿地及其周边地区生态环境演变的影响[J].生态学报,2008,38(3):1064-1071.

第 7 章　湖泊其他生物特征

近几十年来,由于流域内农牧区域和城市的营养物质大量输入,呼伦湖污染物质逐步积累,富营养化程度不断加深。同时,近些年呼伦湖流域的气候和水文条件变化剧烈,连年干旱造成湖泊水位下降,水域面积和蓄水量不断减少,其生态环境发生显著变化。呼伦湖水位自 2000 年的 544.50 m 降至 2012 年的 541.17 m,水位持续下降了 3.33 m。呼伦湖水位的下降,减少了湖区的水量及水环境容量,水体所能容纳的污染物量及自身调节净化能力减弱,湖区污染物浓度升高,水质恶化。同时,水位长期持续下降超过生态水位要求,也会带来湖泊水环境及生态系统结构的变化,并引起一系列生态问题。为保证工农业生产的用水需求及呼伦湖生态系统的稳定性,充分研究水位变化下水生生物资源的变动规律及湖泊生态系统的响应机制是非常必要的。

7.1　研究方法

2014 年 6 月对呼伦湖的鱼类生物饵料资源进行调查,包括浮游植物、浮游动物和底栖动物。为比较不同湖区间生物饵料资源的分布特征,在北部湖区(H_1、H_2)、中部湖区(H_3、H_4、H_5、H_6)和南部湖区(H_7、H_8)共设置了 8 个采样点位(图 7 - 1),开展相关的调查研究。

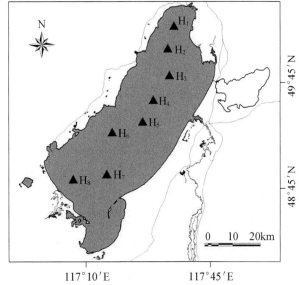

图 7 - 1　呼伦湖生物资源调查采样点分布图

主要调查项目包括:浮游植物、浮游动物、底栖动物的种类组成、现存量、优势种、生物多样性特征。

浮游植物:浮游植物样品使用柱状采水器(容积 2.5 L)分别等量采取断面的上、下层水样 4 次,集中于 10 L 容器中加以混合后,取出 1 L 并立即加入 15 mL 鲁哥氏固定液,带回室内倒入 1 L 的浓缩沉淀器中静置 48 h,尔后用虹吸法将沉淀上清液缓慢吸出。剩下的 30 mL 浓缩水样放入样品瓶中,加入少许甲醛溶液,待镜检。

浮游动物:游动物样品使用柱状采水器采集水样 10 L,经 25 号浮游生物网过滤后,浓缩至 10~30 mL,加入 2 mL 的 4%福尔马林固定保存。样品带回实验室,待镜检。

底栖动物:每个采样点用改良彼得逊采泥器采泥样 2~3 个(1/16 m²),泥样倒入塑料盆中,对底泥中的砾石,要仔细刷下附着底栖动物,经 40 目分样筛筛选后拣出大型动物,剩余杂物全部装入塑料袋中,加少许清水带回室内,在白色解剖盘中用细吸管、尖嘴镊、解剖针分拣。软体动物用 5%甲醛或 75%乙醇溶液;水生昆虫用 5%甲醛固定数小时后再用 75%乙醇保存;寡毛类先放入加清水的培养皿中,并缓缓滴数滴 75%乙醇麻醉,待其身体完全舒展后再用 5%甲醛固定,75%乙醇保存。按种类计数(损坏标本一般只统计头部),再换算成个/m²。软体动物用电子秤称重,水生昆虫和寡毛类用扭力天平称重,再换算成 g/m²。软体动物鉴定到种;水生昆虫(除摇蚊幼虫)至少到科;寡毛类和摇蚊幼虫至少到属。

浮游生物及底栖动物的相对重要性指数、生物多样性指数及分级评价标准等见第6 章。

7.2 浮游植物

7.2.1 种类组成

2014 年 6 月对呼伦湖水域的浮游植物群落结构进行了分析,主要结果如表 7 - 1,表 7 - 2 和图 7 - 2,图 7 - 3。

调查中共鉴定出浮游植物 64 种,隶属 5 门 36 属(表 7 - 1)。其中绿藻门(36 种)种类最多,占浮游植物总数的 56.3%;其次为蓝藻门(13 种)和裸藻门(7 种),分别占总数的 20.3%和 10.9%;硅藻门(5 种)和隐藻门(3 种)的种类数较少。比较呼伦湖不同湖区的浮游植物种类组成,结果显示北部(48 种)及中部(40 种)湖区的浮游植物种类数明显高于南部(22 种)湖区,且表现为绿藻种类数相对较多(表 7 - 2)。一些常见种类如蓝藻门的湖泊浮鞘丝藻(*Planktolyngbya limnetica*)、螺旋鱼腥藻(*Anabaena spiroides*)、坚实微囊藻(*Maicrocystis firma*)以及绿藻门的四尾栅藻(*Scenedesmus* quadricauda）、微小四角藻（*Tetraedron minimum*）等在多数点位均有发现。

表 7‑1　呼伦湖各采样点位的浮游植物种类组成

中文学名	浮游植物种类	采样点							
	拉丁学名	H_1	H_2	H_3	H_4	H_5	H_6	H_7	H_8
蓝藻门	**Cyanophyta**								
微囊藻属	***Microcystis***								
不定微囊藻	*Microcystis incerta*		+						
铜绿微囊藻	*Microcystis aeruginosa*	+							
坚实微囊藻	*Maicrocystis firma*				+	+	+	+	+
螺旋藻属	***Spirulina***								
螺旋藻 sp.	*Spirulina* sp.								+
色球藻属	***Chroococcus***								
湖泊色球藻	*Chroococcus limneticus*		+	+		+			
腔球藻属	***Coelosphaerium***								
腔球藻 sp.	*Coelosphaerium* sp.	+							
蓝纤维藻属	*Dactylococcopsis*								
针晶蓝纤维藻	*Dactylococcopsis rhaphidioides*	+		+	+		+	+	+
针状蓝纤维藻	*Dactylococcopsis acicularis*	+					+	+	
伪鱼腥藻属	***Pseudanabaena***								
湖生伪鱼腥藻	*Pseudanabaena limnetica*	+					+		+
鱼腥藻属	***Anabaena***								
鱼腥藻 sp.	*Anabaena* sp.			+			+	+	+
螺旋鱼腥藻	*Anabaenaspiroides*	+	+	+	+	+	+	+	+
浮鞘丝藻属	***Planktolyngbya***								
湖泊浮鞘丝藻	*Planktolyngbya limnetica*	+	+	+	+	+	+	+	+
环璃浮鞘丝藻	*Planktolyngbya circumcreta*		+	+	+	+	+	+	+
绿藻门	***Chlorophyta***								
栅藻属	***Scenedesmus***								
栅藻 sp.	*Scenedesmus* sp.			+					
二尾栅藻	*Scenedesmus bicaudatus*				+				
二形栅藻	*Scenedesmus dimorphus*						+		
四尾栅藻	*Scenedesmus quadricauda*	+	+	+	+	+	+		+
居间栅藻	*Scenedesmus intermedius*	+		+	+	+	+	+	
斜生栅藻	*Scenedesmus obliquus*		+						
小球藻属	***Chlorella***								
普通小球藻	*Chlorella vulgar*	+							

（续表）

中文学名	浮游植物种类	采样点							
	拉丁学名	H_1	H_2	H_3	H_4	H_5	H_6	H_7	H_8
衣藻属	*Chlamydomonas*								
衣藻 sp.	*Chlamydomonas* sp.	+			+				
十字藻属	*Crucigenia*								
窗格十字藻	*Crucigenia fenestrata*	+				+			
四角十字藻	*Crucigenia quadrata*	+				+			
四足十字藻	*Crucigenia tetrapedia*				+	+	+		
华美十字藻	*Crucigenia lauterbornii*		+		+		+	+	+
空星藻属	*Coelastrum*								
小空星藻	*Coelastrum microporum*			+					
盘星藻属	*Pediastrum*								
二角盘星藻	*Pediastrum boryanum*		+						+
二角盘星藻纤细变种	*Pediastrum duplex* var. gracillimum	+							
卵囊藻属	*Oocystis*								
卵囊藻 sp.	*Oocystis* sp.		+						
湖生卵囊藻	*Oocystis lacustis*	+		+		+	+	+	+
波吉卵囊藻	*Oocystis borgeii*		+	+				+	
聚盘藻属	*Gonium*								
聚盘藻	*Goniumsociale*	+							
弓形藻属	*Schroederia*								
弓形藻	*Schroederia* sp.	+	+	+	+	+	+		
螺旋弓形藻	*Schroederia spiralis*			+					
四角藻属	*Tetraedron*								
微小四角藻	*Tetraedron minimum*		+	+	+	+	+	+	+
纤维藻属	*Ankistrodesmus*								
纤维藻 sp.	*Ankistrodesmus* sp.		+					+	
针形纤维藻	*Ankistrodesmus acicularis*		+						
镰形纤维藻	*Ankistrodesmus falcatus*	+							
四星藻属	*Tetrastrum*								
短刺四星藻	*Tetrastrum staurogeniaeforme*	+	+		+	+		+	+
蹄形藻属	*Krichneriella*								
蹄形藻 sp.	Krichneriella sp.			+					
肥壮蹄形藻	Krichneriella obesa	+			+				

（续表）

中文学名	浮游植物种类	采样点							
	拉丁学名	H_1	H_2	H_3	H_4	H_5	H_6	H_7	H_8
韦斯藻属	***Westella***								
韦斯藻	*Westella* sp.	＋	＋				＋		
胶网藻属	***Dictyosphaerium***								
美丽胶网藻	*Dictyosphaerium pulchellum*	＋							
鼓藻属	***Cosmarium***								
鼓藻 sp.	*Cosmarium* sp.							＋	＋
扁鼓藻	*Cosmarium depressum*				＋		＋		＋
波特鼓藻	*Cosmarium portianum*		＋						
叉星鼓藻属	***Staurodesmus***								
光角叉星鼓藻	*Staurodesmus muticum*	＋							
二角叉星鼓藻	*Staurodesmus duplex*		＋						
角星鼓藻属	***Staurastrum***								
角星鼓藻 sp.	*Staurastrum* sp.				＋		＋		
硅藻门	***Bacillariophyta***								
小环藻属	***Cyclotella***								
小环藻 sp.	Cyclotella sp.		＋			＋			
曲壳藻属	***Achnanthes***								
曲壳藻 sp.	Achnanthes sp.	＋	＋				＋	＋	＋
极小曲壳藻	Achnanthes minutissima	＋							
脆杆藻属	***Fragilaria***								
脆杆藻 sp.	Fragilaria sp.	＋			＋				
舟形藻属	***Navicula***								
隐头舟形藻	*Navicula cryptocephala*	＋							
裸藻门	**Euglenophyta**								
裸藻属	***Euglena***								
裸藻 sp1.	Euglena sp.	＋							
尖尾裸藻	Euglenaoxyuris		＋	＋					
扁裸藻属	***Phacus***								
扁裸藻 sp.	*Phacus* sp.				＋				
鳞孔藻属	***Lepocinclis***								
鳞孔藻 sp1.	*Lepocinclis* sp1.	＋			＋				
鳞孔藻 sp2.	*Lepocinclis* sp2.	＋						＋	
卵形鳞孔藻	*Lepocinclis ovum*	＋							

（续表）

中文学名	浮游植物种类		采样点							
	拉丁学名	H_1	H_2	H_3	H_4	H_5	H_6	H_7	H_8	
卡克藻属	*Khawkinea*									
卡克藻 sp.	*Khawkinea* sp.			+						
隐藻门	**Cryptophyta**									
隐藻属	***Cryptomonas***									
卵形隐藻	*Cryptomonas ovata*		+							
啮蚀隐藻	*Cryptomonas erosa*				+					
蓝隐藻属	***Chroomonas***									
尖尾蓝隐藻	*Chroomonas acuta*	+			+	+				

表 7-2　呼伦湖浮游植物种类数组成

种类数	H_1	H_2	H_3	H_4	H_5	H_6	H_7	H_8	北部	中部	南部	合计(种)
蓝藻门	7	5	6	5	5	8	7	8	10	9	9	13
绿藻门	16	14	10	12	9	11	8	8	26	22	11	36
硅藻门	4	2	0	1	1	1	1	1	5	3	1	5
裸藻门	4	1	2	2	0	0	1	0	5	4	1	7
隐藻门	1	1	0	2	1	0	0	0	2	2	0	3
合计(种)	32	23	18	22	16	20	17	17	48	40	22	64

7.2.2　现存量

呼伦湖各采样点位的浮游植物密度和生物量均值分别为 8 427.8×10⁴ cells/L 和 8.74 mg/L。呼伦湖各点位的浮游植物密度和生物量亦存在明显差别(图 7-2)。浮游植物密度从高到低依次为 H_6>H_1>H_2>H_4>H_8>H_7>H_3>H_5，其中 H_6 密度最高，达到 118.59×10⁶ cells/L；浮游植物生物量从高到低依次为 H_6>H_1>H_2>H_4>H_8>H_3>H_7>H_5，亦为中部湖区点位 H_6 的生物量最高，达到 14.52 mg/L；浮游植物密度和生物量均表现为北部湖区明显高于中部和南部湖区。氮磷营养元素通常是藻类生长的限制因子，浮游植物数量与水体中营养盐浓度变化关系密切，北部湖区的浮游植物密度和生物量均较高，可能是由于该水域旅游开发较为成熟，人类活动产生的大量生活污染物不断积累，影响了该湖区的水体质量，所以浮游植物数量增长。

从浮游植物群落结构上看，呼伦湖各点位均以蓝藻和绿藻为主，其中蓝藻的密度在各点位中均最高，而绿藻的生物量则在各点位中最高(除 H_6)。就优势种而言，湖泊浮鞘丝藻、螺旋鱼腥藻、环璃浮鞘丝藻(*Planktolyngbya circumcreta*)、坚实微囊藻等在蓝藻中占主体地位,华美十字藻(*Crucigenia lauterbornii*)、四尾栅藻等则在绿藻中占主体地位(表 7 - 3)。不同湖区间,北部、中部和南部湖区亦均以蓝藻的密度最高,而绿藻的生物量比重最高。

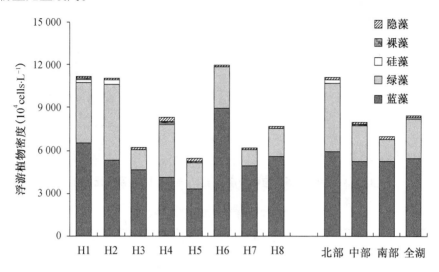

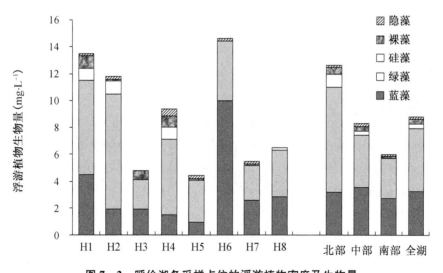

图 7 - 2 呼伦湖各采样点位的浮游植物密度及生物量

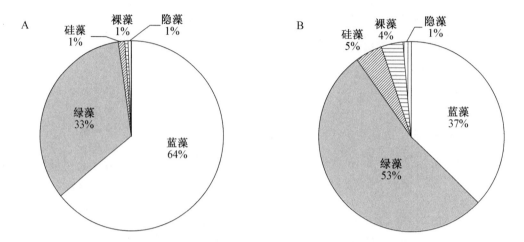

图7‑3 呼伦湖浮游植物密度(A)及生物量(B)的百分比组成

表7‑3 呼伦湖浮游植物优势种组成

编号	种类	密度(10^4 cells/L)	生物量(mg/L)	$N\%$	$W\%$	$F\%$	IRI
1	湖泊浮鞘丝藻	1 742.48	0.66	20.68	7.56	100.0	**2 823.92**
2	螺旋鱼腥藻	647.27	1.21	7.68	13.88	100.0	**2 156.27**
3	环璃浮鞘丝藻	1 316.65	0.49	15.62	5.65	87.5	**1 861.18**
4	华美十字藻	826.66	1.24	9.81	14.18	62.5	**1 499.55**
5	坚实微囊藻	816.66	0.18	9.69	2.10	62.5	**736.99**
6	四尾栅藻	293.33	0.18	3.48	2.10	87.5	488.04
7	短刺四星藻	146.67	0.37	1.74	4.19	75.0	445.09
8	居间栅藻	256.66	0.16	3.05	1.83	75.0	366.03
9	弓形藻	53.33	0.33	0.63	3.81	75.0	333.43
10	微小四角藻	90.00	0.22	1.07	2.57	87.5	318.64
11	四足十字藻	213.33	0.27	2.53	3.05	37.5	209.31
12	湖生伪鱼腥藻	290.00	0.40	3.44	4.56	25.0	200.05
13	湖生卵囊藻	63.33	0.14	0.75	1.63	75.0	178.61
14	曲壳藻 sp.	56.67	0.18	0.67	2.03	62.5	168.62
15	四角十字藻	186.66	0.23	2.21	2.67	25.0	122.10
16	韦斯藻	66.67	0.15	0.79	1.72	37.5	94.01
17	肥壮蹄形藻	43.33	0.19	0.51	2.17	25.0	67.07
18	针晶蓝纤维藻	53.33	0.03	0.63	0.34	62.5	61.00
19	波吉卵囊藻	40.00	0.10	0.47	1.14	37.5	60.69
20	二角盘星藻	86.67	0.11	1.03	1.24	25.0	56.69

7.2.3　生物多样性

呼伦湖浮游植物的物种丰富度(D)、多样性指数(H')和均匀度(J')计算结果如表 7-4 和图 7-4 所示。呼伦湖 8 个调查点位中,D 的分布范围为 0.84~1.67,平均值为 1.14;H'_N、H'_W 的变动范围分别为 1.72~2.62 和 1.97~3.08,J'_N、J'_W 的变动范围分别为 0.59~0.81 和 0.66~0.94。除 H_6 外,各调查点位基于个体数量的多样性指标 H'_N、J'_N 均低于基于生物量的多样性指标 H'_W、J'_W(表 7-4),这表明这湖区周边水域的浮游植物群落中,小个体种类占据一定优势,这也与绿藻门种类个体相对较小相一致。

各点位浮游植物的多样性存在差别(表 7-4,图 7-4),其判别指数 D 表现为 H_2 最高,H_5 最低,即 $H_2 > H_1 > H_4 > H_6 > H_3 > H_7 > H_8 > H_5$;$Hw'$ 和 Jw' 表现为 H_1 和 H_4 最高,分别为 $H_1 > H_4 > H_3 > H_7 > H_2 > H_5 > H_8 > H_6$ 和 $H_4 > H_1 > H_7 > H_5 > H_3 > H_8 > H_2 > H_6$。而各湖区之间,北部湖区浮游植物的多样性指数($H'$)亦高于中部和南部湖区。

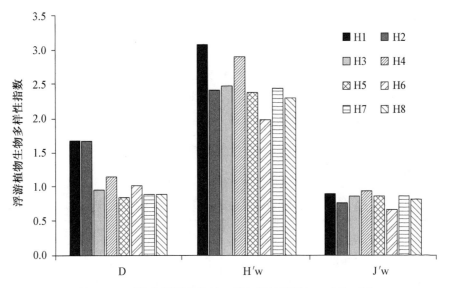

图 7-4　呼伦湖浮游植物的 3 种多样性指数(D、H'_W 和 J'_W)

表 7-4　呼伦湖浮游植物的生物多样性指数

点位	Margalef 指数	Shannon-Wiener 指数		Pielou 均匀度	
	D	H'_N	H'_W	J'_N	J'_W
H_1	1.67	2.62	3.08	0.76	0.89
H_2	1.67	2.21	2.40	0.71	0.77
H_3	0.95	1.72	2.46	0.59	0.85

点位	Margalef 指数	Shannon-Wiener 指数		Pielou 均匀度	
	D	H'_N	H'_W	J'_N	J'_W
H_4	1.15	2.51	2.90	0.81	0.94
H_5	0.84	1.97	2.37	0.71	0.86
H_6	1.02	2.16	1.97	0.72	0.66
H_7	0.89	2.03	2.44	0.72	0.86
H_8	0.88	1.93	2.30	0.68	0.81
北部湖区	1.67	2.42	2.74	0.73	0.83
中部湖区	0.99	2.09	2.43	0.71	0.83
南部湖区	0.89	1.98	2.37	0.70	0.84
平均	1.14	2.14	2.49	0.71	0.83

7.2.4 演变趋势

呼伦湖不同年份的浮游植物组成如图 7-5 所示,1982、1987 年呼伦湖的浮游植物生物量分别为 8.13 mg/L 和 8.07 mg/L(严志德,1985;徐占江,1989),而 2014 年浮游植物生物量为 8.74 mg/L,仅分别增加 7.5% 和 8.3%。其中 2014 年的浮游植物数据仅为 6 月的调查数据,作为全年的平均值代表性较差。但将 1982、1987 年 5、7 月的平均值(均为 7.94 mg/L)与 2014 年 6 月的浮游植物生物量进行比较,结果显示二者亦无明显差别(表 7-5,表 7-6)。

表 7-5 呼伦湖 1982 年浮游植物组成(生物量,mg/L)

种类	蓝藻	绿藻	硅藻	裸藻	隐藻	甲藻	金藻	黄藻	合计
春(5 月)	0.91	0.87	3.49	0.08	1.06	0.00	0.00	0.00	6.41
夏(7 月)	5.44	1.88	1.39	0.19	0.06	0.47	0.03	0.00	9.47
秋(9 月)	8.58	1.84	1.58	0.00	0.03	0.07	0.05	0.02	12.17
冬(12 月)	0.36	3.18	0.81	0.04	0.04	0.00	0.04	0.00	4.46
平均	3.83	1.94	1.82	0.08	0.30	0.14	0.03	0.01	8.13

表 7-6　呼伦湖 1987 年浮游植物组成(生物量,mg/L)

种类	蓝藻	绿藻	硅藻	裸藻	隐藻	甲藻	金藻	黄藻	合计
春(5 月)	1.75	4.39	1.25	0.68	0.15	0.64	0.05	0.64	9.55
夏(7 月)	3.53	1.58	0.35	0.35	0.19	0.18	0.02	0.13	6.33
秋(9 月)	6.34	2.57	0.32	0.26	1.02	0.45	0.02	0.25	11.23
冬(12 月)	4.04	0.40	0.22	0.11	0.34	0.00	0.01	0.05	5.17
平均	3.92	2.24	0.54	0.35	0.43	0.32	0.03	0.27	8.07

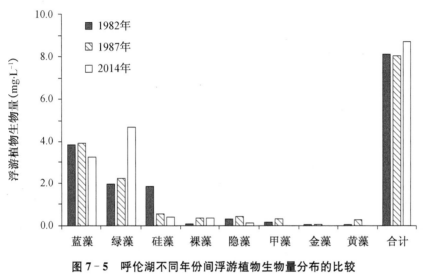

图 7-5　呼伦湖不同年份间浮游植物生物量分布的比较

与之相对,图 7-5 显示呼伦湖浮游植物组成随年份发生变化,绿藻的生物量显著增加,2014 年绿藻生物量相对 1982、1987 年分别增加了 1.4 倍和 1.1 倍。硅藻所占比重则大幅下降,蓝藻比重变化不明显。其中绿藻的优势种为华美十字藻、四尾栅藻等,多在营养丰富的静水中繁殖,对有机污染物具有较强的耐性,为中污生物带指示种。因此,浮游植物组成的变化显示出呼伦湖水体的富营养化趋势,这也与近年来呼伦湖水体的氮磷浓度不断升高相一致,同时也需注意呼伦湖夏秋高温季节暴发蓝藻水华的风险。

7.3　浮游动物

7.3.1　种类组成

2014 年 6 月对呼伦湖不同湖区的轮虫和大型浮游动物(枝角类和桡足类)的群落结构进行了分析,主要结果如表 7-7 和图 7-6。

调查期间共鉴定出桡足类 4 种,枝角类 4 种,轮虫 6 种。桡足类的常见种主要是无节幼体与近邻剑水蚤(*Cyclops vicinus*);枝角类的常见种为僧帽溞(*Daphnia cucullata*);轮虫常见种主要是长三肢轮虫(*Filinia longiseta*)和矩形龟甲轮虫(*Keratella quadrato*)。比较呼伦湖不同湖区的浮游动物种类组成,结果显示北部(12种)及中部(12种)湖区的浮游动物种类数高于南部(8种)湖区,主要表现为枝角类的种类数相对较多(表7-7)。从浮游动物的常见种组成看,呼伦湖湖区的水质状况属中—富营养状态。

表7-7 呼伦湖各采样点位的浮游动物种类组成

种类		点位							
中文学名	拉丁学名	H_1	H_2	H_3	H_4	H_5	H_6	H_7	H_8
桡足类	**Copepod**								
无节幼体	*Nauplius*	+	+	+	+	+	+	+	+
近邻剑水蚤	*Cyclopsvicinus*	+	+	+	+	+	+	+	+
汤匙华哲水蚤	*Sinocalanus dorrii*	+	+				+		
猛水蚤	*Harpacticoida*	+					+		
枝角类	Cladocera								
僧帽溞	*Daphniacucullata*	+	+		+				+
裸腹溞	*Moina. sp*	+	+			+			
秀体溞	*Diaphanosoma. sp*	+	+						
简弧象鼻溞	*Bosmina coregoni*				+				
轮虫	Rotifera								
长三肢轮虫	*Filinia longiseta*	+	+	+	+	+	+	+	+
矩形龟甲轮虫	*Keratella quadrato*	+	+	+	+	+	+	+	+
曲腿龟甲轮虫	*Keratella valga*							+	
针簇多枝轮虫	*Polyarthra trigle*	+			+	+	+		
萼花臂尾轮虫	*Brachionuo calyci floruo*				+		+	+	+
晶囊轮虫	*Arplanchna. sp*	+		+	+	+	+	+	+

7.3.2 现存量

呼伦湖各采样点位的浮游动物密度和生物量均值分别为 151.5 ind/L 和 0.70 mg/L。呼伦湖全湖的浮游动物群落结构组成显示,桡足类和轮虫的密度最高,分别占总数的 50.5% 和 47.2%,枝角类仅占 2.3%。从生物量上分析,桡足类占绝对优势,其质量比占 89.5%。呼伦湖各点位的浮游动物密度和生物量亦存在明显差别(图 7-6)。浮游动物密度从高到低依次为 $H_5 > H_3 > H_4 > H_7 > H_2 > H_8 > H_6 > H_1$,中部湖区点位 H_5 密度最高,达到 253.6 ind/L;浮游动物生物量从高到低依次为 $H_7 > H_8 > H_6 > H_2 > H_1 > H_5 > H_3 > H_4$,其中 H_7 的生物量最高,达到 1.72 mg/L;浮游动物的密度表现为中部>南部>北部湖区,而生物量表现为南部>北部>中部湖区。

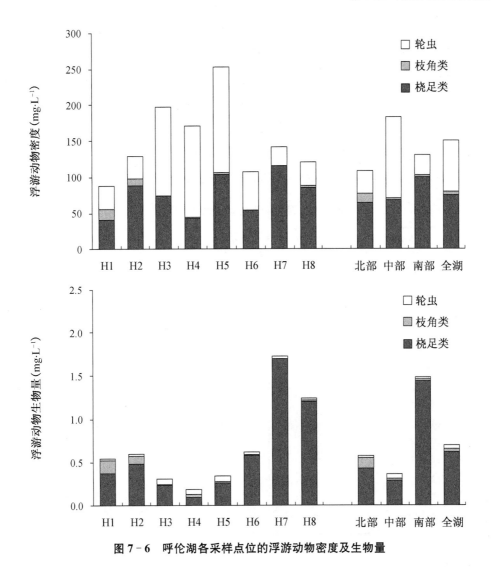

图 7 - 6　呼伦湖各采样点位的浮游动物密度及生物量

　　从浮游动物群落结构上看,呼伦湖全湖以桡足类为主,其密度及生物量在多数点位中均最高。按照 IRI 值的大小对浮游动物进行排序,排在前 4 位的种类依次为近邻剑水蚤、长三肢轮虫、无节幼体和矩形龟甲轮虫(IRI 值大于 500),而这几种浮游动物在各湖区的优势度存在一定差别,其中近邻剑水蚤在南部湖区优势程度明显,而长三肢轮虫在中部湖区分布优势明显。呼伦湖浮游动物优势种中,近邻剑水蚤的 IRI 值最高,明显大于其他优势种,其质量百分比占总浮游动物的 82.6%,而优势种中的其他种类均为个体较小的浮游动物种类(表 7 - 8)。

　　前期开展的相关研究认为,水体的营养状况及浮游植物组成是导致浮游动物群落产生空间差异的主要因素。由于北部湖区旅游开发较为成熟,人类活动产生的生活污染较多,该水域富营养化较重,引起浮游植物数量增加。浮游动物是控制浮游植物数量的主要消费者,浮游藻类的增加一般会为浮游动物提供更丰富的食物饵料,并引起其数量的增长。但调查显示,北部湖区的浮游动物密度低于其他湖区,这可能与浮游植物的群落结构组成相关。呼伦湖浮游藻类主要以蓝藻和绿藻为主,且优势种为鞘丝藻、鱼腥藻、微囊藻等体型相对较大或容易集群的藻种,浮游动物较难摄食。而浮游动物与浮游植物数量的相关性分析结果也显示,浮游动物密度与浮游植物及蓝藻的密度均呈显著性负相关。因此,浮游植物密度较高的水域,因其优势种不适合浮游动物捕食,且造成其他小型藻类的数量减少,最终导致浮游动物数量的下降。

表 7-8 呼伦湖浮游动物优势种组成

编号	种类	密度(ind/L)	生物量(μg/L)	$N\%$	$W\%$	$F\%$	IRI
1	近邻剑水蚤	32.4	575.8	21.4	82.6	100.0	**10 394.4**
2	长三肢轮虫	47.1	15.6	31.1	2.2	100.0	**3 330.7**
3	无节幼体	43.0	25.8	28.4	3.7	100.0	**3 209.2**
4	矩形龟甲轮虫	17.4	15.0	11.5	2.1	100.0	**1 360.1**
5	晶囊轮虫	4.8	1.9	3.2	0.3	87.5	301.4
6	僧帽溞	1.6	15.5	1.0	2.2	50.0	162.3
7	汤匙华哲水蚤	0.9	18.7	0.6	2.7	37.5	121.6
8	萼花臂尾轮虫	1.1	5.5	0.7	0.8	50.0	75.8
9	裸腹溞	0.9	8.6	0.6	1.2	37.5	68.8
10	简弧象鼻溞	0.8	7.8	0.5	1.1	37.5	60.5
11	针簇多枝轮虫	1.0	0.7	0.7	0.1	62.5	47.2
12	猛水蚤	0.3	3.6	0.2	0.5	25.0	17.0
13	秀体溞	0.3	2.6	0.2	0.4	25.0	14.4
14	曲腿龟甲轮虫	0.2	0.1	0.1	0.0	12.5	1.8

7.3.3 生物多样性

呼伦湖浮游动物的物种丰富度(D)、多样性指数(H')和均匀度(J')计算结果如表 7-9 和图 7-7 所示。呼伦湖 8 个调查点位中,D 的分布范围为 0.95~2.46,平均值为 1.48;H'_N、H'_W 的变动范围分别为 1.13~2.10 和 0.15~1.60,J'_N、J'_W 的变动范围分别为 0.82~1.51 和 0.11~1.16。浮游动物多样性指数 H'_W 在各点位均表现偏低(0.15~1.60),低于多样性指数的一般范围(1.5~3.5)。各调查点位基于个体数量的多样性指标 H'_N、J'_N 均高于基于生物量的多样性指标 H'_W、J'_W(表 7-3),这表明这湖区周边水域的浮游动物群落中,大个体种类占据优势,这也与近邻剑水蚤等大个体浮游动物成为湖区的绝对优势种的结果相一致。

各点位浮游动物的多样性存在差别(表 7-9,图 7-7),其判别指数 D 表现为 H₁

最高,H_3 最低,即 $H_1>H_6>H_2>H_4>H_8>H_7>H_5>H_3$;$Hw'$ 和 Jw' 均表现为 H_4 最高,H_7 最低,且顺序依次均为 $H_4>H_1>H_2>H_5>H_3>H_6>H_8>H_7$。而各湖区之间,浮游动物多样性指数($H'$)从高到低依次为北部湖区>中部湖区>南部湖区,造成这种差异的主要原因是南部湖区的优势种近邻剑水蚤的比重相对更高。此外,结果也显示基于生物量的多样性指标 H_W',其在南部湖区的值(0.19)远低于北部(1.44)和中部湖区(1.09),这主要是由于该湖区的近邻剑水蚤的生物量比重占到 97%,而其数量比重仅为 61%,因此不同湖区间 H_W' 的差异远高于 H_N'。

表 7-9　呼伦湖浮游动物的生物多样性指数

点位	Margalef 指数	Shannon-Wiener 指数		Pielou 均匀度	
	D	H_N'	H_W'	J_N'	J_W'
H_1	2.46	2.10	1.58	1.51	1.14
H_2	1.65	1.52	1.30	1.09	0.94
H_3	0.95	1.26	0.99	0.91	0.71
H_4	1.56	1.15	1.60	0.83	1.16
H_5	1.08	1.31	1.17	0.95	0.85
H_6	1.71	1.55	0.61	1.11	0.44
H_7	1.21	1.13	0.15	0.82	0.11
H_8	1.25	1.33	0.22	0.96	0.16
北部湖区	2.05	1.81	1.44	1.30	1.04
中部湖区	1.32	1.32	1.09	0.95	0.79
南部湖区	1.23	1.23	0.19	0.89	0.14
平均	1.48	1.42	0.95	1.02	0.69

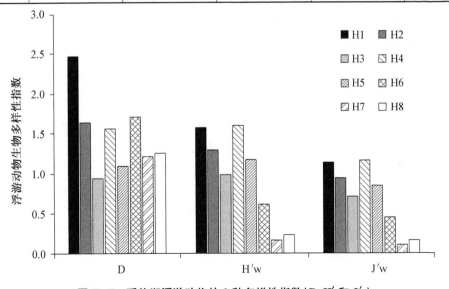

图 7-7　呼伦湖浮游动物的 3 种多样性指数(D、H_W' 和 J_W')

7.3.4 演变趋势

呼伦湖不同年份的浮游动物组成如图 7-8 所示,1982 年和 2014 年的浮游动物生物量分别为 3.77 mg/L 和 0.70 mg/L,密度分别为 429 ind/L 和 151 ind/L(严志德,1985);其中相对于 1982 年,2014 年的浮游动物生物量和密度分别下降了 82% 和 65%。呼伦湖浮游动物的组成亦随年份发生变化(图 7-8,表 7-10),从密度组成分析,轮虫所占比例增加,桡足类比例下降;从生物量组成看,桡足类所占比例增加,枝角类比例下降。

表 7-10 不同年份间呼伦湖各湖区浮游动物组成的比较

种类	1982 年			2014 年		
	北部	中部	南部	北部	中部	南部
密度(ind/L)						
桡足类	502	374	140	65	69	102
枝角类	57	15	27	12	0.8	0.4
轮虫	311	109	66	31	113	30
合计	870	498	233	109	183	132
生物量(mg/L)						
桡足类	4.13	3.12	2.34	0.44	0.30	1.45
枝角类	2.24	0.65	0.59	0.12	0.01	0.004
轮虫	0.22	0.24	0.07	0.02	0.05	0.03
合计	6.60	4.02	3.00	0.58	0.37	1.48

不同湖区间浮游动物的分布特征显示,各湖区的浮游动物生物量和密度均明显下降,其中北部和中部湖区的下降趋势更为明显,而浮游动物组成在各湖区亦表现出桡足类生物量比例增加,枝角类比例下降的趋势。与枝角类相比,桡足类更易在富营养化水体中出现,且运动能力更强,能较好地躲避浮游食性鱼类的摄食。因此,浮游动物组成的变化亦显示出呼伦湖水质的富营养化趋势,同时也与该水域浮游藻类组成变化及贝氏鳘等浮游食性鱼类数量迅速增长的趋势相一致。

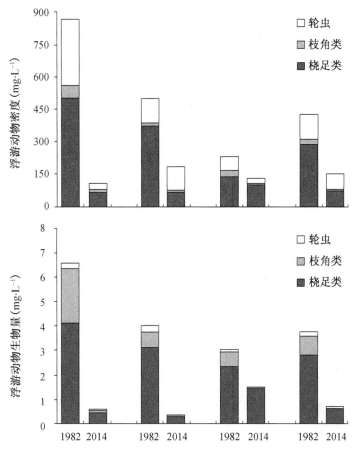

图 7-8　呼伦湖不同年份间浮游动物密度及生物量分布的比较

7.4　底栖动物

7.4.1　种类组成

2014 年 6 月对呼伦湖不同湖区的底栖动物群落结构进行了分析,主要结果如表 7-11 和图 7-9。调查期间共采集到底栖动物 5 种,隶属 2 科 5 属,其中摇蚊类 4 种,寡毛类 1 种。比较呼伦湖不同湖区间的底栖动物种类组成,结果显示北部湖区(5 种)的种类数最高,中部(4 种)及南部湖区(4 种)种类数较少。底栖动物的常见种主要是大粗腹摇蚊(*Macropelopia* sp.)、羽摇蚊(*Chironomus flaviplumus*)和霍甫水丝蚓(*Limnodrilus hoffmeisteri*),其中羽摇蚊常见于富营养湖泊或多污带中,而霍普水丝蚓则是最严重污染区的优势种,因此从底栖动物的常见种组成上看,呼伦湖湖区的水质状况属于污染状态,富营养程度较高。

表 7 - 11　呼伦湖各采样点位的底栖动物种类组成

| 种类 | | 点位 | | | | | | | |
中文学名	拉丁学名	H_1	H_2	H_3	H_4	H_5	H_6	H_7	H_8
昆虫类	**Insect**								
羽摇蚊	*Chironomus flaviplumus*	+					+	+	+
软狭小摇蚊	*Microchironomus tener*	+							
大粗腹摇蚊	*Macropelopia* sp.	+	+	+	+		+	+	+
隐摇蚊	*Cryptochironomus* sp.		+	+				+	
寡毛类	**Oligochaeta**								
霍甫水丝蚓	*Limnodrilus hoffmeisteri*	+	+			+			+

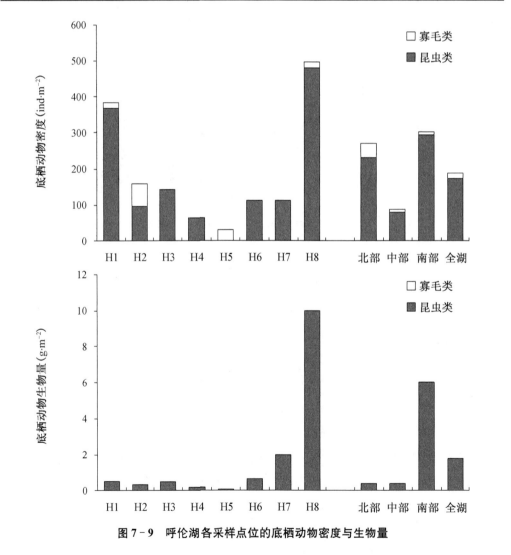

图 7 - 9　呼伦湖各采样点位的底栖动物密度与生物量

7.4.2 现存量

呼伦湖各采样点位的底栖动物密度和生物量均值分别为 188.0 ind/m² 和 1.74 g/m²。呼伦湖全湖的底栖动物群落结构组成显示,昆虫类的密度和生物量均占绝对优势,其比重分别为 91.5% 和 99.7%。呼伦湖各点位的底栖动物分布特征亦存在明显差别(图 7-9,表 7-12),其密度从高到低依次为 $H_8 > H_1 > H_2 > H_3 > H_7 > H_4 > H_6 > H_5$,南部湖区点位 H_8 密度最高,达到 496 ind/m²;底栖生物生物量从高到低依次为 $H_8 > H_7 > H_6 > H_3 > H_1 > H_2 > H_4 > H_5$,其中 H_8 的生物量最高,达到 9.94 g/m²;不同湖区间底栖动物的密度和生物量均表现为南部>北部>中部湖区。

从底栖动物群落结构上看(表 7-12),呼伦湖全湖以摇蚊类为主,其密度及生物量在多数点位中均占绝对优势。按照 IRI 值的大小对底栖动物进行排序,其中 IRI 值大于 500 的种类为羽摇蚊和大粗腹摇蚊(表 7-13)。而这 2 种底栖动物在各湖区的优势度存在一定差别,其中羽摇蚊在南部湖区优势程度明显,而大粗腹摇蚊在北部湖区分布优势明显。呼伦湖底栖动物优势种中,羽摇蚊的 IRI 值最高,明显大于其他优势种,其质量百分比占底栖动物总量的 85.9%,而大粗腹摇蚊等个体较小。

表 7-12 呼伦湖各采样点位的底栖动物群落结构组成

种类	密度/生物量	H_1	H_2	H_3	H_4	H_5	H_6	H_7	H_8
昆虫类									
羽摇蚊	密度(ind/m²)	96	/	/	/	/	16	64	368
	生物量(g/m²)	0.07	/	/	/	/	0.49	1.70	9.72
软狭小摇蚊	密度(ind/m²)	32	/	/	/	/	/	/	/
	生物量(g/m²)	0.01	/	/	/	/	/	/	/
大粗腹摇蚊	密度(ind/m²)	240	80	112	64	/	96	32	112
	生物量(g/m²)	0.36	0.13	0.14	0.16	/	0.15	0.06	0.21
隐摇蚊	密度(ind/m²)	/	16	32	/	/	/	16	/
	生物量(g/m²)	/	0.13	0.33	/	/	/	0.25	/
寡毛类									
霍甫水丝蚓	密度(ind/m²)	16	64	/	/	32	/	/	16
	生物量(g/m²)	0.003	0.034	/	/	0.005	/	/	0.003
合计	密度(ind/m²)	384	160	144	64	32	112	112	496
	生物量(g/m²)	0.44	0.29	0.48	0.16	0.005	0.63	2.00	9.94

表 7 - 13　呼伦湖底栖动物优势种组成

编号	种类	密度(ind/m²)	生物量(g/m²)	N%	W%	F%	IRI
1	羽摇蚊	68	1.50	36.2	85.9	50.0	6 101.9
2	大粗腹摇蚊	92	0.15	48.9	8.7	87.5	5040.7
3	霍甫水丝蚓	16	0.01	8.5	0.3	50.0	441.6
4	隐摇蚊	8	0.09	4.3	5.1	37.5	350.1
5	软狭小摇蚊	4	0.00	2.1	0.1	12.5	27.3

7.4.3　生物多样性

呼伦湖底栖动物的物种丰富度(D)、多样性指数(H')和均匀度(J')计算结果如表 7 - 14 和图 7 - 10 所示。呼伦湖 8 个调查点位中,D 的分布范围为 0~0.50,平均值为 0.26;H'_N、H'_W 的变动范围分别为 0~0.98 和 0~0.97,J'_N、J'_W 的变动范围分别为 0~0.69 和 0~0.70。底栖动物多样性指数 H'_W 在各点位均表现偏低(0~0.97),远远低于多样性指数的一般范围(1.5~3.5)。对比不同湖区间基于个体数量的多样性指标 H'_N、J'_N 与基于生物量的多样性指标 H'_W、J'_W(表 7 - 14),结果显示北部和南部湖区的多样性指数 H'_N、J'_N 高于 H'_W、J'_W,而中部湖区则相反,这表明北部和南部湖区的底栖动物群落中,大个体种类占据优势,而中部湖区则是小个体种类占优势。

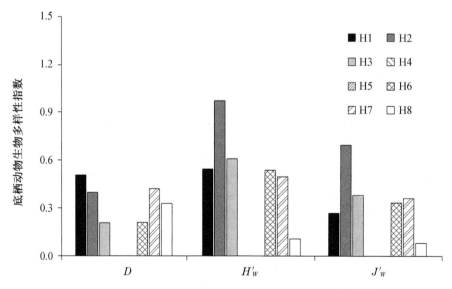

图 7 - 10　呼伦湖底栖动物的 3 种多样性指数(D、H'_W 和 J'_W)

表 7 - 14　呼伦湖底栖动物的生物多样性指数

点位	Margalef 指数	Shannon-Wiener 指数		Pielou 均匀度	
	D	H'_N	H'_W	J'_N	J'_W
H_1	0.50	0.98	0.55	0.47	0.26
H_2	0.39	0.94	0.97	0.68	0.70
H_3	0.20	0.53	0.61	0.33	0.38
H_4	0.00	0.00	0.00	0.00	0.00
H_5	0.00	0.00	0.00	0.00	0.00
H_6	0.21	0.41	0.54	0.25	0.33
H_7	0.42	0.96	0.50	0.69	0.36
H_8	0.32	0.67	0.11	0.48	0.08
北部湖区	0.45	0.96	0.76	0.58	0.48
中部湖区	0.10	0.23	0.29	0.15	0.18
南部湖区	0.37	0.81	0.30	0.59	0.22
平均	0.26	0.56	0.41	0.36	0.26

　　各点位底栖动物的多样性存在差别(表 7 - 14,图 7 - 10),其判别指数 D 表现为 H_1 最高,H_5 最低,即 $H_1 > H_7 > H_2 > H_8 > H_6 > H_3 > H_4 \geqslant H_5$;$Hw'$ 和 Jw' 均表现为 H_2 最高,H_5 最低,且顺序分别为 $H_2 > H_3 > H_1 > H_6 > H_7 > H_8 > H_4 \geqslant H_5$ 和 $H_2 > H_3 > H_7 > H_6 > H_1 > H_8 > H_4 \geqslant H_5$。可以看出,$H_4$、$H_5$ 点位的底栖动物仅有 1 种,因此其生物多样性指数 Hw' 均为 0。各湖区之间,底栖动物多样性指数(H')从高到低依次为北部湖区 > 南部湖区 > 中部湖区,造成这种差异的主要原因是中部湖区各点位的底栖动物种类数偏少;而北部湖区生物多样性指数高于南部湖区,则是由于南部湖区的羽摇蚊生物量比重占绝对优势,降低了该水域的底栖动物多样性。

7.4.4　演变趋势

　　呼伦湖不同年份的底栖动物组成如图 7 - 11 所示,1982 年和 2014 年的底栖动物密度分别为 420 ind/m² 和 188 ind/m²,生物量分别为 1.17 g/m² 和 1.74 g/m²(严志德,1985);其中相对于 1982 年,2014 年底栖动物的密度下降了 55%,但生物量增加了 49%。呼伦湖底栖动物的组成亦随年份发生变化,其中软体动物在 2014 年未采集到,且寡毛类的数量和生物量均明显下降;昆虫类的数量亦有所下降,但其生物量明显增加,可能是昆虫类的优势种发生变化,个体较大的羽摇蚊提高了湖区底栖动物的生物量。总体上,呼伦湖底栖动物的生物量相对增加,这与该水域鲤等底栖食性鱼类数量减少及由此引起的鱼类对底栖动物牧食压力减少相符合。但底栖动物群落的生物多样性

有所下降,且羽摇蚊、大粗腹摇蚊和霍甫水丝蚓等优势种的出现,显示出呼伦湖水质的
污染程度及富营养化趋势,这也与浮游植物、浮游动物的变化趋势相一致。

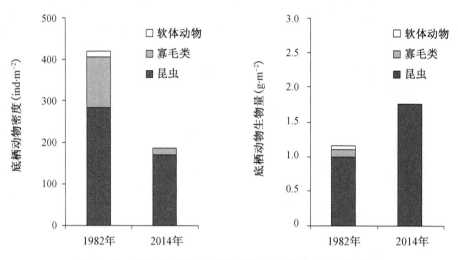

图 7‑11   呼伦湖不同年份间底栖动物密度及生物量的比较

综上所述,呼伦湖生物资源结构发生明显变化,这与近年来湖区水体氮磷浓度不断
升高及湖泊富营养化趋势加剧相一致:浮游植物以蓝藻和绿藻为主,其中绿藻生物量显
著增加,且污染较严重的北部湖区浮游植物种类、生物量和密度均最高;浮游动物生物
量和密度均明显下降,其中运动能力更强的桡足类生物量比重增加,枝角类和轮虫比重
下降,这与该水域浮游藻类组成变化及浮游食性鱼类数量增长相符合;底栖动物生物量
则相对增加,且以摇蚊类为主,而羽摇蚊、大粗腹摇蚊和霍甫水丝蚓等优势种的出现,显
示出底栖动物群落结构与呼伦湖水质的污染程度加剧及底栖食性鱼类数量减少相一致
的趋势。

参考文献

严志德.达赉湖‑莫力庙水库渔业资源调查论文集[M].呼和浩特:内蒙古人民出版社,1985:1‑127.

徐占江.呼伦湖志[M].长春:吉林文史出版社,1989:77‑277.

第8章　湿地动植物

8.1　湿地植物

呼伦湖保护区湿地中分布着水生植被、沼泽植被、草甸植被、盐化草甸植被等多种植被类型,植被保存完好,生态系统结构完整,功能发挥正常,是保护区珍稀濒危鸟类的栖息、繁殖及迁徙集散地,也是新巴尔虎右旗、新巴尔虎左旗、满洲里市扎赉诺尔区的重要水源地。这里动植物种类多样性、景观多样性均较高,同时还是候鸟迁徙过程中主要通道的重要停歇站。按照植被类型及湿地类型划分为湖泊湿地、河流湿地、河流灌丛湿地、芦苇沼泽湿地等。

保护区建立之初,湿地总面积 3 253 平方千米,其中,水域 2 316 平方千米,占湿地总面积 71.2%。2010 年内蒙古自治区第二次湿地资源调查结果显示,保护区湿地总面积为 2 839 平方千米。其中:① 河流湿地面积 10.079 6 平方千米,即永久性河流面积 10.079 6 平方千米;② 湖泊湿地面积 2 244 平方千米。

8.1.1　湖泊湿地

呼伦湖、贝尔湖、乌兰诺尔、新达赉湖、宗萨波湖、巴隆萨波湖、雅马托湖、图格日格湖、益和诺尔、布尔汗图乌伊图湖等众多大小湖泊组成了这一连绵起伏几千公里蒙古高原干旱地区里独一无二的国际重要湿地。保护区内湖泊景观特点是:既有具有几十平方千米到上千平方千米面积,分布呈大面积连续性的明水湖泊;也有分布在草原上星罗棋布的众多小型湖泊和克鲁伦河、乌尔逊河、海拉尔河(引水渠)、达兰鄂罗木河(新开河)哈拉哈河等几条河流及其两岸洪泛地上的牛轭湖泊群。

于 2010 年,经内蒙古自治区第二林业监测规划院对保护区全境湿地进行详细调查得知,保护区全境内大小湖泊 57 个,其中许多水质清洁,芦苇等沼泽植被长势良好,人为干扰少,是本区鸟类理想的栖息、繁衍和迁徙集散地。

8.1.2　河流湿地

克鲁伦河、海拉尔河(引水渠)在本区属下游末端,乌尔逊河在区域内,在平常年份里,保护区内的几条河流水量充沛,河道宽阔,河水较深,河网密布,河道清晰,是本区最重要的地表水体,主河道两侧主要生长小红柳灌丛,自然状态保持良好。

8.1.3 河流灌丛型湿地

河流灌丛型湿地主要分布在乌尔逊河两岸、克鲁伦河口地区的主要自然景观。是保护区湿地景观的主要景观类型,狭条状,沿河岸分布在河滩湿地和保护区内的呼伦贝尔高平原间,以团块状分布,保存完好。乌尔逊河两岸、克鲁伦河河流灌丛型湿地外侧为分布广袤的呼伦贝尔大草原,而海拉尔河(引水渠)的外侧为呼伦贝尔沙地的组成部分——嵯岗沙地灌丛景观,再向外为克氏针茅草原。这些河流灌丛型湿地景观主要植被类型为小红柳灌丛,平均高度 200 厘米,盖度 50%,灌丛下草本植物层片也较为发达,有泽芹(*Sium suave*)、巨序翦股颖(*Agrostis gigantea*)、大叶樟(*Cinnamomum camphora*)、芦苇(*Phragmites australis*)、灰脉苔草(*Carex appendiculata*)等。

8.1.4 芦苇沼泽湿地

芦苇沼泽湿地主要分布在保护区内河流两岸、湖泊周边浅水滩上。连绵分布,面积较大的有以下几处:乌尔逊河两岸谷地;克鲁伦河入湖口;乌兰诺尔东引水渠(二道河)到入湖口;乌兰诺尔西南端海猫岛地段;呼伦湖东北小河口到呼伦沟沙陀间湖岸浅水湿地地段;呼伦湖西南金海岸向南延伸经嘎拉达白辛核心区到呼伦湖南岸。此外,呼伦湖西北岸呼伦湖渔业有限公司红光(二号)分公司等地段也有零星呈团块状分布的芦苇沼泽湿地。芦苇沼泽湿地是保护区最重要的鸟类栖息、繁衍和迁徙集散地。对于鹤类等涉禽和雁鸭类等水禽而讲,芦苇沼泽湿地是至关重要的生存条件,芦苇沼泽湿地质量的好坏,直接影响到众多水禽涉禽安全筑巢繁衍后代的生命过程。高大而密布的芦苇荡,为繁殖亲鸟筑巢提供了天然的隐蔽场所,能够阻挡天敌的视线,鸟卵和孵化出来的幼雏免遭天敌的扼杀,从而繁衍后代工程获得成功。植被类型主要是芦苇群落;还有沉水水生植被,如龙须眼子菜(*Stuckenia pectinata*);浮水水生植被如荇菜(*Nymphoides Peltata*)、两栖蓼(*Polygonum amphibium*)、浮萍(*Lemna minor*);沼泽植被如藨草沼泽、荸荠沼泽、牛毛毡群落、灰脉苔草沼泽、菰沼泽、水甜茅沼泽、花蔺沼泽、水葫芦苗沼泽、杉叶藻沼泽、草泽泻沼泽、慈姑沼泽、水芋沼泽、泽芹沼泽、黑三棱沼泽、水麦冬沼泽、拉氏香蒲沼泽等植被类型。

8.1.5 其他湿地类型

苔草、杂类草草甸主要分布在乌尔逊河两岸谷地,呼伦湖周边近几年撤水后变为陆地的原湖底平原上。苔草、杂类草草甸分布均集中连片,面积大,地势平坦开阔,是重要的放牧场,主要植被类型有巨序翦股颖草甸、薹草草甸、拂子茅草甸、大叶樟草甸、羊草草甸、无脉苔草草甸等。

8.1.6　植物区系

梁秀梅等研究了呼伦湖保护区的水生种子植物的区系(梁秀梅等,2009)。他们的研究发现,保护区内共有水生种子植物 19 科、26 属、42 种(见表 8-1),其中双子叶植物 8 科 10 属 14 种,单子叶植物 11 科 15 属 28 种。呼伦湖保护区内 42 种水生种子植物中,有挺水植物 28 种,浮水植物 1 种,沉水植物 13 种(见表 8-1)。

表 8-1　呼伦湖水生种子植物的科属种名录及生活习性

科　名	属　名	种　名	生长习性
毛茛科(Ranunculaceae)	水葫芦苗属(Halerpestes)	圆叶碱毛茛(H. cymbalaria)	挺水
		长叶碱毛茛(H. ruthenica)	挺水
	毛茛属(Ranunculus)	小叶毛茛(R. gmelinii)	挺水
		石龙芮(R. sceleratus)	挺水
	水毛茛属(Batrachium)	毛柄水毛茛(B. trichopyllum)	沉水
蓼科(Polygonaceae)	蓼属(Polygonum)	水蓼(P. hydropiper)	沉水
		两栖蓼(P. amphibium)	挺水
伞形科(Umbelliterae)	泽芹属(Sium)	泽芹(S. suave)	挺水
	水芹属(Oenanthe)	水芹(O. javanica)	挺水
小二仙草科(Haloragaceae)	狐尾藻属(Myriophyllum)	穗状狐尾藻(M. spicatum)	沉水
狸藻科(Lentibulariaceae)	狸藻属(Utricularia)	狸藻(U. vulgaris)	沉水
杉叶藻科(Hippuridaceae)	杉叶藻属(Hippuris)	杉叶藻(H. vulgaris)	沉水
龙胆科(Gentianaceae)	荇菜属(Nymphoides)	荇菜(N. peltatum)	沉水
菊科(Compositae)	鬼针草属(Bidens)	狼把草(B. tripartita)	挺水
香蒲科(Typhaceae)	香蒲属(Typha)	小香蒲(T. minima)	挺水
		狭叶香蒲(T. angustifolia)	挺水
泽泻科(Alismataceae)	泽泻属(Alisma)	泽泻(A. orientale)	挺水
		草泽泻(A. gramineum)	挺水
	慈姑属(Sagittaria)	野慈姑(S. trifolia)	挺水
		狭叶慈姑(S. trifolia var. angustifolia)	挺水
茨藻科(Najadaceae)	茨藻属(Najas)	小茨藻(N. minor)	沉水
浮萍科(Lemnaceae)	紫萍属(Spirodela)	紫萍(S. polyrhiza)	浮水
灯芯草科(Juncaceae)	灯芯草属(Juncus)	细灯芯草(J. gracillimus)	挺水
		小灯芯草(J. bufonius)	挺水

(续表)

科　名	属　名	种　名	生长习性
花蔺科(Butomaceae)	花蔺属(Butomus)	花蔺(B. umbellatus)	挺水
雨久花科(Pontederiaceae)	雨久花属(Monchoria)	雨久花(M. korsakowii)	挺水
眼子菜科(Potamogetonaceae)	眼子菜属(Potamogeton)	龙须眼子菜(P. pectinatus)	沉水
		穿叶眼子菜(P. perfoliatus)	沉水
		小眼子菜(P. pussillus)	沉水
		光叶眼子菜(P. lucens)	沉水
		小浮叶眼子菜(P. mizuhikimo)	沉水
		柳叶眼子菜(P. compressus)	沉水
水麦冬科(Juncaginaceae)	水麦冬属(Triglochin)	水麦冬(T. plaustre)	挺水
禾本科(Gramineae)	芦苇属(Phragmites)	芦苇(PH. australis)	挺水
	菰属(Zizania)	菰(Z. latifolia)	挺水
莎草科(Cyperaceae)	莎草属(Cyperus)	莎草(C. rotundus)	挺水
		扁穗莎草(C. compressus)	挺水
		球穗莎草(C. difformis)	挺水
		密穗莎草(C. fuscus)	挺水
	藨草属(Scirpus)	荆三棱(S. fluviatilis)	挺水
		水葱(S. tabernaemontani)	挺水
	荸荠属(Eleocharis)	中间型荸荠(E. intersita)	挺水

　　根据吴征镒对种子植物属的分布区划分方法,呼伦湖保护区水生种子植物属的分布区类型划分见表8-2。

表8-2　呼伦湖保护区水生种子植物属的分布区类型

分布区类型	属数	属　名
世界分布	16	狸藻属　眼子菜属　水麦冬属　紫萍属　狐尾藻属　莎草属　灯芯草属　荇菜属　泽芹属　慈姑属　藨草属　鬼针草属　毛茛属　茨藻属　荸荠属　香蒲属
泛热带分布	2	芦苇属　菰属
旧世界热带	1	雨久花属
北温带分布	2	杉叶藻属　花蔺属
北温带与南温带间断	5	水芹属　泽泻属　水葫芦苗属　水毛茛属　蓼属

　　从表8-2可以看出,在属的水平上,分布区类型较集中。除世界分布型以外,北温带成分及其变型占较大比例。

　　根据傅沛云对中国东北部种子植物种的分布区类型划分方法,可以将呼伦湖保护区水生种子植物种的分布区类型进行划分。其中世界分布型有 10 种,占总种数的23.81%。其中挺水植物有芦苇、狼把草、狭叶香蒲等;沉水植物有穗状狐尾藻,眼子菜属的龙须眼子菜、穿叶眼子菜等;浮水植物有紫萍。亚寒带分布成分有 3 种,占总种数的7.14%。其中北温带—北极分布型有中间型荸荠和杉叶藻 2 种;亚洲温带—北极分布变型只有小叶毛茛 1 种。各种温带成分有 21 种,占总种数的 52.38%。其中北温带分布型有狸藻、眼子菜属的光叶眼子菜和柳叶眼子菜、小灯芯草、水葱、水麦冬和荇菜等 10种;旧世界温带分布型有花蔺、草泽泻和小香蒲等 4 种;亚洲—北美分布型有泽芹和圆叶碱毛茛 2 种;温带亚洲分布型有泽泻和长叶碱毛茛 2 种;中国—日本分布型有雨久花和细灯芯草 2 种;东北—日本中北部分布变型只有小浮叶眼子菜 1 种。北温带—热带成分及其变型有 8 种,占总种数的 19.05%。其中北温带—热带分布型只有水蓼 1 种;旧世界温带—热带分布变型只有小茨藻 1 种;亚洲北美温带—热带变型有扁穗莎草和荆三棱 2 种;亚洲温带—热带分布变型有水芹、野慈菇、菰等 4 种(梁秀梅等,2009)。

8.2　湿地动物

　　本节主要讨论了呼伦湖保护区的鸟类。

8.2.1　种类组成

　　呼伦湖保护区目前记录到鸟类 19 目 58 科 339 种。在 339 种野生鸟类中有些种类在保护区内已经绝迹,如黑头白鹮(*Threskiornis melanocephalus*);有些种类十分罕见,如红喉潜鸟(*Gavia stellata*)、卷羽鹈鹕(*Pelecanus crispus*)、黑脸琵鹭(*Platalea minor*)、黑嘴鸥(*Larus saundersi*)、蓝翡翠(*Halcyon pileata*)、白肩雕(*Aquila heliaca*)、白尾海雕(*Haliaeetus albicilla*)、靴隼雕(*Hieraaetus pennatus*);有些种类以前常见但现在罕见,如金雕(*Aquila chrysaetos*)、玉带海雕(*Haliaeetus leucoryphus*)、苍鹰(*Accipiter gentilis*),这些鸟类将是今后监测中重点关注的种类。白冠带鹀(*Zonotrichia leucophrys*)仅 1995 年 5 月在乌尔逊河河谷柳灌丛中记录到一次,应为迷鸟,该鸟在中国鸟类名录未被记载。

　　保护区鸟类分别占全国鸟类目、科、属、种数(郑光美,2005)的 79.2%、57.4%、36.5%、24.7%,分别占内蒙古鸟类目、科、属、种数(旭日干,2001)的 100%、90.6%、79.9%、76.4%,内蒙古鸟类中除彩鹬科、鹦嘴鹛科、佛法僧科、河乌科、画眉科、卷尾科外其余科保护区内均有分布(表 8-3)。

表 8-3 呼伦湖保护区鸟类目、科、属、种数与全国、内蒙古之比较

地区	目	科	属	种
全国	24	101	436	1 371
内蒙古	19	64	199	444
呼伦湖保护区	19	58	159	339

非雀形目鸟类有 34 科 98 属 203 种,分别占保护区总记录鸟类科、属和种数的 58.6%、61.6%、59.9%,雀形目鸟类有 24 科 61 属 136 种。

8.2.2 区系分析

保护区在动物地理区划上属古北界,中亚亚界,蒙新区,东部草原亚区,内蒙古高原中温型典型草原省(旭日干,2001)。地理位置上处于欧亚大陆东段的内陆地区。以鸟类的繁殖地所在区域来确定区系成分,在全北界繁殖的鸟类定为古北种,只在东洋界繁殖的鸟类定为东洋种,在全北界和其他界有繁殖的定为广布种。

截止到目前,在保护区记录到的 339 种鸟类中,古北种占绝对优势,共 205 种,占保护区鸟类种数的 60%;其次是广布种,130 种,占保护区鸟类种数的 38.3%;东洋种比例很小,4 种,占保护区鸟类种数的 1.2%。

根据《中国动物地理》(张荣祖,2011)的动物分布型划分方法,确定了保护区野生鸟类的分布类型。分析结果是:338(白冠带鹀未计入分析)种鸟类中共有 10 个分布型。其中:全北型 7 目 69 种,占 20%;中亚型 6 目 16 种,占 5%;季风区型 3 目 4 种,占 1%;东北型 8 目 64 种,占 19%;高地型 3 目 6 种,占 2%;古北型 10 目 102 种,占 30%;东洋型 10 目 22 种,占 6%;东北—华北型 1 目 4 种,1%;华南型 1 目 1 种,0.3%;不宜归类 13 目 50 种,占 15%。

通过保护区鸟类分布型分类可以看出:全北型、古北型和东北型种类占保护区鸟类总数的 69%,在这三种主要的分布类型中,寒带至中温带的种类有 141 种,占三种主要分布型种类 235 种的 60%,占保护区鸟类总数的 41.5%。保护区鸟类组成充分体现本地区鸟类分布特点:地处欧亚大陆东北部,是东北亚—澳大利西亚候鸟迁徙主要通道,同时也是主要的繁殖地。

8.2.3 居留型分析

地理位置和生态系统决定鸟类的居留性特征。保护区处在东北亚—澳大利西亚水鸟迁徙通道上,也和中北亚—南亚鸟类迁徙通道相重叠。同时,保护区及其附近地区拥有大面积的草原和淡水沼泽生态系统,为野生鸟类提供了良好的繁殖、觅食场所。在保

护区 339 种鸟类中,夏候鸟 169 种,占保护区鸟类种数的 50%;冬候鸟 18 种,占保护区鸟类种数的 5%;旅鸟 136 种,占保护区鸟类种数的 40%;留鸟 47 种,占保护区鸟类种数的 14%;既是夏候鸟也是旅鸟的 40 种,占保护区鸟类种数的 12%;既是留鸟也是旅鸟的 2 种,占保护区鸟类种数的 0.6%;既是冬候鸟也是旅鸟 5 种,占保护区鸟类种数的 1.5%;偶见种 14 种,占保护区鸟类种数的 4%。候鸟(包括夏候鸟、旅鸟和冬候鸟)271 种,占保护区鸟类种数的 79.9%;繁殖鸟(包括夏候鸟和留鸟)216 种,占保护区鸟类种数的 63.7%。由于保护区处在候鸟迁徙通道上,在保护区及其附近地区繁殖的候鸟,同时大部分又是过路的旅鸟。

从居留型统计上看,保护区鸟类组成以迁徙候鸟为主,说明保护区对于迁徙候鸟具有重要意义,也决定了保护区鸟类在季节分布上具有显著特点:

春季是保护区候鸟迁徙的重要季节,自 3 月下旬(一般是 26 日左右)开始就进入春季鸟类迁徙时段。首先到来的是银鸥(*Larus argentatus*)、海鸥(*Larus canus*)、红嘴鸥(*Larus ridibundus*),紧接着是苍鹭(*Ardea cinerea*)、白尾鹞(*Circus cyaneus*)。随着河流、湖泊的逐渐解冻,雁鸭类成为迁徙鸟类的主体,经常见到数千只大群栖息在还带有薄冰的河、湖浅水区,这时能够见到集大群的雁鸭类有豆雁(*Anser fabalis*)、小天鹅(*Cygnus columbianus*)、大天鹅(*Cygnus cygnus*)、绿翅鸭(*Anas crecca*)、赤颈鸭(*Anas penelope*)、罗纹鸭(*Anas falcata*)、绿头鸭(*Anas platyrhynchos*)、红头潜鸭(*Aythya ferina*)、凤头潜鸭(*Aythya fuligula*)等。鹤类来到保护区的时间也有先后,最先来到的是白头鹤(*Grus monacha*),一般最早见到时间是 4 月 15 日左右,它常和后来到来的灰鹤混群,迁徙高峰在 5 月初,有时集 100 多只的大群;灰鹤(*Grus grus*)一般 4 月末来到达赉湖地区,有时也和白枕鹤(*Grus vipio*)或白头鹤混群,数量一般在 20 只左右,也有几只的小群活动在河漫滩草甸或浅水湖边;白枕鹤和丹顶鹤(*Grus japonensis*)基本同时迁来,5 月 1 日左右到达迁徙高峰;蓑羽鹤(*Anthropoides virgo*)是最后迁来的鹤类,也是最早走的鹤类。鸻鹬类是最晚迁到达赉湖地区的水鸟,虽然 4 月 20 日已经有少数种类迁来,但高峰在 5 月 10—20 日。进入 4 月份,鹳鹭类、鸥类、近水雀形目小鸟也逐渐迁到保护区,成为保护区繁殖鸟的主要组成部分。在春季的 4 月中旬,一些繁殖较早的鸟类已经进入繁殖期,开始筑巢产卵,如苍鹭。总之,在春季,保护区候鸟迁徙季节一般在 3 月 26 日至 5 月 30 日之间,一些种类停歇后又向北方迁徙,一些种类留下繁殖后代,而冬候鸟则迁回到更北的繁殖地。

夏季保护区的鸟类由夏候鸟和留鸟组成,他们都在保护区内繁殖。有时一些旅鸟的非繁殖群体和偶见种类也在保护区度过整个夏天,如:白头鹤、白鹤(*Grus leucogeranus*)、卷羽鹈鹕等。水鸟是保护区夏季繁殖鸟的重要组成部分。雁鸭类、鹭类、鸥类、丹顶鹤和白枕鹤在芦苇沼泽繁殖,现在保护区的芦苇沼泽只在乌兰诺尔东、西两侧保存不足 1 000 公顷,成为保护区水鸟最主要的繁殖场所。达赉湖西南岸的嘎拉达白辛地区的芦苇沼泽自 2005 年后全部消失,使保护区失去了 10 000 公顷的水鸟繁殖地。近两年达赉湖湖水下降趋势减缓,嘎拉达白辛地区又有芦苇恢复生长,但还不能成为水鸟的繁殖地。部分鸻鹬类在保护区繁殖,数量不大,一般在湖泊泥、沙质岸和水边草丛中繁殖。乌尔逊河和克鲁伦河河谷的柳灌丛和乌兰诺尔的芦苇沼泽是近水雀形目种类、林栖鸟和小型猛禽的栖息繁殖地。莺、鹟、鸦、鸫、鸲、大斑啄木鸟(*Picoides major*)、长尾雀(*Uragus sibiricus*)、燕雀(*Fringilla montifringilla*)、普通䴓(*Certhia familiaris*)、锡嘴雀(*Coccothraustes coccothraustes*)、山雀、斑鸠、红脚隼(*Falco amurensis*)、红隼(*Falco tinnunculus*)、白腹鹞(*Circus spilonotus*)、短耳鸮(*Asio flammeus*)、文须雀(*Panurus biarmicus*)、震旦鸦雀(*Paradoxornis heudei*)、喜鹊(*Pica pica*)等在此繁殖。大鵟(*Buteo hemilasius*)、草原雕(*Aquila nipalensis*)、大鸨(*Otis tarda*)、蓑羽鹤、东方鸻(*Charadrius veredus*)和雀形目百灵科、鹀科的种类在草原上繁殖。

秋季是候鸟南迁的季节。大量从北方迁向南方越冬的候鸟和在达赉湖地区繁殖的候鸟一起在保护区停歇后继续向南飞,这一时期保护区鸟类种类、数量变化很大。最早迁来的是鸻鹬类,最晚迁走的是鸥类。进入 11 月,来到达赉湖过冬的鸟类也陆续迁来。

冬季是留鸟和冬候鸟的季节。一直到 4 月,毛脚鵟(*Buteo lagopus*)、雪鹀(*Plectrophenax nivalis*)、朱顶雀、铁爪鹀(*Calcarius lapponicus*)、雪鸮(*Bubo scadiaca*)等冬候鸟才准备飞回北方的繁殖地;角百灵(*Eremophila alpestris*)、喜鹊、蒙古百灵(*Melanocorypha mongolica*)、大鵟、金雕等留鸟一直在保护区内活动。到第二年 4 月份,保护区内鸟类又一轮迁徙循环开始了。

8.2.4 生境分布与生态类群

根据保护区历年监测记录,我们将保护区的鸟类生境划分为 6 种类型,即河湖漫滩草甸及柳灌丛、湖泊河流及芦苇沼泽、典型草原、人工林、石崖砾石湖岸。由于保护区内居民点分散,没有大型集中居住区,所以没有将居民点作为单独的生境类型进行统计。通过对保护区监测数据的整理,统计的结果见表 8-4。

表 8-4 呼伦湖保护区鸟类生境分布统计表

生境类型	河湖漫滩	湖泊河流沼泽	典型草原	人工林	石崖砾石湖岸
种类数量	98	110	46	21	34
百分比(%)	32	35	15	7	11

统计结果显示,在保护区所有的生态类型中,湿地生境类型鸟类种类最多,共 208 种,占保护区鸟类种数的 67%。主要由水鸟和近水雀形目种类组成,另外还有隼形目白头鹞、白腹鹞、红隼、红脚隼,鸮形目短耳鸮,鸽形目山斑鸠(*Streptopelia orientalis*),鹃形目中杜鹃(*Cuculus saturatus*)等种类分布。典型草原生境主要由百灵科、鸦科、鹰科组成,也常见到在草原繁殖的大鸨、蓑羽鹤、东方鸻等鸟类。在迁徙季节有些鸟类成大群在草原上觅食,如银鸥、海鸥、红嘴鸥、白翅浮鸥(*Chlidonias leucoptera*)、金鸻(*Pluvialis fulva*)、小杓鹬(*Numenius minutus*)等。人工林在保护区及附近地区面积很小,但也有一些鸟类分布其中。如啄木鸟、山雀、斑鸠、雀鹰(*Accipiter nisus*)、欧亚旋木雀(*Certhia familiaris*)等一些林栖鸟。石崖砾石湖岸之分布在达赉湖西岸中部,石崖高 15 米左右,下面是砾石湖岸,这类生境主要分布有鸱鸮科的雕鸮(*Bubo bubo*)、纵纹腹小鸮(*Athene noctua*)、鬼鸮(*Aegolius funereus*)、红角鸮(*Otus sunia*),隼形目的红隼、日本松雀鹰(*Accipiter gularis*),鸽形目的岩鸽(*Columba rupestris*),雨燕目的白腰雨燕(*Apus pacificus*),雁形目的赤麻鸭(*Tadorna ferruginea*)。在岩石上的灌丛中有雀形目的山雀、长尾山雀、岩鹨、黄雀(*Carduelis spinus*)、长尾雀和一些百灵科的鸟类活动。砾石湖岸及浅水区域有鹬鸻、鸻等种类。

根据鸟类的栖息地及活动特征,保护区鸟类的生态类群分为:鸣禽,136 种,占保护区鸟类总数的 40%;攀禽,12 种,占保护区鸟类总数的 4%;陆禽,11 种,占保护区鸟类总数的 3%;猛禽,36 种,占保护区鸟类总数的 11%;游禽,62 种,占保护区鸟类总数的 18%;涉禽,82 种,占保护区鸟类总数的 24%。

8.2.5 珍稀濒危鸟类分析

对照《中华人民共和国重点保护野生动物名录》(《中华人民共和国陆生野生动物保护实施条例》1992 年)、《中国物种红色名录》(汪松、解焱,2004 年)、国际自然保护联盟(IUCN)濒危物种等级鸟类名录(2003 年)和《中国濒危野生动植物物种国际贸易公约》附录Ⅰ、Ⅱ、Ⅲ(CITESⅠ、Ⅱ、Ⅲ)(IUCN 濒危物种科学委员会,www.citers.org.cn),对保护区记录到的 339 种野生鸟类进行了整理(表 8-5)。其中:国家Ⅰ级重点保护鸟类 11 种,分别是黑鹳(*Ciconia nigra*)、东方白鹳(*Ciconia boyciana*)、玉带海雕、白尾海雕、白肩雕、金雕、丹顶鹤、白鹤、白头鹤、大鸨、遗鸥(*Larus relictus*);国家Ⅱ级重点保护鸟类 52 种;《中国物种红色名录》(6 个等级)中有 47 种;CITES(Ⅰ、Ⅱ、Ⅲ)名录中有 56 种;IUCN 濒危物种中有 30 种。

表 8-5　呼伦湖保护区珍稀濒危鸟类组成分析

	国家重点保护鸟类	中国鸟类红色名录	CITES 附录	IUCN	中澳协定	中日协定
种数	63	47	56	30	54	169
占保护区总数比例（%）	18.6	13.9	16.5	8.8	16.2	49.8

中国和澳大利亚及日本分别签订了《中华人民共和国和澳大利亚政府保护候鸟及其栖息环境的协定》和《中华人民共和国政府和日本国政府保护候鸟及其栖息环境的协定》。保护区鸟类中有 54 种是"中澳候鸟协定名录"中的种类，169 种是"中日候鸟协定名录"中的种类。

8.2.6　保护区水鸟名录

从传统意义上讲，湿地鸟类主要是指水鸟，包括 2 个大的类群，即游禽和涉禽。但有一些鸟类在生活史上也和湿地有着密切的关系，这一类也被称为"近水鸟类"。这类鸟类的划分比较复杂，在鸟类学界也没有统一的标准，在这里不做讨论。在呼伦湖保护区记录到的 339 种鸟类中，传统意义上的水鸟包括：潜鸟目、䴙䴘目、鹈形目、鹳形目、雁形目、鹤形目、鸻形目等（见表 8-6）。

表 8-6　呼伦湖保护区水鸟名录

目		科		种	
潜鸟目	GAVIIFORMES	潜鸟科	Gaviidae	红喉潜鸟	*Gavia stellata*
潜鸟目	GAVIIFORMES	潜鸟科	Gaviidae	黑喉潜鸟	*Gavia arctica*
䴙䴘目	PODICIPEDIFORMES	䴙䴘科	Podicipedidae	小䴙䴘	*Tachybaptus ruficollis*
䴙䴘目	PODICIPEDIFORMES	䴙䴘科	Podicipedidae	赤颈䴙䴘	*Podiceps grisegena*
䴙䴘目	PODICIPEDIFORMES	䴙䴘科	Podicipedidae	凤头䴙䴘	*Podiceps cristatus*
䴙䴘目	PODICIPEDIFORMES	䴙䴘科	Podicipedidae	角䴙䴘	*Podiceps auritus*
䴙䴘目	PODICIPEDIFORMES	䴙䴘科	Podicipedidae	黑颈䴙䴘	*Podiceps nigricollis*
鹳形目	CICONIIFORMS	鹭科	Ardeidae	苍鹭	*Ardea cinerea*
鹳形目	CICONIIFORMS	鹭科	Ardeidae	草鹭	*Ardea purpurea*
鹳形目	CICONIIFORMS	鹭科	Ardeidae	大白鹭	*Ardea alba*
鹳形目	CICONIIFORMS	鹭科	Ardeidae	牛背鹭	*Bubulcus ibis*
鹳形目	CICONIIFORMS	鹭科	Ardeidae	池鹭	*Ardeola bacchus*
鹳形目	CICONIIFORMS	鹭科	Ardeidae	夜鹭	*Nycticorax nycticorax*
鹳形目	CICONIIFORMS	鹭科	Ardeidae	紫背苇鳽	*Ixobrychus eurhythmus*

（续表）

目		科		种	
鹳形目	CICONIIFORMS	鹭科	Ardeidae	大麻鳽	*Botaurus stellaris*
鹳形目	CICONIIFORMS	鹳科	Ciconiidae	黑鹳	*Ciconia nigra*
鹳形目	CICONIIFORMS	鹳科	Ciconiidae	东方白鹳	*Ciconia boyciana*
鹳形目	CICONIIFORMS	鹮科	Threskiornithidae	黑头白鹮	*Threskiornis melanocephalus*
鹳形目	CICONIIFORMS	鹮科	Threskiornithidae	白琵鹭	*Platalea leucorodia*
鹳形目	CICONIIFORMS	鹮科	Threskiornithidae	黑脸琵鹭	*Platalea minor*
雁形目	ANSERIFORMES	鸭科	Anatidae	疣鼻天鹅	*Cygnus olor*
雁形目	ANSERIFORMES	鸭科	Anatidae	大天鹅	*Cygnus cygnus*
雁形目	ANSERIFORMES	鸭科	Anatidae	小天鹅	*Cygnus columbianus*
雁形目	ANSERIFORMES	鸭科	Anatidae	鸿雁	*Anser cygnoides*
雁形目	ANSERIFORMES	鸭科	Anatidae	豆雁	*Anser fabalis*
雁形目	ANSERIFORMES	鸭科	Anatidae	白额雁	*Anser albifrons*
雁形目	ANSERIFORMES	鸭科	Anatidae	小白额雁	*Anser erythropus*
雁形目	ANSERIFORMES	鸭科	Anatidae	灰雁	*Anser anser*
雁形目	ANSERIFORMES	鸭科	Anatidae	斑头雁	*Anser indicus*
雁形目	ANSERIFORMES	鸭科	Anatidae	赤麻鸭	*Tadorna ferruginea*
雁形目	ANSERIFORMES	鸭科	Anatidae	翘鼻麻鸭	*Tadorna tadorna*
雁形目	ANSERIFORMES	鸭科	Anatidae	鸳鸯	*Aix galericulata*
雁形目	ANSERIFORMES	鸭科	Anatidae	赤颈鸭	*Anas penelope*
雁形目	ANSERIFORMES	鸭科	Anatidae	罗纹鸭	*Anas falcata*
雁形目	ANSERIFORMES	鸭科	Anatidae	赤膀鸭	*Anas strepera*
雁形目	ANSERIFORMES	鸭科	Anatidae	花脸鸭	*Anas formosa*
雁形目	ANSERIFORMES	鸭科	Anatidae	绿翅鸭	*Anas crecca*
雁形目	ANSERIFORMES	鸭科	Anatidae	绿头鸭	*Anas platyrhynchos*
雁形目	ANSERIFORMES	鸭科	Anatidae	斑嘴鸭	*Anas poecilorhyncha*
雁形目	ANSERIFORMES	鸭科	Anatidae	针尾鸭	*Anas acuta*
雁形目	ANSERIFORMES	鸭科	Anatidae	白眉鸭	*Anas querquedula*
雁形目	ANSERIFORMES	鸭科	Anatidae	琵嘴鸭	*Anas clypeata*
雁形目	ANSERIFORMES	鸭科	Anatidae	赤嘴潜鸭	*Netta rufina*
雁形目	ANSERIFORMES	鸭科	Anatidae	红头潜鸭	*Aythya ferina*
雁形目	ANSERIFORMES	鸭科	Anatidae	青头潜鸭	*Aythya baeri*
雁形目	ANSERIFORMES	鸭科	Anatidae	白眼潜鸭	*Aythya nyroca*
雁形目	ANSERIFORMES	鸭科	Anatidae	凤头潜鸭	*Aythya fuligula*
雁形目	ANSERIFORMES	鸭科	Anatidae	斑背潜鸭	*Aythya marila*

目		科		种	
雁形目	ANSERIFORMES	鸭科	Anatidae	长尾鸭	*Clangula hyemalis*
雁形目	ANSERIFORMES	鸭科	Anatidae	斑脸海番鸭	*Melanitta fusca*
雁形目	ANSERIFORMES	鸭科	Anatidae	鹊鸭	*Bucephala clangula*
雁形目	ANSERIFORMES	鸭科	Anatidae	斑头秋沙鸭	*Mergellus albellus*
雁形目	ANSERIFORMES	鸭科	Anatidae	红胸秋沙鸭	*Mergus serrator*
雁形目	ANSERIFORMES	鸭科	Anatidae	普通秋沙鸭	*Mergus merganser*
鹤形目	GRUIFORMES	三趾鹑科	Turnicidae	黄脚三趾鹑	*Turnix tanki*
鹤形目	GRUIFORMES	鹤科	Gruidae	蓑羽鹤	*Anthropoides virgo*
鹤形目	GRUIFORMES	鹤科	Gruidae	白鹤	*Grus leucogeranus*
鹤形目	GRUIFORMES	鹤科	Gruidae	白枕鹤	*Grus vipio*
鹤形目	GRUIFORMES	鹤科	Gruidae	灰鹤	*Grus grus*
鹤形目	GRUIFORMES	鹤科	Gruidae	白头鹤	*Grus monacha*
鹤形目	GRUIFORMES	鹤科	Gruidae	丹顶鹤	*Grus japonensis*
鹤形目	GRUIFORMES	秧鸡科	Rallidae	普通秧鸡	*Rallus aquaticus*
鹤形目	GRUIFORMES	秧鸡科	Rallidae	白胸苦恶鸟	*Amaurornis phoenicurus*
鹤形目	GRUIFORMES	秧鸡科	Rallidae	小田鸡	*Porzana pusilla*
鹤形目	GRUIFORMES	秧鸡科	Rallidae	黑水鸡	*Gallinula chloropus*
鹤形目	GRUIFORMES	秧鸡科	Rallidae	白骨顶	*Fulica atra*
鹤形目	GRUIFORMES	鸨科	Otididae	大鸨	*Otis tarda*
鸻形目	CHARADRIIFORMES	蛎鹬科	Haematopodidae	蛎鹬	*Haematopus ostralegus*
鸻形目	CHARADRIIFORMES	反嘴鹬科	Recurvirostridae	黑翅长脚鹬	*Himantopus himantopus*
鸻形目	CHARADRIIFORMES	反嘴鹬科	Recurvirostridae	反嘴鹬	*Recurvirostra avosetta*
鸻形目	CHARADRIIFORMES	燕鸻科	Glareolidae	普通燕鸻	*Glareola maldivarum*
鸻形目	CHARADRIIFORMES	燕鸻科	Glareolidae	灰燕鸻	*Glareola lactea*
鸻形目	CHARADRIIFORMES	鸻科	Charadriidae	凤头麦鸡	*Vanellus vanellus*
鸻形目	CHARADRIIFORMES	鸻科	Charadriidae	灰头麦鸡	*Vanellus cinereus*
鸻形目	CHARADRIIFORMES	鸻科	Charadriidae	金鸻	*Pluvialis fulva*
鸻形目	CHARADRIIFORMES	鸻科	Charadriidae	灰鸻	*Pluvialis squatarola*
鸻形目	CHARADRIIFORMES	鸻科	Charadriidae	剑鸻	*Charadrius hiaticula*
鸻形目	CHARADRIIFORMES	鸻科	Charadriidae	金眶鸻	*Charadrius dubius*
鸻形目	CHARADRIIFORMES	鸻科	Charadriidae	环颈鸻	*Charadrius alexandrinus*
鸻形目	CHARADRIIFORMES	鸻科	Charadriidae	蒙古沙鸻	*Charadrius mongolus*
鸻形目	CHARADRIIFORMES	鸻科	Charadriidae	铁嘴沙鸻	*Charadrius leschenaultii*
鸻形目	CHARADRIIFORMES	鸻科	Charadriidae	东方鸻	*Charadrius veredus*

（续表）

目		科		种	
鸻形目	CHARADRIIFORMES	鸻科	Charadriidae	小嘴鸻	*Charadrius morinellus*
鸻形目	CHARADRIIFORMES	鹬科	Scolopacidae	丘鹬	*Scolopax rusticola*
鸻形目	CHARADRIIFORMES	鹬科	Scolopacidae	姬鹬	*Lymnocryptes minimus*
鸻形目	CHARADRIIFORMES	鹬科	Scolopacidae	孤沙锥	*Gallinago solitaria*
鸻形目	CHARADRIIFORMES	鹬科	Scolopacidae	针尾沙锥	*Gallinago stenura*
鸻形目	CHARADRIIFORMES	鹬科	Scolopacidae	大沙锥	*Gallinago megala*
鸻形目	CHARADRIIFORMES	鹬科	Scolopacidae	扇尾沙锥	*Gallinago gallinago*
鸻形目	CHARADRIIFORMES	鹬科	Scolopacidae	半蹼鹬	*Limnodromus semipalmatus*
鸻形目	CHARADRIIFORMES	鹬科	Scolopacidae	长嘴半蹼鹬	*Limnodromus scolopaeus*
鸻形目	CHARADRIIFORMES	鹬科	Scolopacidae	黑尾塍鹬	*Limosa limosa*
鸻形日	CHARADRIIFORMES	鹬科	Scolopacidae	斑尾塍鹬	*Limosa lapponica*
鸻形目	CHARADRIIFORMES	鹬科	Scolopacidae	小杓鹬	*Numenius minutus*
鸻形目	CHARADRIIFORMES	鹬科	Scolopacidae	中杓鹬	*Numenius phaeopus*
鸻形目	CHARADRIIFORMES	鹬科	Scolopacidae	白腰杓鹬	*Numenius arquata*
鸻形目	CHARADRIIFORMES	鹬科	Scolopacidae	大杓鹬	*Numenius madagascariensis*
鸻形目	CHARADRIIFORMES	鹬科	Scolopacidae	鹤鹬	*Tringa erythropus*
鸻形目	CHARADRIIFORMES	鹬科	Scolopacidae	红脚鹬	*Tringa totanus*
鸻形目	CHARADRIIFORMES	鹬科	Scolopacidae	泽鹬	*Tringa stagnatilis*
鸻形目	CHARADRIIFORMES	鹬科	Scolopacidae	青脚鹬	*Tringa nebularia*
鸻形目	CHARADRIIFORMES	鹬科	Scolopacidae	小青脚鹬	*Tringa guttifer*
鸻形目	CHARADRIIFORMES	鹬科	Scolopacidae	白腰草鹬	*Tringa ochropus*
鸻形目	CHARADRIIFORMES	鹬科	Scolopacidae	林鹬	*Tringa glareola*
鸻形目	CHARADRIIFORMES	鹬科	Scolopacidae	翘嘴鹬	*Xenus cinereus*
鸻形目	CHARADRIIFORMES	鹬科	Scolopacidae	矶鹬	*Actitis hypoleucos*
鸻形目	CHARADRIIFORMES	鹬科	Scolopacidae	灰尾漂鹬	*Heteroscelus brevipes*
鸻形目	CHARADRIIFORMES	鹬科	Scolopacidae	翻石鹬	*Arenaria interpres*
鸻形目	CHARADRIIFORMES	鹬科	Scolopacidae	大滨鹬	*Calidris tenuirostris*
鸻形目	CHARADRIIFORMES	鹬科	Scolopacidae	红腹滨鹬	*C. tenuirostris*
鸻形目	CHARADRIIFORMES	鹬科	Scolopacidae	三趾滨鹬	*Calidris alba*
鸻形目	CHARADRIIFORMES	鹬科	Scolopacidae	红颈滨鹬	*Calidris ruficollis*
鸻形目	CHARADRIIFORMES	鹬科	Scolopacidae	小滨鹬	*Calidris minuta*
鸻形目	CHARADRIIFORMES	鹬科	Scolopacidae	青脚滨鹬	*Calidris temminckii*
鸻形目	CHARADRIIFORMES	鹬科	Scolopacidae	长趾滨鹬	*Calidris subminuta*
鸻形目	CHARADRIIFORMES	鹬科	Scolopacidae	尖尾滨鹬	*Calidris acuminata*

目		科		种	
鸻形目	CHARADRIIFORMES	鹬科	Scolopacidae	弯嘴滨鹬	*Calidris ferruginea*
鸻形目	CHARADRIIFORMES	鹬科	Scolopacidae	阔嘴鹬	*Limicola falcinellus*
鸻形目	CHARADRIIFORMES	鹬科	Scolopacidae	黄胸鹬	*Tryngites subruficollis*
鸻形目	CHARADRIIFORMES	鹬科	Scolopacidae	流苏鹬	*Philomachus pugnax*
鸻形目	CHARADRIIFORMES	鹬科	Scolopacidae	红颈瓣蹼鹬	*Phalaropus lobatus*
鸻形目	CHARADRIIFORMES	鹬科	Scolopacidae	灰瓣蹼鹬	*Phalaropus fulicarius*
鸻形目	CHARADRIIFORMES	贼鸥科	Stercorariidae	中贼鸥	*Stercorarius pomarinus*
鸻形目	CHARADRIIFORMES	贼鸥科	Stercorariidae	长尾贼鸥	*Stercorarius longicaudus*
鸻形目	CHARADRIIFORMES	鸥科	Laridae	黑尾鸥	*Larus crassirostris*
鸻形目	CHARADRIIFORMES	鸥科	Laridae	普通海鸥	*Larus canus*
鸻形目	CHARADRIIFORMES	鸥科	Laridae	银鸥	*Larus argentatus*
鸻形目	CHARADRIIFORMES	鸥科	Laridae	灰背鸥	*Larus schistisagus*
鸻形目	CHARADRIIFORMES	鸥科	Laridae	棕头鸥	*Larus brunnicephalus*
鸻形目	CHARADRIIFORMES	鸥科	Laridae	红嘴鸥	*Larus ridibundus*
鸻形目	CHARADRIIFORMES	鸥科	Laridae	黑嘴鸥	*Larus saundersi*
鸻形目	CHARADRIIFORMES	鸥科	Laridae	遗鸥	*Larus relictus*
鸻形目	CHARADRIIFORMES	鸥科	Laridae	小鸥	*Larus minutus*
鸻形目	CHARADRIIFORMES	鸥科	Laridae	楔尾鸥	*Rhodostethia rosea*
鸻形目	CHARADRIIFORMES	燕鸥科	Sternidea	鸥嘴噪鸥	*Gelochelidoin nilotica*
鸻形目	CHARADRIIFORMES	燕鸥科	Sternidea	红嘴巨燕鸥	*Hydroprogne caspia*
鸻形目	CHARADRIIFORMES	燕鸥科	Sternidea	普通燕鸥	*Sterna hirundo*
鸻形目	CHARADRIIFORMES	燕鸥科	Sternidea	白额燕鸥	*Sterna albifrons*
鸻形目	CHARADRIIFORMES	燕鸥科	Sternidea	灰翅浮鸥	*Chlidonias hybridus*
鸻形目	CHARADRIIFORMES	燕鸥科	Sternidea	白翅浮鸥	*Chlidonias leucopterus*
鸻形目	CHARADRIIFORMES	燕鸥科	Sternidea	黑浮鸥	*Chlidonias niger*

注：内蒙古鸟类的分类及种类主要依据《内蒙古动物志》第二卷第一部"陆栖脊椎动物总论"中"内蒙古陆栖脊椎动物名录"中的鸟纲，为了统一分类系统，便于比较，因此，按照《中国鸟类分类与分布名录》(第二版)的分类系统作了修订。

8.2.7　水禽群落结构及物种多样性的年、季变化

　　达赉湖湿地是本地区面积最大、湿地鸟类种类最多的湿地，也是本地区面积最为稳定的湿地(达赉湖是以湖泊为主要类型的湿地，水域面积变化相对平稳，且水域面积数据完备；其余4个是以河流为主要类型的湿地，季节间、月份间水域面积都有显著变化，

未能获得准确数据),本研究在水禽群落结构、物种多样性的年季变化以及水禽种群变化与环境因子的关系分析时选取达赉湖湿地的调查数据进行年际鸟类多样性分析。

8.2.7.1 水禽群落结构的季节变化

在调查区域春季的 16 种优势种鸟类中雁形目鸟类有 12 种,其次是鸻形目 3 种,鹈形目 1 种。从数量上看雁形目鸟类达到 39 742 只,占到春季水禽总数量的 80.6%,为第一大类群。夏季 27 种优势种鸟类中鸻形目种类最多,有 14 种,雁形目 10 种,鹳鹳目、鹈形目、鹤形目各 1 种。从数量上看鸻形目鸟类达到 15 846 只,占到鸟类总数量的55.0%,为第一大类群;雁形目数量有 9 636 只,占到总数的 33.5%,为第二大类群。秋季 16 种优势种鸟类中雁形目有 11 种,鸻形目 3 种,鹈形目、鹤形目各 1 种。雁形目鸟类数量为 66 317 只,占到秋季鸟类总数量的 83.7%。其中雁形目中的绿头鸭、赤颈鸭、赤膀鸭、绿翅鸭、鹊鸭、翘鼻麻鸭、红头潜鸭,鸻形目中的红嘴鸥、银鸥,鹈形目中的普通鸬鹚在三个季节都位于优势种之列(表 8 - 7)。

表 8 - 7 不同季节水禽中的优势种鸟类

季节	序位	物种	优势度
春季	1	绿翅鸭 *Anas crecca*	14.918
	2	赤颈鸭 *A. penelope*	11.735
	3	红头潜鸭 *Aythya ferina*	8.068
	4	小天鹅 *Cygnus columbianus*	7.308
	5	豆雁 *Anser fabalis*	6.251
	6	红嘴鸥 *Larus ridibundus*	5.766
	7	凤头潜鸭 *Aythya fuligula*	4.232
	8	鸿雁 *Anser cygnoides*	3.119
	9	银鸥 *Larus argentatus*	3.034
	10	针尾鸭 *Anas acuta*	2.988
	11	鹊鸭 *Bucephala clangula*	2.430
	12	赤膀鸭 *Anas strepera*	1.946
	13	普通鸬鹚 *Phalacrocorax carbo*	1.405
	14	海鸥 *Larus canus*	1.192
	15	绿头鸭 *Anas platyrhynchos*	1.125
	16	翘鼻麻鸭 *Tadorna tadorna*	1.068
夏季	1	红嘴鸥 *Larus ridibundus*	13.363
	2	鸿雁 *Anser cygnoides*	8.861
	3	黑尾塍鹬 *Limosa limosa*	5.426

（续表）

季节	序位	物种	优势度
	4	普通鸬鹚 *Phalacrocorax carbo*	4.937
	5	绿头鸭 *Anas platyrhynchos*	4.093
	6	翘鼻麻鸭 *Tadorna tadorna*	3.837
	7	东方鸻 *Charadrius veredus*	3.455
	8	银鸥 *Larus argentatus*	3.393
	9	红颈滨鹬 *Calidris ruficollis*	3.249
	10	赤颈鸭 *Anas penelope*	3.227
	11	凤头麦鸡 *Vanellus vanellus*	3.007
	12	红头潜鸭 *Aythya ferina*	2.629
	13	普通燕鸥 *Sterna hirundo*	2.510
	14	鹊鸭 *Bucephala clangula*	2.477
	15	赤膀鸭 *Anas strepera*	1.886
	16	环颈鸻 *Charadrius alexandrinus*	1.767
	17	海鸥 *Larus canus*	1.741
	18	白琵鹭 *Platalea leucorodia*	1.732
	19	凤头䴙䴘 *Podiceps cristatus*	1.684
	20	林鹬 *Tringa glareola*	1.536
	21	灰雁 *Anser anser*	1.477
	22	泽鹬 *Tringa stagnatilis*	1.333
	23	赤麻鸭 *Tadorna ferruginea*	1.205
	24	绿翅鸭 *Anas crecca*	1.147
	25	鹤鹬 *Tringa erythropus*	1.118
	26	白腰杓鹬 *Numenius arquata*	1.034
	27	须浮鸥 *Chlidonias hybridus*	1.026
秋季	1	绿翅鸭 *Anas crecca*	18.994
	2	赤膀鸭 *A. strepera*	17.292
	3	绿头鸭 *A. platyrhynchos*	9.917
	4	赤颈鸭 *A. penelope*	9.341
	5	骨顶鸡 *Fulica atra*	3.003
	6	红嘴鸥 *Larus ridibundus*	2.276
	7	琵嘴鸭 *Anas clypeata*	2.231
	8	赤麻鸭 *Tadorna ferruginea*	2.071
	9	红头潜鸭 *Aythya ferina*	1.931
	10	普通鸬鹚 *Phalacrocorax carbo*	1.756

(续表)

季节	序位	物种	优势度
	11	凤头麦鸡 *Vanellus vanellus*	1.722
	12	凤头潜鸭 *Aythya fuligula*	1.262
	13	鹊鸭 *Bucephala clangula*	1.190
	14	灰雁 *Anser anser*	1.118
	15	翘鼻麻鸭 *Tadorna tadorna*	1.104
	16	银鸥 *Larus argentatus*	1.036

8.2.7.2 水禽多样性年际变化

连续六年每年三个季节的调查数据显示,鸟种类的变化范围在 27～64 种,其中每年的春季或夏季的物种数都会出现一个峰值,而秋季物种数回落至年度最低。2009—2011 年,每年的夏季鸟类数量都会出现一个峰值,而 2013 年夏季、秋季,2014 年春季,鸟类数量维持在较低水平(图 8-1)。

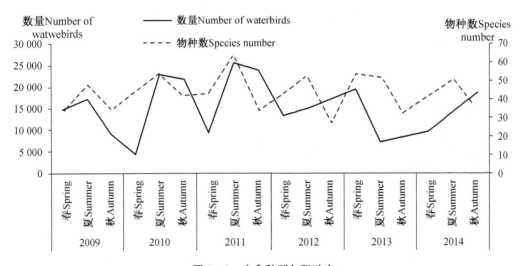

图 8-1 水禽种群年际动态

不同年份和季节的 Shannon-Wiener 多样性指数、Peilou 均匀性指数见表 8-8。Kruskal Wallis 检验的结果表明不同年份、季节间物种多样性、均匀性无显著差异(季节间差异 P 分别为 0.150 和 0.700,年际差异 P 分别为 0.942 和 0.388),Shannon-Wiener 多样性指数的波动范围在 2.291～2.933,Peilou 均匀性指数的波动范围在 0.578～0.90。

表 8 - 8　不同年份和季节鸟类的多样性指数和均匀性指数

	2009			2010		
	春	夏	秋	春	夏	秋
H'	2.529	2.529	2.785	2.372	2.680	2.392
J'	0.717	0.653	0.790	0.627	0.672	0.640
	2011			2012		
	春	夏	秋	春	夏	秋
H'	2.887	2.821	2.444	2.779	2.862	2.480
J'	0.768	0.678	0.693	0.739	0.721	0.752
	2013			2014		
	春	夏	秋	春	夏	秋
H'	2.305	2.933	2.748	2.813	2.530	2.291
J'	0.578	0.742	0.793	0.753	0.643	0.650

H':香农威纳多样性指数,Shannon-wiener diversity index;

J':Peilou 均匀性指数,Peilou evenness index.

8.2.8　水禽种群变化与环境因子的关系

8.2.8.1　水禽主要类群种群数量变化与环境因子的相关性

为了检验鸟类种群数量与气候因子之间的关系,选取 22 个优势种和 5 个常见种(大天鹅、小天鹅、鸿雁、灰雁、豆雁、赤麻鸭、翘鼻麻鸭、绿翅鸭、赤膀鸭、赤颈鸭、绿头鸭、针尾鸭、琵嘴鸭、红头潜鸭,凤头潜鸭、鹊鸭、红嘴鸥、银鸥、海鸥、凤头麦鸡、黑尾塍鹬、东方鸻、红颈滨鹬、白骨顶、普通鸬鹚、凤头䴙䴘、白琵鹭)的年度总数量以及水禽年度总数量、雁形目鸟类数量、鸻形目鸟类数量、鹤形目鸟类数量、鹳形目鸟类数量、䴙䴘目鸟类数量参与分析(鹈形目只有 2 种,普通鸬鹚和卷羽鹈鹕,而卷羽鹈鹕 6 年中只记录到 1只,因此普通鸬鹚的数量可以反映鹈形目鸟类的数量,在此未选择鹈形目加入分析);气候因子选取年平均温度、年降水量、年平均湿度参与分析。

对于气候因子的相关分析表明各因子之间无显著相关性(表 8 - 9),因此采用 Pearson 相关系数检验物种数量与气候因子之间的相关性显著性。

表 8-9　环境因子相关性分析结果

	相关系数	显著性 Sig. (2tailed)
降水量—平均气温	0.097	0.854
降水量—平均湿度	0.738	0.094
平均气温—平均湿度	0.355	0.490

　　Pearson 相关分析的结果显示,鹳形目年度总数量与平均气温呈显著正相关;鸊鷉目年度总数量与降水量、平均湿度呈显著正相关;赤膀鸭年度总数量与降水量呈显著负相关;黑尾塍鹬与平均湿度呈显著负相关;凤头鸊鷉与降水量、平均湿度呈显著正相关。其余项目与气候因子之间未表现出显著相关性(表 8-10)。

表 8-10　水禽的年度数量与气候因子相关分析

	降水量		平均气温		平均湿度		水域面积	
	P	Sig.	P	Sig.	P	Sig.	P	Sig.
水禽年度总数量	−0.742	0.091	0.019	0.972	−0.319	0.538	−0.402	0.429
雁形目年度总数量	−0.646	0.165	−0.235	0.654	−0.118	0.823	−0.303	0.560
鸻形目年度总数量	−0.422	0.404	0.462	0.357	−0.689	0.130	−0.362	0.480
鹤形目年度总数量	−0.130	0.806	0.003	0.996	0.335	0.517	0.547	0.261
鹳形目年度总数量	−0.389	0.446	0.836*	0.038	−0.261	0.617	0.634	0.177
鸊鷉目年度总数量	0.909*	0.012	−0.206	0.695	0.831*	0.040	0.533	0.276
大天鹅 Cygnus cygnus	−0.090	0.866	0.361	0.482	−0.562	0.246	−0.137	0.795
小天鹅 C. columbianus	−0.178	0.736	0.319	0.537	−0.600	0.208	−0.292	0.574
豆雁 Anser fabalis	0.325	0.530	0.447	0.374	0.138	0.794	0.610	0.199
鸿雁 A. cygnoides	−0.630	0.180	0.055	0.917	−0.133	0.801	0.187	0.723
灰雁 A. anser	−0.405	0.425	0.038	0.943	0.169	0.749	−0.007	0.990
翘鼻麻鸭 Tadorna tadorna	−0.524	0.286	0.114	0.829	−0.795	0.059	−0.540	0.269
赤麻鸭 T. ferruginea	−0.324	0.531	−0.095	0.857	0.023	0.965	−0.395	0.438
赤颈鸭 Anas penelope	−0.135	0.799	−0.312	0.547	−0.041	0.939	−0.068	0.899
赤膀鸭 A. strepera	−0.903*	0.014	−0.023	0.965	−0.809	0.051	−0.629	0.181
绿翅鸭 A. crecca	0.296	0.569	−0.144	0.786	0.711	0.113	0.269	0.607
绿头鸭 A. platyrhynchos	0.738	0.094	−0.550	0.258	0.792	0.061	−0.080	0.880
针尾鸭 A. acuta	−0.602	0.207	−0.451	0.370	−0.398	0.435	0.855*	0.030
琵嘴鸭 A. clypeata	0.426	0.400	−0.053	0.921	−0.173	0.743	−0.189	0.720
红头潜鸭 Aythya ferina	0.478	0.338	0.470	0.347	0.603	0.205	0.967*	0.002
凤头潜鸭 A. fuligula	−0.081	0.879	0.070	0.895	0.485	0.330	0.510	0.301

（续表）

	降水量		平均气温		平均湿度		水域面积	
	P	Sig.	P	Sig.	P	Sig.	P	Sig.
鹊鸭 *Bucephala clangula*	−0.170	0.747	0.221	0.674	0.261	0.618	0.555	0.253
海鸥 *Larus canus*	−0.318	0.540	0.226	0.667	−0.670	0.145	−0.482	0.333
红嘴鸥 *L. ridibundus*	0.785	0.064	0.282	0.588	0.634	0.177	0.815*	0.048
银鸥 *L. argentatus*	−0.078	0.884	0.602	0.206	−0.265	0.612	0.296	0.569
凤头麦鸡 *Vanellus vanellus*	0.328	0.526	−0.541	0.268	0.139	0.793	−0.231	0.660
黑尾塍鹬 *Limosa limosa*	−0.628	0.182	0.025	0.963	−0.814*	0.049	−0.715	0.111
东方鸻 *Charadrius veredus*	−0.391	0.443	0.098	0.854	−0.533	0.277	−0.267	0.609
红颈滨鹬 *Calidris ruficollis*	−0.404	0.427	−0.103	0.846	−0.194	0.713	−0.547	0.262
普通鸬鹚 *Phalacrocorax carbo*	−0.307	0.554	−0.254	0.627	0.250	0.633	−0.235	0.654
白骨顶 *Fulica atra*	−0.161	0.761	0.053	0.921	0.279	0.592	0.551	0.257
白琵鹭 *Platalea leucorodia*	−0.485	0.329	0.651	0.161	−0.219	0.677	0.540	0.269
凤头䴙䴘 *Podiceps cristatus*	0.853*	0.031	−0.214	0.683	0.827*	0.042	0.572	0.236

P：Pearson 相关系数，Pearson' correlation coefficient；Sig.：显著性，significance。

为了检验鸟类种群数量与水域面积之间的关系，选取 22 个优势种和 5 个常见种的年度总数量以及水禽年度总数量、雁行目鸟类数量、鸻形目鸟类数量、鹤形目鸟类数量、鹈形目鸟类数量、䴙䴘目鸟类数量参与分析。

检验结果显示，针尾鸭、红嘴鸥的年数量与水域面积呈显著正相关，且相关系数分别达到 0.855 和 0.815；红头潜鸭的年数量与水域面积呈极显著正相关，相关系数为 0.967（表 8 - 10）。

8.2.8.2 不同摄食集团种群数量变化与环境因子的相关性

根据食性的不同，将 105 种水禽划分为 4 个摄食集团，每个摄食集团的组成如下：食鱼性集团，包括鹈形目，鹤形目，䴙䴘目，雁形目秋沙鸭属，鸻形目鸥科、燕鸥科所有物种，共计 31 种；植食性集团，包括雁形目鸭科天鹅属和雁属所有种类，共计 9 种；杂食性集团，包括鹤形目以及雁形目除秋沙鸭属、天鹅属、雁属外所有种类，共计 27 种；食虫性集团，包括鸻形目鹬科、鸻科、反嘴鹬科所有种类，共计 38 种。将各摄食集团的年度总数量与气候因子、水域面积进行相关分析，结果显示：食虫性集团，即鸻鹬类，数量、物种数均与水域面积显著负相关，且相关系数绝对值较大，其余摄食集团与环境因子之间相关性不显著。

表 8‐11　不同摄食集团年度数量与气候因子相关分析

	降水量		平均气温		平均湿度		湿地面积	
	P	Sig.	P	Sig.	P	Sig.	P	Sig.
总数量								
食鱼性集团	0.201	0.702	0.361	0.482	0.273	0.600	0.396	0.438
植食性集团	−0.759	0.080	0.175	0.740	−0.280	.059 0	.015 2	0.774
杂食性集团	−0.315	0.543	0.179	0.734	−0.124	0.814	−0.158	0.765
食虫性集团	−0.778	0.068	−0.514	0.297	−0.516	0.295	−0.812*	0.050
物种数								
食鱼性集团	0.729	0.100	0.447	0.374	0.556	0.252	0.666	0.149
植食性集团	0.076	0.886	−0.271	0.603	0.579	0.229	0.282	0.589
杂食性集团	0.627	0.183	−0.038	0.944	0.598	0.210	0.241	0.645
食虫性集团	−0.527	0.283	−0.378	0.460	−0.385	0.451	−0.867*	0.026

　　P：Pearson 相关系数，Pearson' correlation coefficient；Sig. ：显著性，significance。

8.2.9　呼伦贝尔主要湿地水禽多样性的空间变化

8.2.9.1　不同湿地水禽多样性比较

　　春季辉河湿地鸟类的年平均数量排名第一，达赉湖次之；单就物种数上看达赉湖以 66 种排名首位，二卡湿地和莫日格勒河湿地无论是种类还是数量上都要低于其他湿地 (图 8‐2，图 8‐3)。春季鸟类数量组成上各湿地都以杂食性鸟类为最大种群；达赉湖 湿地中食鱼性鸟类为第二种群，其余湿地则以植食性鸟类为第二种群；各湿地中鸻鹬类 种群数量都很少。从各摄食集团的物种数上看各湿地之间变化不大，以植食性集团物 种数最少。春季各湿地间的鸟类群落物种组成相似性指数很高(表 8‐12)。根据

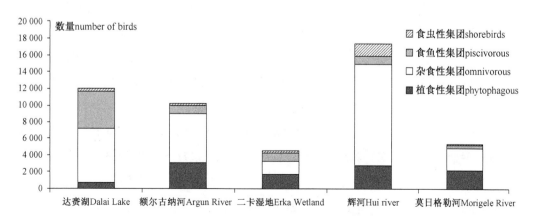

图 8‐2　春季呼伦贝尔主要湿地水禽数量

Shannon-Wiener 生物多样性指数将各湿地排序从高到低排序依次为:达赉湖($H'=$2.897)、额尔古纳河($H'=$2.667)、二卡湿地($H'=$2.594)、莫日格勒河($H'=$2.473)、辉河($H'=$2.451)。如果考虑 Peilou 均匀性指数,则以达赉湖($J'=$0.691)和二卡湿地最高($J'=$0.660),其次为额尔古纳河($J'=$0.651),再次为莫日格勒河($J'=$0.635),最低为辉河($J'=$0.614)。

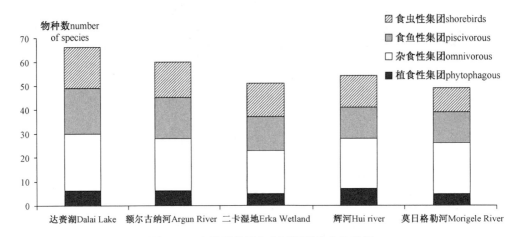

图 8-3   春季呼伦贝尔主要湿地水禽物种数

表 8-12   春季不同湿地鸟类群落相似性

	达赉湖	额尔古纳河	二卡湿地	辉河
额尔古纳河	0.857			
二卡湿地	0.803	0.811		
辉河	0.800	0.825	0.762	
莫日格勒河	0.835	0.844	0.820	0.835

夏季达赉湖鸟类的年平均数量排名第一,额尔古纳河次之;单就物种数上看达赉湖以 78 种排名首位,二卡湿地和莫日格勒河湿地在数量上依然低于其他湿地(图 8-4,图 8-5)。除植食性集团物种数较少外,其他各摄食集团在物种数上都相对均衡。鸬鹚类数量在达赉湖湿地夏季数量增长显著,其他湿地只有小幅增长。夏季各湿地间的鸟类群落物种组成相似性指数较春季均有不同程度下降,尤其是达赉湖与其他湿地之间(表 8-13)。根据 Shannon-Wiener 生物多样性指数将各湿地排序从高到低排序依次为:达赉湖($H'=$3.156)、辉河($H'=$3.101)、二卡湿地($H'=$3.083)、额尔古纳河($H'=$2.955)、莫日格勒河($H'=$2.106)。如果考虑 Peilou 均匀性指数,则以辉河($J'=$0.805)最高,之后是二卡湿地($J'=$0.788),其次为达赉湖($J'=$0.724),再次为额尔古纳河($J'=$0.711),莫日格勒河($J'=$0.567)最低。

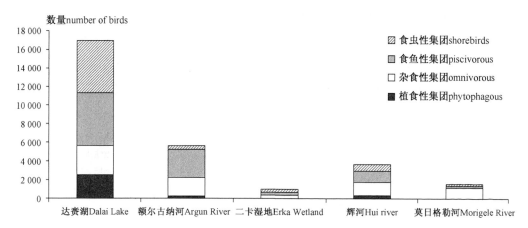

图8-4　夏季呼伦贝尔主要湿地水禽数量

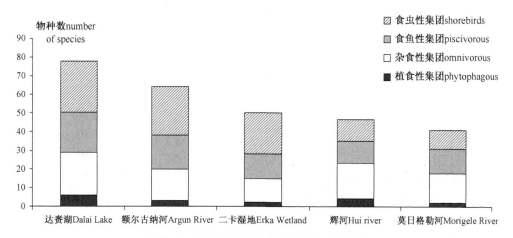

图8-5　夏季呼伦贝尔主要湿地水禽物种数

表8-13　夏季不同湿地鸟类群落相似性

	达赉湖	额尔古纳河	二卡湿地	辉河
额尔古纳河	0.718			
二卡湿地	0.641	0.807		
辉河	0.640	0.739	0.722	
莫日格勒河	0.605	0.724	0.703	0.773

秋季辉河鸟类的年平均数量再次排名第一,达赉湖次之;单就物种数上看达赉湖以61种排名首位,额尔古纳河56种排名第二,辉河在物种数上排名最低(图8-6,图8-7)。秋季鸟类数量上再次以杂食性鸟类占绝对优势,其他集团数量都较少。秋季各湿地间的鸟类群落物种组成相似性指数有所回升,但辉河湿地与达赉湖湿地、额尔古纳河湿地之间的相似性指数仍然较低(表8-14)。根据ShannonWiener生物多样性指数将

各湿地排序从高到低排序依次为:达赉湖($H'=2.762$)、额尔古纳河($H'=2.594$)、二卡湿地($H'=2.481$)、莫日格勒河($H'=2.390$)、辉河($H'=1.783$)。如果考虑 Peilou 均匀性指数,则以达赉湖($J'=0.672$)最高,其次是二卡湿地($J'=0.668$),再次为额尔古纳河($J'=0.644$),复次为莫日格勒河($J'=0.628$),辉河($J'=0.514$)最低。

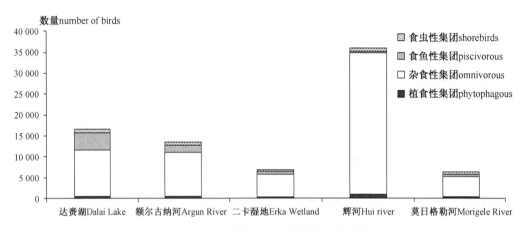

图 8-6　秋季呼伦贝尔主要湿地鸟类数量

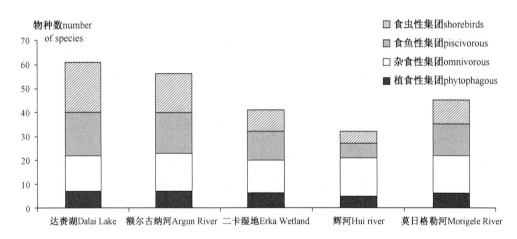

图 8-7　秋季呼伦贝尔主要湿地水禽物种

表 8-14　秋季不同湿地鸟类群落相似性

	达赉湖	额尔古纳	二卡湿地	辉河
额尔古纳河	0.752			
二卡湿地	0.725	0.742		
辉河	0.602	0.636	0.740	
莫日格勒河	0.717	0.713	0.814	0.753

8.2.9.2 呼伦贝尔西部重要湿地 G‑F 指数比较

通过 6 年调查记录到的湿地鸟类种类计算得到的 G‑F 指数显示,额尔古纳河湿地 G‑F 指数最高,其次为达赉湖湿地,再次为莫日格勒河湿地,复次为二卡湿地,辉河湿地最低。(表 8‑15)

表 8‑15 不同湿地鸟类 G‑F 指数

	达赉湖	辉河	额尔古纳河	二卡湿地	莫日格勒河
D_F	16.320	8.292	17.347	9.693	11.270
D_G	4.172	3.468	4.094	3.749	3.683
G‑F 指数	0.744	0.582	0.764	0.613	0.673

参考文献

旭日干. 内蒙古动物志(第二卷)[M]. 2001.

IUCN 濒危物种科学委员会. 中国濒危野生动植物物种国际贸易公约(附录Ⅰ、Ⅱ、Ⅲ)[EB/OL]. www. citers. org. cn.

张荣祖. 中国动物地理[M]. 2011.

郑光美. 中国鸟类分类与分布名录[M]. 2005.

汪松,解焱. 中国物种红色名录[M]. 2004.

中华人民共和国陆生野生动物保护实施条例[Z]. 1992.

第9章　湖泊环境演化与生态对策

呼伦湖作为我国北方干旱区大型浅水湖泊,环境变化幅度大、频率高,其生态环境的保护与治理对策,必须建立在充分了解其过去环境变化的规律及机制上,特别是要区分自然与人类活动对呼伦湖环境的影响,才能为制定相关政策提出合理的建议。

9.1　呼伦湖历史时期环境演化

历史时期的湖泊环境变化可以用湖泊沉积研究获得。湖泊沉积具有连续性好、分辨率高和环境信息丰富等特点,是全球气候环境变化研究的重要载体(王苏民和张振克,1999)。通常而言,湖泊沉积物一般包括流域内侵蚀带来的外源组分以及湖泊水体中各种化学与生物过程所产生的内生沉淀。因此,湖泊沉积物的物质组成一方面受控于流域的地质背景和风化作用强度,另一方面又与湖泊的水化学条件及在其中生活的生物有关,而这两方面的变化又受气候条件制约。对于任何一个湖泊而言,如果没有突发性地质事件和强烈的人为干扰,气候变化将是决定其沉积物物质组成的重要因素。因此,对湖泊沉积物物质组成进行研究,可为了解不同时期湖区的气候与环境变化,并定量重建古气候(温度、降水等)提供重要依据(沈吉,2012)。

9.1.1　晚冰期以来呼伦湖环境变化

环呼伦湖没有连续的湖相阶地,但在海拔 550~560 m a.s.l. 处可见不连续的阶地。在乌尔逊河谷高出现今湖泊 10 m 处发现滨湖沼泽沉积,遗憾的是没有年代数据。在湖泊北岸不远处一剖面(海拔 550 m a.s.l.)可见湖相贝壳堆积,剖面的贝壳样 ^{14}C 测年为 4790±100 a B. P. ,表明当时高湖面的存在。在高于现今湖面 20 m 处的湖泊西南巴隆萨波剖面见湖相粉泥夹植物根系,该剖面有 5 个灰色湖相粉泥与灰黄色近岸相砂互层的旋回,近顶部的泥质沉积中的炭屑 ^{14}C 测年为 11 410±210 a B. P. 。这些零星的湖相沉积表明除了 11 400 a B. P. 之外还有 4 次同样规模的湖侵存在(王苏民和吉磊,1995)。

位于现湖泊北部,海拔约 545 m a.s.l. 的东露天煤矿剖面(厚度 14.6 m)记录了该湖约 34 000~3 000 a B. P. (38500~3 800 cal. a B. P.)的沉积历史(Xue et al. , 2003)(图 9-1)。通过对该剖面岩性、硅藻等指标分析,结合各沉积层年代结果,可重建呼伦湖历史时期古气候古环境变化。研究结果表明,末次冰期时,剖面为河流相沙砾石层,直接覆盖在侏罗系基岩上,代表了呼伦湖还未成湖时的沉积。约在 15 304 cal. a B. P. 时,湖相粉泥沉积物的出现表明湖泊快速形成,并且湖水较深。此时硅藻浓度大($3.1 \times 10^6 \sim 4.6 \times 10^6$ 个/g,最大 9.2×10^6 个/g),硅藻组合以 *Melosira granulata* 为主,整个单元浮游硅藻比例较高(*Cyclotella comta* 和 *Coscinodiscus lacustris*,分别是 1.1×10^6 个/g 和 2.2×10^4 个/g,对应于湖泊水深较大)。约在 13 038~12 619 cal. a B. P. ,沉积物为灰色粉砂质泥夹薄层浅灰色细砂,局部见一些含植物残体的薄层富有机质腐泥,沉积构造脉状、波状层理及透镜层理,砂粒磨圆度较高、分选性较好,反映该层沉积为滨湖环境。硅藻浓度峰值达 9.4×10^6 个/g,以附生种属(*Fragilaria* spp.)为主,也对应了湖水的变浅。12 619~12 341 cal. a B. P. 时期,沉积物为灰白色细砂,见上叠波痕层理、平行层理和交错层理、透镜层理。沉积岩性和构造表明可能属湖滩或三角洲前缘沉积,湖水可能进一步变浅。湖泊硅藻缺失,也对应了湖水深度变小。12 125~11 802 cal. a B. P. 时期,沉积物为灰色粉泥夹薄层细砂,局部见一些含植物残体的薄层富有机质腐泥。岩性的这种变化说明又回到近岸相的湖泊沉积,湖水深度再次变大。硅藻浓度达 15×10^6 个/g,主要以附生种 *Fragilaria* 和 *Melosira granulata* 及浮游硅藻 *Coscinodiscus lacustris* 和 *Cyclotella comta*、*C. stelligera* 为主,也反映了湖水的逐渐加深。11 802~8 302 cal. a B. P. 时期,沉积物为浅灰黄色细砂,见板状交错层理、槽状交错层理、平行层理和风蚀充填构造。高角度倾斜的前积纹层为风成沙丘的主要特征,这种风成砂沉积表明湖水位较低。该层沉积的下部硅藻缺失,上部硅藻含量极少($0.897 \times 10^3 \sim 5.0 \times 10^6$ 个/g),而且都是附生和底栖种属(*Fragilaria* spp,*Epithemia sorex*,*Epithemia zebra*,*Navicula tuscula*,*Navicula radiosa*,*Rhopalodia gibba*),很可能来源于侵蚀出露的近岸沉积物。8 302~6 678 cal. a B. P. 时期,沉积物为暗灰色泥质粉砂,含丰富的贝壳及植物残体,在该段沉积的底部见密集分布的较大个体的瓣鳃类化石。沉积特性反映为湖滨沼泽堆积环境。本段见水生花粉如 *Typha*、*Sparganium*、*Myriophyllum* 也对应了相对较浅的湖滨沼泽环境。6 678~6 164 cal. a B. P. 时期,沉积物为浅灰黄色细砂,含植物碎屑。沉积特性表明为风成沙丘环境,可能属沙丘间沼泽堆积,反映了湖泊的进一步变浅。硅藻组合也以浮游种(*Epithemia sorex*,*E. zebra*,*Navicula tuscula*,*N. Radiosa*,*Rhopalodia gibba*)为主,与沉积特性反映的湖水变浅一致。6 164~3 804 cal. a B. P. 时期,沉积物为灰黄色细砂,局部含细砾,其中夹几层成壤化的浅褐色细砂,发育板状交错层理,平行层理和上叠交错层理。高角度的前积层(近 30°)及残留砾石是风成沙丘的特征,说明湖泊已经从该煤矿剖面处退出,硅藻及湿生花粉的缺失和上述解释也相吻合。3 804 cal. a B. P. 以来为一层古土壤。古土壤的存在也说明呼伦湖在此后为持续的低湖面。

在湖盆中心还钻有一 1.7 m 长的岩芯 HL06,根据其孢粉组合(Wen et al. , 2010)、

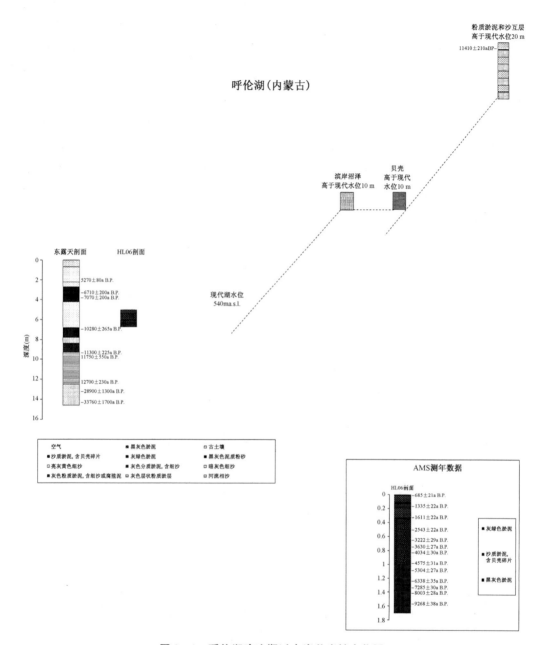

图 9-1　呼伦湖晚冰期以来岩芯岩性变化图

介形类组合及其壳体化学特性(Zhai et al.，2011)及沉积物组成和中值粒径(Xiao et al.，2009)等也可重建约 12 000 cal. a B. P. 以来的环境演化(图 9-1)。研究结果表明，在 12 097～8 760 cal. a B. P. 时，岩芯沉积物为浅灰绿色淤泥，介形类组合中以淡水种 *D. stevensoni* 为主，不含沿岸种介形虫，且 Sr/Ca 比值较低，说明当时湖水深度较大，代表当时温度降低、降水较多的时期。8 760～7 175 cal. a B. P. 时期，沉积物仍为浅灰绿色淤泥沉积，但介形类 *D. stevensoni* 含量下降，而淡水/微咸种 *Ilyocypris spp* 含量升高,同时沿岸种 *Ps. albicans* 和 *C. subellipsoida* 开始出现,表明湖水盐度较前期增加,湖水深度略有变浅,表明当时降水仍相对较多,并且温度略有升高的阶段。7 175～5 329 cal. a B. P. 时期,沉积物为浅灰色泥和砂质淤泥。介形类组合中 *D. stevensoni* 逐渐消失,而生活于较浅的微咸水环境中的 *L. inopinata* 含量大增,同时沿岸种介形类含量增加,表明湖水深度降低,降水减少。5 329～4 240 cal. a B. P. 时期,沉积物为砂质淤泥,介形类组合中沿岸种达剖面最大值,对应于湖水变浅,湖区气候相对干旱。4 240～2 826 cal. a B. P. 时期,介形类组合中沿岸种 *Ps. Albicans* 大幅减少至消失,对应于湖水深度增加。2 826～1 687 cal. a B. P. 时期,沉积物为砂质淤泥,介形类中沿岸种 *Ps. Albicans* 含量的增多,表明湖水较上阶段变浅。近千年来,沉积物为黑灰色淤泥。介形类中沿岸种 *Ps. Albicans* 含量降低,说明湖水开始加深。

9.1.2　中全新世以来呼伦湖环境变化

呼伦湖沉积岩芯各地球化学数据的变化详细地揭示了呼伦湖区的水文和生态变化历史。根据 HL16 岩芯各指标变化特征(图 9 - 2),可大致将中全新世以来呼伦湖湖区环境变化特征划分为以下三个阶段。

Ⅰ:7 315～4 440 cal. a B. P.,沉积物组成以粉砂为主,平均含量达 50%以上,同时粗砂含量相对较高,并处于剖面最大值,粘土含量平均约为 38%。该段沉积物中值粒径变化于 4.2～8.4 μm,平均值为 6.1 μm;TOC 含量相对较低,平均值仅为 1.2%,TIC 含量在 3.75%到 4.9%之间;TOC/TN 比值相对较高,变化范围为 11.9～17.3;$\delta^{13}C_{org}$ 相对偏负,平均值约为 -27.2‰。本单元粒度分布表明该阶段湖泊水动力较强,流域降水较少,气候干燥。TOC 含量较低表明当时流域植被不发育,湖泊初级生产力较低,较高的 TOC/TN 比值表明有机质大多源于陆源输入,$\delta^{13}C_{org}$ 相对较低也表明当时藻类不发育,有机质主要为陆源成分,该阶段总体表现为寒冷干燥的气候。

Ⅱ:4 440～1 050 cal. a B. P.,沉积物组成以粉砂为主,平均约为 64%,粗砂含量大幅下降,均值仅为 2.5%,粘土含量较上阶段变化不大;磁化率较前期稳步增加,并达到整个剖面的次高值;TOC 含量较上阶段波动增加,平均值约为 1.6%,TIC 含量下降,平均值约为 3.1%;TOC/TN 比值较上阶段下降,变化范围为 11.9～14.2;$\delta^{13}C_{org}$ 开始相对偏正,平均值约为 -26.6‰。各指标变化表明该阶段湖泊水动力较前期弱,流域降水量增加,植被生产力水平增加,地表径流加大,大量外源有机质输入湖泊,同时随湖泊进一步扩张,藻类等水生生物开始繁衍,$\delta^{13}C_{org}$ 逐渐偏正。

Ⅲ:约 1 050 cal. a B. P. 以来,是一个气候不稳定期,反映在各种代用指标的剧烈波动上,表明此阶段气候变化的复杂性。总体上,该阶段可大致划分为三个时期。

1 050～700 cal. a B. P.,沉积物组成中粉砂和砂含量下降,平均值分别约为

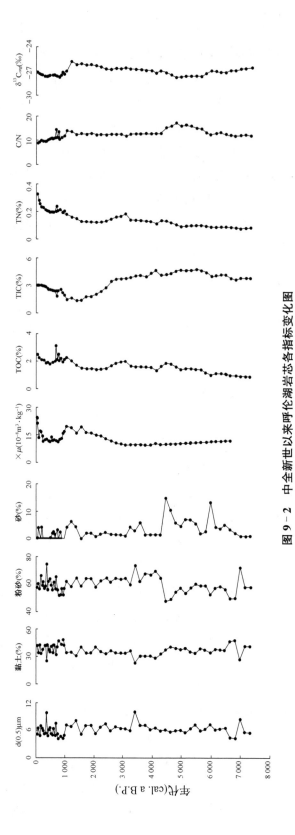

图9-2 中全新世以来呼伦湖岩芯各指标变化图

55.2%和1%,粘土含量升高,平均值约为 43.7%,表明该时期湖泊水动力较弱,湖水相对较深;同时 TOC 含量较高(平均值为 2.2%)而 TIC 含量较低(平均值为 2.4%),表明湖泊生产力较高,流域植被发育;TOC/TN 比值变化范围为 10.3~14.7,$\delta^{13}C_{org}$较前期偏负,平均值为−27.5‰,是整个序列中的最负值,表明当时陆生有机质输入较多,对湖泊有机质贡献较大,总体而言,该时期可能是中世纪暖期在该地区的反映。

700~335 cal. a B. P.,沉积物组成中粉砂含量增加(平均值约为 62%)及粘土含量的下降(平均值约为 38%)表明此时湖泊水位可能较前期下降;TOC 含量平均值下降为 1.9%,TIC 含量平均值增加至 2.6%,表明流域及湖泊周围生产力较前期较低;TOC/TN 比值变化范围为 9.4~14.4,可能和该时期气候较冷,流域植被不发育,输入湖泊的外源有机质含量下降有关。该时期可能是小冰期在该地区的反映。

335 cal. a B. P. 以来,沉积物粒度组成和前期变化不大,TOC 及 TIC 含量在该阶段均呈上升趋势,其平均值分别约为 2.2%和 3.1%,表明湖泊生产力较前期增加;TOC/TN 比值在这个时期呈现逐渐减少(变化范围为 8.8~10.0),表明输入湖泊的陆生有机质减少,而浮游植物对湖泊有机质含量增加。

9.2　近现代湖泊环境变化

9.2.1　近百年来呼伦湖环境变化

根据呼伦湖各短柱状岩芯年代序列及沉积速率的变化,并结合各环境代用指标随时间变化的特征,近百年来呼伦湖的环境变化可划分为以下三个阶段。

阶段Ⅰ:20 世纪以前。该阶段沉积速率较低,TOC、TN 及 Chl. a 均处于低值且变化不大,表明此时流域植被及水生浮游植物发育较差,湖泊初级生产力较低。该段沉积物中值粒径相对较小,且总体变化趋势不明显,表明此时湖区可能降水较少,地表径流贫乏,导致粗颗粒物质难以搬运至湖泊,沉积物粒径相对较小(陈敬安等,2003)。据历史文献记载,1897 年后,湖水面逐渐缩小,至 1900 年前后,呼伦湖地区已成为一片沼泽,由几个水泡子串联而成东北—西南向的河道,其两侧为平坦草地,低洼之处则成苇塘。1903 年至 1904 年间,湖水突增,一年内便将分散各处的低洼连在一起。该阶段TOC/TN 比较高,表明陆源有机质输入较多。总体而言,该时期可能反映了早期人类活动较弱,湖区环境大多受自然条件变化影响。

阶段Ⅱ:20 世纪 80 年代以前。TOC 及 TN 含量在该阶段出现波动增加,TOC/TN 比值出现波动下降,表明湖泊初级生产力增加,外源输入的有机质含量相对下降,而湖泊藻类对有机质的贡献增加。Chl. a 含量在该阶段的增加以及$\delta^{13}C_{org}$的偏正也证明藻类在该时期较繁盛。中值粒径在该阶段波动变化,但总体上呈现增加的趋势,表明此时湖区降水可能较多,地表径流发育,其剥蚀和搬运能力增强,能将更多的粗颗粒物质输入湖泊。

阶段Ⅲ:20世纪80年代以后。湖泊沉积速率、TOC、TN及Chl.a含量迅速增加,TOC/TN比值进一步下降,表明湖泊藻类对湖泊有机质的贡献进一步增加,湖泊营养水平迅速升高。这可能与这一时期该地区气候暖干化趋势加剧有关。随着该地区温度升高及降雨量的下降,呼伦湖水域面积逐步萎缩、水位不断下降,同时暖干化也会加重植被退化及土壤侵蚀,进而导致湖区生态环境的退化。特别是21世纪后呼伦湖水系草地沙化和盐碱化加剧,在大风作用下大量降尘和植物残体入湖,导致湖泊沉积速率增加并进一步加剧了湖泊的富营养化。已有研究表明,中国北方地区一次严重的沙尘暴估计至少有0.64 Mt沙尘(Yan et al.,2005),而沙尘中的总氮含量为3.23~3.60 mg/g(Hoffmann et al.,2008),同时呼伦湖每年干草入湖量约为3 350 t(梁丽娥等,2016),这些均造成了呼伦湖湖水营养水平的增加。此外,该时期人类活动也在一定程度上加剧了湖泊的富营养化。湖周牧民的过度放牧及生活污水和牲畜粪便以及工业废水的输入等加剧了湖泊营养水平的升高,导致藻类大量繁殖。

9.2.2 气候变化对呼伦湖影响

由于湖区器测资料序列不到60年,通过将满洲里器测资料与东北地区近百年来温度、降水比较分析呼伦湖近百年来气候效应(图9-3)。图9-3表明,近60年来满洲里地区的温度、降水变化与东北地区的平均温度、降水变化有显著的相关性。因此,通过东北地区的平均降水、温度变化序列与呼伦湖变化对比,分析气候变化对湖泊的影响。从近百年来的气象数据分析,1910年前温度较低、降水保持较高,这可能对湖泊快速扩展起了重要作用。1910—1942年以冷干为特征,1942—1965年表现为暖湿,1965—1995年表现为冷湿为主。1988—1995年温度升高了1.5 ℃以上,1995年以来暖干化气候变化明显,尤其是2000—2011年这几年来处于近百年来温度最高、降水最少的阶段,2011年以来,温度出现明显降低的现象,同时降水也出现大幅升高。温度降水变化的整体趋势与入湖河流径流量(克鲁伦河及乌尔逊河)以及湖泊的演化一致,1965—1995年的冷湿气候,除降水增加外,蒸发量也下降,因此入湖径流量较多,湖泊处于百年来的最高水位。2000年以来呼伦湖区的暖干化更加明显,气温显著升高,蒸发量随气温的升高也处在一个"峰值"区域,降水量则明显减少,相应的入湖径流量也大幅下降,湖泊面积出现萎缩。特别是2011年,满洲里地区降水量仅为161.5 mm,克鲁伦河和乌尔逊河入湖径流量仅为1.81亿和0.71亿 m³,湖泊面积仅为2000年的80%。2011年以来,随着降水量的逐步增加,入湖径流量开始增加,同时湖泊面积开始扩张,

2015 年达到 2 038 km²。

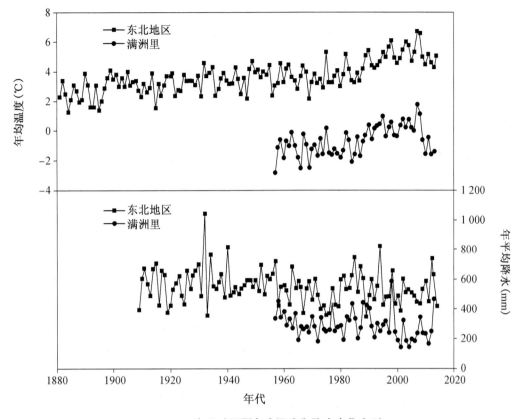

图 9-3　东北地区百年来温度和降水变化序列

　　随着呼伦湖区近十多年来气温的逐年增高,以及降水量的逐渐减少,湖区暖干化趋势显著,极端干旱气候事件出现频率增高,这些因子的综合作用,导致湖泊水域面积萎缩、水位大幅度下降,湖周边大面积芦苇和湿地消失,湖滨沼泽干枯,部分湖底裸露,表面覆盖的松散沙砾已成为沙源,并快速向外扩展。到 1997 年草场的退化面积占可利用草场总面积的 30% 以上;1974 年以来植被的覆盖度降低 15%～25%,草层高度下降10～18 cm,连续干旱的 2003—2005 年与降水量较多的 2002 年相比,克氏针茅降低11 cm,羊草、苔草、多根葱、恰草和小针茅降低 2～4 cm,草地初级生产力下降 30%～50%;低劣杂类草比例上升 10～45%;优良牧草比重下降,严重退化草场的产草量不足原来的 20%;草原退化每年的退化速度达到 1.35%。另外,呼伦湖湿地的生物多样性受到了前所未有的考验(赵慧颖等,2008)。

9.2.3　人类活动对呼伦湖影响

　　人类活动是影响湖泊生态环境发展、演化与逆转过程的一个关键因素,并逐步被认为是生态环境演变的主要驱动力之一。近年来,随着湖区人口增多、生产工具的革新、牲畜头数的增多、农牧业等经济活动范围的拓展和强度的增强,呼伦湖在受气候变化影响的基础上,又叠加了人类活动的印记,并且人类活动所占比重逐渐呈现增加的趋势。

9.2.3.1 水利工程建设对湖泊影响

水利建设可以直接改变流域水资源的自然分配。有记载对入湖水系改变的人类活动最早为滨洲铁路建设工程。1889 年开建,于 1903 年在海拉尔河与呼伦湖之间建成的铁路(滨洲铁路)使得海拉尔河高水位时大量补给呼伦湖的河漫滩通道被铁路阻断,海拉尔河向呼伦湖补水的能力和容量锐减。从百年来的气候变化分析,1900 年前后气候变化不足以使得湖泊干涸,推测与当时的人类活动影响有一定的关系,气候变化加之人类活动的强烈干预导致当时呼伦湖的历史最低水位。另一次影响呼伦湖出流通道的人类活动发生在 1963 年前后,扎赉诺尔煤矿在达兰鄂罗木河上筑坝堵截,导致呼伦湖外流通道被堵,其后 1971 年竣工的新开河向西北至黑山头脚下汇入达兰鄂罗木河的旧河道,再次打通了呼伦湖的出流通道。新开河在呼伦湖高水位时泄洪,在海拉尔河河水位高时,引河水入湖,呼伦湖一定程度上成为可以控制水位的湖泊。这两次比较大的人类作用基本上阻断了呼伦湖水系与海拉尔河(额尔古纳河水系)的联系。1960—1970 年湖泊水位处于历史最高水平,除与气候变化有关外,也与当时达兰鄂罗木河被堵,湖水外流不畅有一定关系。

主要补给呼伦湖的克鲁伦河和乌尔逊河的人类引水也会直接导致湖泊变化。克鲁伦河在我国境内没有影响河流水系的水利工程,而乌尔逊河上游为源自哈拉哈河分支的沙尔勒金河和贝尔湖,并途经乌兰诺尔。1996 年由于乌兰诺尔干涸,同年在途经乌兰诺尔的乌尔逊河一条支流上建坝引水,将湖泊面积基本维持在 30 km²。从呼伦湖水位在 1996 年、1997 年变化分析,此项工程对呼伦湖水面影响不大。

另外,2009 年投入正式运行的引海拉尔河入湖工程对湖泊的变化将会产生较大的影响。海拉尔河入湖工程引水口在海拉尔河下游左岸,嵯岗大桥下 8 km 处,距嵯岗镇西北 5 km,引水渠新挖 7.12 km,自然沟 26 km,入湖口位于双山子渔场附近。目前,引河济湖工程为无坝式自流引水工程,该工程设计平均引水流量 62.64 m³/s,最大引水流量 121.71 m³/s,年平均引水量 4.73 亿 m³,年最大引水能力 10.5 亿 m³,设计呼伦湖正常运行水位 544.34 m,最高限制水位 544.80 m。计划在 542.84 m(2003 年水位),调水 5 年使得水位上升到 544.8 m。在调水蓄水期间,新开河泄水闸必须泄水但泄水量不超过 1.0 亿 m³。当湖水位超过 543.5 m 时开始下泄湖水补给二卡湿地,以保护二卡湿地的生态环境。此项工程的实施除改变湖泊水量变化外,将引起水质等一系列湖泊环境的变化,同时也将对海拉尔河下游、呼伦湖出水口与二卡湿地以及额尔古纳河水系等一系列的环境生态变化,也将湖泊的自然变化向人工控制的水库功能转化。

9.2.3.2　牧业、工业及旅游业等对湖泊影响

考虑到呼伦湖区农田面积少,并且主要集中在满洲里市、新右旗、新左旗所在地的周围,呈零星分布,且离湖体很远,因此农田对湖泊的影响微弱。呼伦湖营养物质和污染物质的来源主要受湖周半干旱草原的制约,属草原型污染。呼伦湖湖周围以放牧为主,沿途畜牧业较为发达,在降雨较频繁的夏季,水土流失较严重,氮磷等营养盐也会随之流失,这些营养盐有部分随地表径流进入湖泊和河流,进而造成湖泊富营养化。20世纪 80 年代末的调查结果认为,河流输入的营养物质占输入呼伦湖总量的三分之一还要多,尤其是克鲁伦河,它的入湖水量远大于乌尔逊河和新开河,由于近年来入湖河流水量急剧减少,河流入湖污染物总量随之大幅减少,但污染物浓度却非常高。调查数据显示,2015 年呼伦湖四条入湖河流中,乌尔逊河中总氮浓度(0.300 mg/L)达到 II 类水标准,引河济湖(0.510 mg/L)、克鲁伦河(0.710 mg/L)总氮浓度为 III 类水,新开河总氮(1.250 mg/L)浓度稍高,为 IV 类水。和 1988 年数据相比,克鲁伦河目前总氮水平变化不大;乌尔逊河有所降低,新开河增加了 1.47 倍。对总磷而言,四条入湖河流中有三条夏季总磷浓度严重超标,引河济湖(0.302 mg/L)、克鲁伦河(0.415 mg/L)、新开河(0.864 mg/L)总磷浓度均高于《中华人民共和国地表水环境质量标准》中 V 类水上限,乌尔逊河中总磷浓度(0.162 mg/L)达到 V 类水标准。尤其是新开河,总磷浓度甚至高于呼伦湖水体,值得特别关注。和 1988 年数据相比,乌尔逊河总磷有所降低,克鲁伦河总磷增加了 2.52 倍,新开河增加了 7.39 倍。

此外,呼伦湖区牲畜头数的成倍增加,也会导致草场超载放牧现象严重,进一步加重了草场的压力,加剧了草场的退化、沙化。据统计由于超载过牧、草原利用不合理等原因,周边退化草原面积占可利用草场的 21%。草原退化导致其调节气候、涵养水源、防风固沙的功能下降。

除了牧业污染外,呼伦湖区不断发展的工业也是呼伦湖重要的污染源。比如,克鲁伦河上游有熟皮厂和硝矿,主要污染物包括氨氮、农药,毒物污染以氟化物、砷、汞、酚等为主,是呼伦湖的重要污染源。海拉尔河主要接纳造纸厂、皮革厂、毛纺厂、发电厂、煤矿的工业废水,主要污染物是氮、磷(毒物污染以碱、氰化物、砷、铬、酚为主)等。呼伦湖北部的扎赉诺尔矿区的人口近 10 万,以煤、电为中心的矿区工业迅速发展,造成的人为污染及其潜力也较大。

最后,近年来呼伦湖区的旅游业也给呼伦湖环境造成一定影响。比如,湖东北端是小河口渔场,也是呼伦湖的旅游景点,每年夏季有大批的游客来此地旅游观光,人类活动比较频繁,对湖水的影响较大。同时,呼伦湖的渔业资源丰富,使渔业得到一定发展,但是存在私自捕捞现象,渔民在捕鱼过程中随意丢弃废旧电池及汽油排放,也会对呼伦湖水质产生一定的负面影响。

9.3 湖泊环境变化与对策

呼伦湖近年来生态恶化的主要原因是我国北方地区气候暖干化导致周边草场退化、入湖水量减少、湖泊水位下降和出流枯竭。长期暖干条件不仅导致流域地表径流大量减少,而且还导致流域地下水的大量损耗、地下水位下降,地表径流对地下水补给增加又进一步加剧地表径流减少,入湖径流相应减少,湖泊水位下降、蓄水量减少,导致湖泊水体盐度、碱度和污染物含量不断累积,从而引起水生态系统退化。

与此同时,人类活动造成的影响也不容忽视,除生产生活用水增加加大地表和地下水开发强度造成生态用水短缺外,19 世纪 80 年代滨洲铁路建设阻断海拉尔河与呼伦湖水力联系、20 世纪 60 年代达兰鄂罗木河堵塞和新开河开通破坏湖泊出水通道、20 世纪 70 年代中蒙边境河流整治导致乌尔逊河上游沙尔勒金河河口淤塞阻断贝尔湖与呼伦河水力联系、过度放牧导致湖区沙漠化加重、湖泊及其入湖径流富营养化加重等,都加剧了呼伦湖水文水动力条件变差和生态环境的退化。

综合来看,解决呼伦湖出现的一系列环境问题,主要依靠实施呼伦湖综合整治和生态恢复工程,包括恢复呼伦湖蓄水量,促进呼伦湖水体更新,加强渔业资源保护,从流域治理高度控制呼伦湖的氮、磷输入等手段。此外,加强呼伦湖及其流域生态与环境基础研究,也可为解决湖泊萎缩及提高湖泊环境适应性对策提供重要支撑及决策依据。

9.3.1 实施呼伦湖综合整治和生态恢复工程,保护和改善呼伦湖及流域生态安全

根据对呼伦湖生态与环境的现状、影响原因及未来趋势分析,气候变化影响下的呼伦湖未来一段时间萎缩、恶化的趋势将有所减缓,但自然恢复的过程比较缓慢,因此,通过跨流域调水、生态修复和流域综合整治相结合的手段可以在一定程度上达到修复呼伦湖湖泊环境的目的。实施呼伦湖综合整治和生态修复工程,包括呼伦湖水系连通与恢复工程、渔业资源养护和生物多样性保护工程、周边草场保育和沙化治理工程等综合整治和生态工程措施等,可以一定程度缓解水体环境恶化的趋势。

9.3.1.1 呼伦湖水系连通与恢复工程

包括海拉尔河连通与补给工程、新开河整治工程、沙尔勒金河河口畅通与恢复工程、乌尔逊河河口疏通与河道整治工程等。

为了控制呼伦湖的萎缩、恢复呼伦湖的水环境,呼伦贝尔市于 2008 年 7 月开工建设"引河济湖"(引海拉尔河补给呼伦湖)工程,2008 年 8 月竣工引水。考虑到海拉尔河其时的径流量亦处于有实测记录以来的低水平,在海拉尔河来水条件不发生重

大变化的情况下,工程的设计引水能力是可以得到保障的。气候变化预测前景显示未来本地区将从暖干向暖湿方向发展,在这种大趋势下呼伦湖的萎缩可能得到逆转,但自然恢复的速度比较缓慢,而且恢复到 20 世纪 60 年代或 90 年代的高湖面、形成湖泊的自然出流(关系到呼伦湖水质的改善)的可能性比较小,这是"引河济湖"工程的主要意义;另外,考虑到呼伦湖周边的经济发展需要,增加新的入湖水源,预留部分可调配水量也是必需的。

海拉尔河在历史上曾是呼伦湖的补给来源之一,丰水期河道漫滩后通过呼伦沟("引河济湖"工程亦利用该河故道)等泄入呼伦湖,"引河济湖"是对历史状况的恢复,有其合理性。关于引水量,年平均 4.735 6 亿 m³ 虽然相对于海拉尔河 36.95 亿 m³ 的多年平均径流量来说占比很小,但需要引水的是干旱年份(特别是连续多年干旱年份),海拉尔河的水量同样也会大幅度减少。以 2000 年以来的情况看,海拉尔河的平均年径流量只有 20 亿 m³ 左右,引水量将占到近 1/4,国内外研究一般认为 40% 的取水量是河流生态环境可承受的最大量,对于干旱半干旱地区由于生态系统非常脆弱,取水量应该大大小于该数值。因此,不宜再通过新的工程措施(如改目前的无坝引水为有坝引水等)增加引水量。工程设计的呼伦湖 544.34~544.80 m 运行水位变化幅度偏小,干旱半干旱地区降水量年际变化很大,相应地湖水经常出现陡涨陡落的情况,如 1983—1985 年,三年时间湖水位上涨 1.80 m,如果按目前设计方案运行,势必造成丰水年大量弃水,从而增加枯水年的引水量。建议将呼伦湖运行的低水位降为 20 世纪 80 年代初的543.00 m 甚至更低一些,并且在引水时遵循丰水多引、枯水少引的原则,更多地发挥呼伦湖的调蓄能力,以丰补枯,保持呼伦湖的稳定。新开河作为呼伦湖的出湖河流是恢复呼伦湖良性水循环的组成部分,将在"引河济湖"工程的后期发挥作用,因此在"引河济湖"工程已运行的情况下应尽早实施新开河的整治。

沙尔勒金河曾经是连接哈拉哈河与乌尔逊河的一条支流,流量约占哈拉哈河的1/4,1978 年沙尔勒金河因人为因素断流后,河道沿线 114 km² 的草场逐步沙化,生态环境遭到破坏,人畜无法生存;同时,沙尔勒金河的水量虽然对呼伦湖平衡所起的作用不是很大,但在干旱年份对改善下游乌尔逊河沿河地区(内蒙古呼伦湖国家级自然保护区的核心区)的水文条件是重要的。建议通过适当的方式(由于涉及国际河流,最好以民间形式),进行沙尔勒金河河口畅通与恢复工程。

对于乌尔逊河河口疏通与河道整治工程及呼伦湖局部清淤与整治工程,尽管地方部门有动议,但是由于是否存在淤积尚无定论,内源释放也不清楚,应慎重实施,可先开展可行性研究。

9.3.1.2　渔业资源养护和生物多样性保护工程

基于目前呼伦湖生态环境不断恶化、水生生物多样性下降、鱼类资源衰退、大中型经济鱼类比例极小的现状,应对呼伦湖实施封湖休渔措施。封湖休渔是地方政府以及渔业公司的迫切需要,也是逐步恢复呼伦湖良性湖泊生态系统的必要措施。封湖休渔可以最大限度地为水生生物休养生息、繁衍增殖,提供良好的环境保证。封湖休渔期限应定为 10 年以上,并将"三湖"、"三河"整体纳入封湖休渔的范围,不仅包括呼伦湖,还包括乌兰诺尔(乌兰泡)、乌尔逊河、克鲁伦河、达兰鄂罗木河(小河口至二卡地段)。这样有利于呼伦湖水域生态环境整体得到有效治理和恢复,渔业资源衰退和水生生物物种下降的趋势得到基本遏制。

另外,呼伦湖长期以来私捕偷捕非常严重,据不完全统计每年高达 2 000 吨,相关管理部门常常力不从心。因此封湖休渔期间,渔业公司不仅仅要停止捕捞,妥善安置好职工的生产生活,对部分职工采取内退、渔民转产转业、鼓励自谋生路等措施;而且,考虑到沿湖居民大部分以放牧和私捕滥捞为生,对这部分民众需要做好生态移民工作,这关系到湖区渔业资源和生态环境的保护。

此外,产卵场和洄游通道的保护、人工繁育与增殖放流等也是呼伦湖鱼类群落保护和恢复的重要措施。例如,乌兰诺尔是呼伦湖鱼类重要的产卵场与洄游通道,需要着重保护湖区内的洄游鱼类资源以及整个洄游通道的畅通。在此基础上,进一步加强人工繁育基地、增殖放流站、名特优苗种繁育场、鱼类自然产卵场等建设,通过人工修复和自然恢复相结合,实现呼伦湖鱼类繁育环境的逐步改善。例如通过呼伦湖人工繁育基地等基础设施的建设运行,恢复已经或濒临绝迹的细鳞鲑、哲罗鲑、蒙古红鲌、狗鱼等特色鱼类种群,并更大规模地增殖放流常见的大型土著经济鱼类苗种,以优化呼伦湖的鱼类种群结构。同时,建设呼伦湖名特优苗种繁育场,扩大良种场生产规模,加大优质苗种投放力度。此外,在克鲁伦河和乌尔逊河入湖口、乌都鲁泡子、乌兰诺尔恢复和建设鱼类产卵场,设置人工产卵鱼巢设施,恢复水生植被群丛,为呼伦湖的鱼类资源增殖创造优越的产卵场生态环境。

湖泊渔业作为呼伦湖重要的功能之一,其对我国北方淡水渔业的发展有着举足轻重的作用,同时保护好呼伦湖的渔业资源与鱼类群落对湖泊生态环境的保护和恢复意义重大,因此有必要将呼伦湖封湖休渔纳入地区经济发展规划,有利于对呼伦湖进行统一治理。

9.3.1.3　周边草场保育和沙化治理工程

呼伦贝尔草原近年来退化严重,必须切实加强草原保护与草场保育工程。1) 建议实行禁牧、休牧和轮牧措施。对生态脆弱区实行完全禁牧,同时以草定蓄,制定正确的载畜量,规定适宜的放牧时段,实行季节性休牧,实行划区轮牧和放牧地的轮换制度,形成合理的放牧制度,保证草畜平衡。2) 根据草原生态系统特点,主动调整适应养畜数量和方式,维护草地生态系统的平衡和可持续发展。草地生态系统是个复杂的网络式结构,影响草地植被变化的主要影响因素是降雨量,因此,建议根据气候变化调整养畜数量,降雨量较大的丰年,可以多养畜;而在较为干旱的年份,主动调整养畜数量,降低牲畜数量,防止对草原的不合理利用。另外,在不同的季节,也应根据季节特点,采取放牧、半舍饲、舍饲等不同的饲养方式。同时要考虑当地生态条件和牧草资源,指导牧民调整家畜结构,确定饲养家畜种类,坚持"增大减小,少养精养"的原则,既能提高农牧民经济收入,也能维持草地生态系统平衡。3) 实施退耕还草工程,禁止新开垦耕地,加强草场保育,恢复天然草场,实现经济发展和环境保护的同步双赢。

呼伦贝尔草原是世界三大著名草原之一,也是目前我国保存最完好的草原,享有"北国碧玉"的美誉。近年来,生态平衡严重失调,草场退化沙化,最终在其核心区形成了呼伦贝尔沙地,成为我国四大沙地之一,而且近年来还在不断扩张。呼伦贝尔草原日益加剧的土地沙化,不仅对当地经济社会可持续发展造成了严重影响,而且也对大兴安岭森林以及松嫩平原的生态安全和粮食安全构成了严重威胁。因此,必须切实加强呼伦贝尔草原的沙丘保护与沙化治理工程。1) 封沙育林育草,在固定、半固定沙地实行围栏封育和人工管护封育;2) 实施人工治沙造林,在半固定沙地或流动沙地直接进行人工植苗造林和播种造林;3) 在流沙移动较快、危害严重的区域设置草方格机械沙障和直播固沙灌草生物沙障;4) 在地广人稀、危害较大的流动、半流动沙地,实施飞播造林种草。

9.3.2　理顺呼伦湖管理体制机制,强化流域综合管理

理顺呼伦湖、入湖河流及其周边湿地保护区的管理体制,成立一个由水利、环保、渔业、自然保护区等水资源保护和利用相关部门参加的、具有一定行政职能的呼伦湖及其水系管理委员会,其管理范围为呼伦湖、贝尔湖、乌兰诺尔以及乌尔逊河、克鲁伦河、哈拉哈河、沙尔勒金河和新开河(达兰鄂罗木河)、海拉尔河等入湖河流及其主要支流,以及沿湖、沿河湿地。制定《呼伦湖及其水系综合管理条例》,确定呼伦湖管理委员会的法律地位,为管理委员会实施管理职能提供法律和政策保障。

职能包括三个方面,第一是水资源管理,具体包括水行政执法、监察,水事纠纷调处,流域水资源规划编制及有关专项规划的监督实施,流域控制性水利项目的建设,地区间水量调度协调,流域水文监测,流域防汛抗旱指导、协调等;第二是生态环境保护职能,具体包括各项生态保护政策和管理制度的制定和落实,区域内的生态环境和生态资源调查、监测,生物多样性的监测、研究和保护,湿地生态恢复与保育,退化草地的生态治理与恢复,重要水体水环境监测和保护等;第三是资源开发利用管理职能,具体包括河段、河道、堤防、岸线及重要水工程的管理,流域内河流、湖泊及河口、治理和开发,旅游资源开发与管理,矿产资源开发管制,渔业资源开发管理等。管理委员会主任由呼伦

贝尔市主管市长兼任,水利、环保、农牧、国土等市政府相关部门、"两旗一市"政府、呼伦湖自然保护区管理局、渔业公司等单位行政一把手为委员,管理委员会下设水政、渔政、环保、建设等处室。各类规划编制、重大事项的决策由管理委员会召开会议讨论决定,日常管理职能由各处室承担。水政处统筹协调呼伦湖流域水资源利用与调配;环保处业务上领导自然保护区工作;渔业捕捞统一由渔政处监督管理;成立管理委员会综合执法大队,自然保护区公安分局纳入综合执法大队;取消相关公司的渔政管理站。

9.3.3 发挥呼伦湖生态系统定位观测研究站功能,加强呼伦湖及其流域生态与环境基础研究

9.3.3.1 发挥呼伦湖生态系统定位观测研究站功能,加强长期监测和基础数据积累

目前对呼伦湖及其水系,不同部门正在开展相关的监测和分析,但是不同来源的资料缺乏系统和规范,呼伦湖水文参数特别是地下水参数,以及引海拉尔河水入湖后的水文环境参数监测不够系统和完整,尤其缺少国际河流、湖泊的定位监测。目前,科学院与地方已开始合作共建呼伦湖生态系统观测研究站正获得国家林业局批准建设,正在针对本区湖泊水系的特点,推进开展"三湖"、"三河"、流域地下水以及大气环境变化的立体平台监测体系建设。完善和规范并整合已有的湿地保护区和渔业的监测网点,建立规范的基础资料数据库,对呼伦湖流域湿地生态环境进行定点观测,对呼伦湖水质进行常规监测和污染监测,对水生生物进行定性定量监测,对排放废水、污水进行点源、面源监测,对湖区内气象条件以及渔业生态环境进行定点长期监测,动态监测河湖水量、水质、生态环境参数和工程措施对水环境质量影响。

监测目标:

监测呼伦贝尔地区气候、水文、大气、湖泊生态环境变化过程,了解东南季风与西风过渡带、农牧交错带地表过程,预测未来气候与草原湖泊湿地生态环境变化,为湖泊学、生物学、陆地水文学、气象与气候学等的深入研究,为全球变化研究以及呼伦贝尔大草原区的社会经济发展与生态环境安全保障提供必需的基础数据和理论依据。

观测研究的主要内容:

(1) 常规气象水文观测:在贝尔湖、乌兰诺尔以及呼伦湖南岸和北岸架设四台自动气象观测仪,进行常规的气象因子观测包括太阳直接辐射、光合有效辐射、地面反射辐射、总辐射、地温、空气湿度、降雨、蒸发、气温、风速、风向、云量、云高、覆盖度等,认识区域性气候的差异。在呼伦湖已有的两个水文观测点的基础上,通过自动水文观测仪获取河流和地下水补给湖泊的基础水文资料。

(2) 湖泊现代过程观测:湖泊生态系统结构的参数为浮游植物、高等水生植物、浮游动物、鱼类、细菌、底栖生物;湖泊环境监测包括水位、蒸发、冰情、水温、透明度、pH、

溶解氧、电导率、矿化度、悬浮物、氯离子、硫酸盐、碱度、K、Ca、Na、Mg、总磷、总氮、硝酸盐氮、亚硝酸盐氮、氨氮、高锰酸盐指数、COD、BOD、镉、铅、铜、总汞、总砷、六价铬等。

(3) 草原、沙地变化观测：1) 不同尺度的生态植被调查。小尺度植被调查是在湖泊站点周围建立长期的固定样方进行监测研究，主要包括物种多样性、物种多度、植株高度、地上生物量和盖度等生态植被属性；大尺度研究是对湖泊流域植被进行物种多样性和物种类型的调查。2) 土壤研究，以土壤呼吸速度(静止气室法)和土壤剖面不同深度土层的 CO_2 浓度进行长期系统综合观测，对本地区土壤碳氮储量进行实验研究。3) 沙地的迁移和固定及其驱动因子研究。

(4) 大气本底观测：通过对大气气溶胶光学厚度(太阳光度计观测)、大气降水化学特征、大气气溶胶、大气中汞和 POPs(大气中持久性有机污染物)、黑炭等监测和样品采集，以认识大气环境的本底状况及季节变化特征，开展大气环境过程研究，如气溶胶(特别是沙尘暴事件)和大气污染物等的起源、传输和沉积过程。

9.3.3.2　加强呼伦湖及其流域基础研究

加强呼伦湖及其流域的基础研究可以为呼伦湖及其流域的生态保护与管理提供科技支撑，应该开展呼伦湖生态环境长期演变的研究。针对该区国际河流、湖泊的特殊性，结合遥感、雷达等定位监测先进技术，开展水系不同资源的现状调查，建立区域水环境质量控制模型与决策支持系统，评价水系演化趋势以及不同情景下区域环境承载能力研究，充分预估未来气候变化、人文(水利工程、土地利用、矿产与能源开发等)变化下的湖泊湿地水体和生态环境质量，寻找区域经济发展、生态环境保护和湖泊资源最佳配置方案，为根本解决呼伦湖当前面临的资源环境问题以及区域可持续发展做出贡献，也为未来国际谈判以及应对全球变化和区域经济发展下的生态环境保护和管理提供决策依据。

(1) 开展呼伦湖湖泊—流域水资源总量及主要组成要素的气候变化响应研究

近十几年来，呼伦湖及我国广大干旱内陆地区湖泊普遍存在严重的干涸、萎缩现象，湖泊萎缩实质上是湖泊流域上储水总量及其主要组成要素(降水、冰雪、地表水、土壤水、地下水等)的时空变化的反映。因此量化及分析其驱动原因与变化趋势，是解释湖泊萎缩问题的必需，对提出湖泊环境适应性对策具有重要意义。

一般而言，干旱内陆地区湖泊流域的水文气象条件空间差异大，而传统监测资料稀缺，难以获取足够气候响应信息。本研究拟在广泛借鉴遥感反演数据(降水、积雪、蒸散发、土壤表面含水量、地下水、地表温度等)，在进行必要的验证和质量提升基础上，结合流域内长序列监测数据，通过时空数据分析方法及水文模型，获取流域水资源组成部分的时空变化特征及趋势，建立流域储水总量变化模型，揭示湖泊变化的气候原因。

(2) 开展呼伦湖水环境演变过程及其驱动机制研究

在呼伦湖流域,水环境变化主导着流域的生态环境。呼伦湖的自然环境由于自然因素和人类活动影响产生了巨大的变化,目前面临着湖泊萎缩,水体盐碱化,富营养化,渔业资源退化,生物多样性降低一系列生态环境问题。充分认识和揭示呼伦湖水环境演变规律和驱动力机制,对于认识区域人地关系演进和实现可持续发展具有重要意义。利用近50年来的器测气象、水文和环境等记录资料,结合序列插补和重建工作弥补监测资料的缺乏和不连续,对呼伦湖及其流域水环境变化和水资源量、水环境容量进行研究和评估;运用50年代地形图和近期遥感解译,研究区域土地利用和覆被变化,揭示流域人类活动变化。聚焦呼伦湖水质急剧恶化阶段,结合湖泊历史水环境变化,实际监测和统计模型定量区分人类活动和自然气候对湖泊水环境影响的份额,揭示水环境退化原因,预估呼伦湖流域未来水情变化,为未来人为控制水资源,优化水环境调控和生态系统稳定性维持提供依据。

(3) 开展呼伦湖沿湖地区生态适宜的城市及经济发展容量研究

呼伦湖沿湖地区近年来草场退化、土地沙化、湿地萎缩、湖泊水位下降、水质咸化、富营养化等问题日益严峻,其原因虽然以自然为主,但人类活动的加剧是重要因素。由于人口增长、城市化工业化过程的加快,加速了生态退化的过程。因此,研究呼伦湖地区城市化和工业化进程对该地区生态环境的影响机制,评估城市化工业化对生态环境的压力,确定生态适宜的城市及经济发展容量,对于实施更加合理的城市化与经济增长政策和采取更合理的增长模式,有效减轻沿湖地区人类活动对该地区生态环境的影响,具有非常重要的意义。

研究内容包括三个方面,第一,是研究呼伦湖沿湖地区城市化、工业化过程发展过程、趋势和规律,划分城市化、工业化阶段,揭示各阶段生态环境问题及其社会经济原因;第二,研究呼伦湖沿湖地区城市化、工业化对生态环境影响的机制,评估各种发展模式的生态环境效应,定量区分城市化、工业化对生态恶化的贡献;第三,甄别约束城市化、工业化的生态敏感因子,研究敏感因子的域值,构建城市化、工业化情景分析、生态环境压力定量评估及城市及经济发展容量计算模型,定量评估呼伦湖沿湖地区城市与经济发展容量;第四,优选呼伦湖沿湖地区城市与经济发展模式,提出调控城市与经济发展,减轻人类活动对生态环境影响的对策建议。

呼伦湖的生态环境演化在我国北方具有代表性,加强湖泊及周边流域的山水林田湖草生态系统保护,是该区域生态文明建设的范例,是管理者、科技工作者、企业、公众的集体利益所在,需要当代甚至以后几代人的共同努力。

参考文献

Hoffmann C, Funk R, Li Y, et al. Effect of grazing on wind driven carbon and nitrogen ratios in the grasslands of Inner Mongolia[J]. Catena, 2008, 75(2): 182 - 190.

Wen R, Xiao J, Chang Z, et al. Holocene climate changes in the mid-high-latitude-monsoon margin reflected by the pollen record from Hulun Lake, northeastern Inner Mongolia[J]. Quaternary Research, 2010, 73 (2): 293 - 303.

Xiao J, Chang Z, Wen R, et al. Holocene weak monsoon intervals indicated by low lake levels at Hulun Lake in the monsoonal margin region of northeastern Inner Mongolia, China[J]. The Holocene, 2009, 19(6): 899 - 908.

Xue B, Qu W, Wang S, et al. Lake level changes documented by sediment properties and diatom of Hulun Lake, China since the late Glacial[J]. Hydrobiologia, 2003, 498(1 - 3): 133 - 141.

Yan H, Wang S, Wang C, et al. Losses of soil organic carbon under wind erosion in China[J]. Global Change Biology, 2005, 11(5): 828 - 840.

Zhai D, Xiao J, Zhou L, et al. Holocene East Asian monsoon variation inferred from species assemblage and shell chemistry of the ostracodes from Hulun Lake, Inner Mongolia[J]. Quaternary Research, 2011, 75 (3): 512 - 522.

陈敬安,万国江,张峰,等.不同时间尺度下的湖泊沉积物环境记录——以沉积物粒度为例[J].中国科学:D 辑,2003,33(6):563 - 568.

梁丽娥,李畅游,史小红,等.2006—2015 年内蒙古呼伦湖富营养化趋势及分析[J].湖泊科学,2016,28(6): 1265 - 1273.

沈吉.末次盛冰期以来中国湖泊时空演变及驱动机制研究综述:来自湖泊沉积的证据[J].科学通报,2012,57 (34):3228 - 3242.

王苏民,吉磊.呼伦湖晚第四纪湖相地层沉积学及湖南波动历史[J].湖泊科学,1995,7(4):297 - 306.

王苏民,张振克.中国湖泊沉积与环境演变研究的新进展[J].科学通报,1999,44(6):579 - 587.

杨青,何清.塔里木河流域的气候变化,径流量及人类活动间的相互影响[J].应用气象学报,2003,14(3): 309 - 321.

赵慧颖,乌力吉,郝文俊.气候变化对呼伦湖湿地及其周边地区生态环境演变的影响[J].生态学报,2008,28 (3):1064 - 1071.